全国高等专科教育自动化类专业系列教材

电气控制与PLC应用技术

主　编　田效伍

副主编　刘宏飞　王仰周　刘东汉

参　编　郑先锋　张　雷　赵　斌　牟光臣

主　审　刘先省

机 械 工 业 出 版 社

本书从应用角度出发，介绍了继电-接触器控制系统、可编程序控制器系统及电气控制系统的设计方法。全书共分两大部分，第一部分包括常用低压电器、继电-接触器控制电路的基本环节、典型设备的电气控制电路分析；第二部分以西门子 S7 系列 PLC 为例，介绍 PLC 的结构、原理、指令系统、编程方法和系统设计方法，从 S7—200 系列到技术先进、已得到成熟应用的 S7—300/400 系列 PLC，内容由浅入深、循序渐进。为帮助学生理解，本书每章均设计了适量的例题和习题。

本书可作为高职高专自动化类、机电类专业教材，也可供工程技术人员参考。

为方便教学，本书备有免费电子教案，章后习题解答，凡选用本书作为授课教材的学校，均可来电索取，咨询电话：010-88379758。

图书在版编目（CIP）数据

电气控制与 PLC 应用技术/田效伍主编 . —北京：机械工业出版社，2006.8（2022.8 重印）

全国高等专科教育自动化类专业系列教材

ISBN 978-7-111-19724-9

Ⅰ. 电 . . . Ⅱ. 田 . . . Ⅲ. ①电气控制—高等学校—教材②可编程序控制器—高等学校—教材 Ⅳ. TM921.5

中国版本图书馆 CIP 数据核字（2006）第 090972 号

机械工业出版社（北京市百万庄大街 22 号 邮政编码 100037）
策划编辑：于 宁 高 倩 责任编辑：曲世海 高 倩
版式设计：冉晓华 责任校对：张晓蓉 封面设计：鞠 杨
责任印制：刘 媛
涿州市般润文化传播有限公司印刷
2022 年 8 月第 1 版第 18 次印刷
184mm×260mm · 14 印张 · 343 千字
标准书号：ISBN 978-7-111-19724-9
定价：45.00 元

电话服务　　　　　　　　网络服务
客服电话：010-88361066　机 工 官 网：www.cmpbook.com
　　　　　010-88379833　机 工 官 博：weibo.com/cmp1952
　　　　　010-68326294　金 书 网：www.golden-book.com
封底无防伪标均为盗版　　机工教育服务网：www.cmpedu.com

前　　言

　　"电气控制与 PLC 应用技术"是高职高专自动化类、机电类专业的主干课程。根据目前高等学校已普遍将工厂电气控制技术和可编程序控制器应用技术两门课程合并讲授的实际情况，本书综合了这两部分的内容。本着培养综合型应用人才的宗旨，本书在注重基础理论的同时，突出针对性、实用性和先进性，力图做到由简到繁、深入浅出、主次分明，体现高职高专教育的特点。

　　本书前半部分介绍传统的继电-接触器控制技术，详细介绍了常用的低压电器、继电-接触器控制电路的基本环节以及典型机械设备的控制电路；后半部分详细介绍了可编程序控制器的原理和应用技术。鉴于西门子公司的 PLC 产品在我国占有较大的市场份额以及其快速发展的趋势，本书以西门子公司的 S7—200系列 PLC 为例，介绍了 PLC 的硬件组成、工作原理和指令系统以及系统设置、调试和使用方法；考虑到部分用户在较复杂的自动化控制系统中选用西门子公司的 S7—300/400 系列 PLC，本书简要介绍了 S7—300/400 系列 PLC 的硬件组成和编程语言。在教学过程中，可以根据不同专业，对本书内容进行适当地删减，参考学时数为 60~80 学时。

　　全书共分 12 章，主要内容包括：常用低压电器，继电-接触器控制电路基本环节，典型生产机械电气控制系统，可编程序控制器概述，可编程序控制器的基本组成及工作原理，S7—200 系列 PLC，S7—200 系列 PLC 基本指令，S7—200 系列 PLC 功能指令，S7—300/400 系列 PLC，电气控制系统设计，PLC 的编程与通信，实验指导。

　　本书由田效伍任主编，刘宏飞、王仰周、刘东汉任副主编。安阳师范学院的刘宏飞编写了第 3 章和第 5 章，黄石理工学院的刘东汉编写了第 2 章和第 4章，河南机电高等专科学校的田效伍编写了绪论、第 1 章和第 9 章，王仰周编写了第 10 章，郑先锋编写了第 6 章和附录，牟光臣编写了第 7 章，张雷编写了第 8 章，赵斌编写了第 11 章和第 12 章。全书由田效伍负责统稿。

　　本书承蒙河南大学计算机与信息工程学院刘先省教授审阅。刘先省教授为本书提出了不少宝贵的意见，在此对刘教授严谨、认真的治学态度表示由衷的感谢。本书部分章节的编写参考了相关文献，在此谨对参考文献中的作者表示诚挚的谢意！

　　由于编者的水平有限，编写时间仓促，书中难免有错误和不妥之处，敬请读者批评指正。

编　者

目　　录

绪　论

一、电气控制技术的发展概况

电气控制技术应用于国民经济的各行各业。电气控制技术的发展，是随着科学技术的不断发展、生产工艺的不断改进和电气控制装置的日新月异而迅速发展的。从最早的手动控制发展到自动控制，从简单的控制设备发展到复杂的控制系统，从有触点的硬接线继电-接触器控制系统发展到以计算机为中心的上位机对下位机的监控系统，现代电气控制技术综合了计算机技术、自动控制技术、电子技术、精密测试等许多先进的科学技术成果。

工业生产过程中的电气控制技术，其主要控制对象是电动机。19 世纪末，直流发电机、交流发电机和直流电动机、异步电动机相继问世，揭开了电气控制技术的序幕。20 世纪初，电动机逐步取代蒸汽机用来驱动生产机械。最初沿用集中拖动的方式，由一台电动机拖动若干台机器，这种方式能量传递路径长，损耗大，操作不便，安全性差。后来改由一台电动机拖动一台机器，称为单独拖动方式，它克服了集中拖动的缺点。随着生产技术的发展，机器功能增多，结构更加复杂，为了简化机械传动系统，出现了一台机器的几个运动部件分别由一台电动机拖动，这种方式称为多电动机拖动。在这种情况下，机器的电气控制系统不但可对各台电动机的起动、制动、反转、停车等进行控制，还具有在各台电动机之间实现协调、联锁、顺序切换、显示工作状态的功能。对生产过程比较复杂的系统还要求对影响产品质量的各种工艺参数如温度、压力、流量、速度、时间等能够自动测量和自动调节，这样就构成了功能相当完善的电气自动化系统。到本世纪 30 年代，电气控制技术的发展，推动了电器产品的进步，继电器、接触器、按钮、开关等元器件形成了功能齐全的多种系列，基本控制电路亦形成规范，可以实现远距离控制。这种采用继电器、接触器等电器元件构成的控制系统称为继电-接触器控制系统。继电-接触器控制系统结构简单、价格低廉、维护方便，因此广泛应用于各类机床和机械设备中。采用它不但可以方便地实现生产过程自动化，而且还可以实现集中控制和远距离控制。但由于继电-接触器控制系统是固定接线形式，故在改变生产工艺时，需要重新布线，控制的灵活性较差；另外，系统采用有触点元器件控制，动作频率低，触点易损坏，系统的可靠性较差。

在 20 世纪 60 年代，计算机技术逐步成熟，采用计算机控制技术的数控装置已广泛应用于机械加工设备中，产生了数控车床、数控铣床、数控加工中心等数控设备。数控技术的发展对传统的继电-接触器控制技术产生了冲击。1968 年美国最大的汽车制造商——通用汽车（GM）公司为适应汽车型号不断更新、生产线控制系统不断改进的要求，提出了程序控制的设想。1969 年美国数字设备公司（DEC）率先研制出第一台可编程序控制器（简称 PLC），在通用汽车公司的自动装配线上试用获得成功。可编程控制器结合了计算机和继电-接触器控制系统的优点，采用计算机的软件控制方式，灵活性、通用性好，操作简单方便、价格便宜，是一种能适应工业环境的通用控制装置，可编程序控制器简化了编程方法和程序输入方式，使不熟悉计算机的人员也能很快掌握它的使用技术。从此以后，许多国家的著名厂商竞相研制，各自形成系列，而且品种更新很快，功能不断增强，从最初的逻辑控制、顺序控制，发展成为具有逻辑判断、定时、计数、记忆和算术运算、数据处理、联网通信及 PID 回路调节等功能的现代可编程序控制器。PLC 的另一个突出优点是可靠性很高，平均无故障运行时间可达 10 万小时以上，可以大大减少设备维修费用和停产造成的经济损失。当前 PLC 已经成为电气自动控制系统中应用最为广泛的核心装置。

二、本课程的性质与任务

本课程是一门实用性很强的专业课，主要内容是以电动机或其他执行电器为控制对象，介绍继电-接触器控制系统和 PLC 控制系统的工作原理、应用技术，典型机械的电气控制电路以及电气控制系统的设计方法。

本课程的目标是培养实际应用的能力，具体要求是：

1. 熟悉常用控制电器的结构原理、用途，了解其型号规格并能够正确使用。

2. 熟练掌握继电-接触器控制电路的基本环节，能够独立分析电气控制电路的工作原理。

3. 熟悉典型设备电气控制系统，具有从事电气设备安装调试、维修管理等知识。

4. 掌握 PLC 的基本原理及编程方法，能够根据工艺过程和控制要求进行系统设计和编写应用程序。

5. 具有设计和改进一般机械设备电气控制电路的基本能力。

第1章 常用低压电器

1.1 低压电器的基础知识

低压电器是指工作在交流额定电压1200V、直流额定电压1500V及以下的电路中，根据外界施加的信号和要求，通过手动或自动方式，断续或连续地改变电路参数，以实现对电路或非电对象的切换、控制、检测、保护、变换和调节的电器。

低压电器广泛应用在工业、农业、交通、国防以及人们日常生活中，低压供电的输送、分配和保护是依靠刀开关、自动开关以及熔断器等低压电器来实现的。而低压电力的使用则是将电能转换为其他能量，其过程中的控制、调节和保护都是依靠各类接触器和继电器等低压电器来完成的。无论是低压供电系统还是控制生产过程的电力拖动控制系统均是由用途不同的各类低压电器所组成。

1.1.1 低压电器的分类

低压电器的种类繁多，按其结构、用途及所控制的对象不同，可以有不同的分类方式，常用的有以下三种分类方式。

1. 按用途和控制对象不同，可将低压电器分为配电电器和控制电器

（1）用于低压电力网的配电电器 这类电器包括刀开关、转换开关、空气断路器和熔断器等。对配电电器的主要技术要求是断流能力强、限流效果好，仕系统发生故障时保护动作准确，工作可靠，有足够的热稳定性和动稳定性。

（2）用于电力拖动及自动控制系统的控制电器 这类电器包括接触器、起动器和各种控制继电器等。对控制电器的主要技术要求是操作频率高、寿命长，有相应的转换能力。

2. 按操作方式不同，可将低压电器分为自动电器和手动电器

（1）自动电器 通过电磁（或压缩空气）操作来完成接通、分断、起动、反向和停止等动作的电器称为自动电器。常用的自动电器有接触器、继电器等。

（2）手动电器 通过人力做功直接操作来完成接通、分断、起动、反向和停止等动作的电器称为手动电器。常用的手动电器有刀开关、转换开关和主令电器等。

3. 按工作原理的不同，可分为非电量控制电器和电磁式电器

（1）非电量控制电器 电器的工作是靠外力或某种非电物理量的变化而动作的电器，如行程开关、按钮、速度继电器、压力继电器和温度继电器等。

（2）电磁式电器 根据电磁感应原理来工作的电器，如接触器、各类电磁式继电器等。电磁式电器在低压电器中占有十分重要的地位，在电气控制系统中应用最为普遍。

另外，低压电器按工作条件还可划分为一般工业电器、船用电器、化工电器、矿用电器、牵引电器及航空电器等几类，对不同类型低压电器的防护形式、耐潮湿、耐腐蚀、抗冲击等性能的要求不同。

1.1.2 电磁式低压电器的基本知识

在结构上,电器一般都具有两个基本组成结构,即检测部分和执行部分。检测部分接受外界输入的信号,通过转换、放大与判断做出一定的反应,使执行部分动作,输出相应的指令,实现控制的目的。对于有触点的电磁式电器,检测部分是电磁机构,执行部分是触头系统。

1. 电磁机构

电磁机构由吸引线圈、铁心和衔铁组成,其结构形式按衔铁的运动方式可分为直动式和拍合式。图 1-1 所示是直动式和拍合式电磁机构的常用结构形式,图 1-1a 和图 1-1b 所示为直动式和拍合式电磁机构,图 1-1c 所示为直动式电磁机构。

吸引线圈的作用是将电能转换为磁能,即产生磁通,衔铁在电磁吸力作用下产生机械位移使铁心吸合。根据线圈在电路中的连接方式不同可分为串联线圈(即电流线

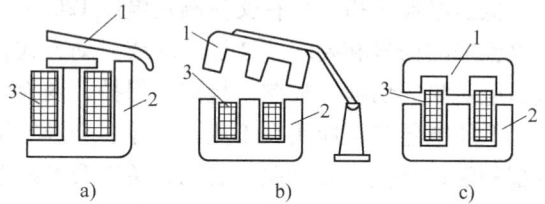

图 1-1 常见的电磁机构
1—衔铁 2—铁心 3—吸引线圈

圈)和并联线圈(即电压线圈)。串联(电流)线圈串接在电路中,流过的电流大,为减少对电路的影响,线圈的导线粗,匝数少,线圈的阻抗较小。并联(电压)线圈并联在电路上,为减少分流作用,降低对原电路的影响,需要较大的阻抗,因此线圈的导线细且匝数多。

(1)直流电磁铁和交流电磁铁 按吸引线圈所通电流种类的不同,电磁铁可分为直流电磁铁和交流电磁铁。

直流电磁铁由于通入的是直流电,其铁心不发热,只有线圈发热,因此,线圈与铁心接触以利散热,线圈做成无骨架、高而薄的瘦高形,以改善线圈自身散热。铁心和衔铁由软钢和工程纯铁制成。

交流电磁铁由于通入的是交流电,铁心中存在磁滞损耗和涡流损耗,这样线圈和铁心都发热,所以交流电磁铁的吸引线圈设有骨架,使铁心与线圈隔离。另外,将线圈制成短而厚的矮胖形,这样做有利于铁心和线圈的散热。铁心用硅钢片叠加而成,以减小涡流损耗。

电磁铁工作时,线圈产生的磁通作用于衔铁,产生电磁吸力,并使衔铁产生机械位移。衔铁在复位弹簧的作用下回到原位。因此,作用在衔铁上的力有两个:电磁吸力与反力。电磁吸力由电磁机构产生,反力则由复位弹簧和触头弹簧所产生。铁心吸合时要求电磁吸力大于反力,即衔铁位移的方向与电磁吸力方向相同;衔铁复位时要求反力大于电磁吸力。直流电磁铁的电磁吸力公式为

$$F = 4B^2 S \times 10^5 \tag{1-1}$$

式中 F——电磁吸力(N);

B——气隙磁感应强度(T);

S——磁极截面积(m^2)。

由式(1-1)可知,当线圈中通以直流电时,B 不变,F 为恒值。当线圈中通以交流电时,

磁感应强度为交变量，即

$$B = B_m \sin\omega t \qquad (1\text{-}2)$$

由式(1-1)和式(1-2)可得：

$$
\begin{aligned}
F &= 4B^2 S \times 10^5 \\
&= 4S \times 10^5 B_m^2 \sin^2\omega t \\
&= 2B_m^2 S(1 - \cos^2\omega t) \times 10^5 \\
&= 2B_m^2 S \times 10^5 - 2B_m^2 S \times 10^5 \cos^2\omega t \qquad (1\text{-}3)
\end{aligned}
$$

由式(1-3)可知，交流电磁铁的电磁吸力在0(最小值)~F_m(最大值)之间变化，其吸力变化曲线如图1-2所示。在一个周期内，当电磁吸力的瞬时值大于反力时，铁心吸合；当电磁吸力的瞬时值小于反力时，铁心释放。所以电源电压变化一个周期，电磁铁吸合两次、释放两次，使电磁机构产生剧烈的振动和噪声，因而不能正常工作。

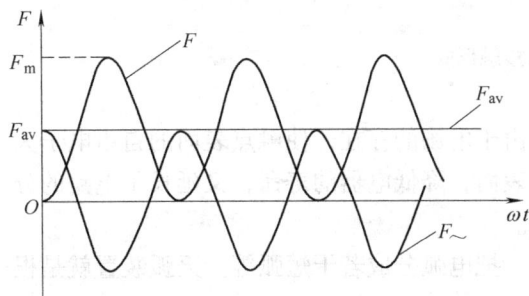

图1-2 交流电磁铁吸力变化情况

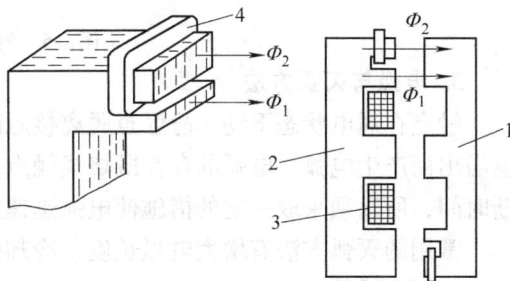

图1-3 交流电磁铁的短路环
1—衔铁 2—铁心 3—线圈 4—短路环

(2) 短路环的作用 为了消除交流电磁铁产生的振动和噪音，在铁心的端面开一小槽，在槽内嵌入铜制短路环，如图1-3所示。加上短路环后，磁通被分成大小相近、相位相差约90°电角度的两相磁通 Φ_1 和 Φ_2，因此两相磁通不会同时为零。由于电磁吸力与磁通的平方成正比，所以由两相磁通产生的合成电磁吸力较为平坦，在电磁铁通电期间电磁吸力始终大于反力，使铁心牢牢吸合，这样就消除了振动和噪音。

2. 触头系统

触头是电磁式电器的执行部分，电器是通过触头的动作来分合被控制电路的。触头在闭合状态下动、静触头完全接触，并有工作电流通过时，称为电接触。电接触的情况将影响触头的工作可靠性和使用寿命。影响电接触工作情况的主要因素是触头的接触电阻，接触电阻大时，易使触头发热温度升高，从而易使触头产生熔焊现象，这样既影响工作可靠性，又降低了触头的寿命。触头的接触电阻不仅与触头的接触形式有关，而且还与接触压力、触头材料及表面状况有关。

触头主要有两种结构形式：桥式触头和指形触头，如图1-4所示。

触点的接触形式有点接触、线接触和面接触三种，如图1-5所示。

当动、静触点闭合后，不可能是全部紧

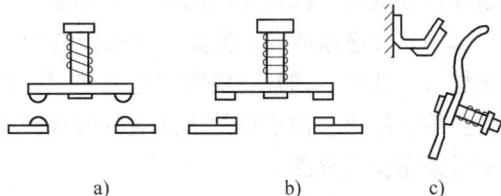

a)　　　　b)　　　　c)

图1-4 触头的结构形式

密地接触，从微观来看，只是在一些突出的凸起点存在着有效接触，从而造成了从一个导体到另外一个导体的过渡区域。在过渡区域里，电流只通过一些相接触的凸起点，因而使这个区域的电流密度大大增加。另外，由于只是一些凸起点相接触，使有效导电面积减小，因此该区域的电阻远远大于金属导体的电阻。这种由于动、静触点闭合时在过渡区域所形成的电阻，称为接触电阻。由于接触电阻的存在，不仅会造成一定的电压损失，还会使铜耗增加，造成触点温升超过允许值。这样，触点在较高的温度下很容易产生熔焊现象而使触点工作不可靠，因此，在实际中，应采取相应措施来减小接触电阻，限制触点的温升。

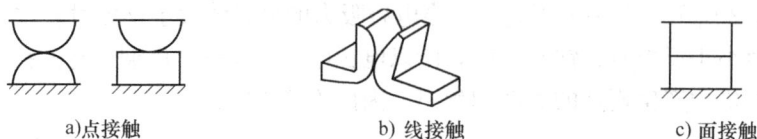

a)点接触   b) 线接触   c) 面接触

图 1-5　触点的接触形式

3. 电弧与灭弧方法

触点在通电状态下动、静触点脱离接触时，由于电场的存在，使触点表面的自由电子大量溢出而产生电弧。电弧的存在既烧损触点金属表面，降低电器的寿命，又延长了电路的分断时间，所以须采取一定的措施使电弧迅速熄灭。

常用的灭弧方法有增大电弧长度、冷却弧柱、把电弧分成若干短弧等。灭弧装置就是根据这些原理设计的。

（1）电动力吹弧　电动力吹弧如图 1-6 所示。桥式触点在分断时本身就具有电动力吹弧功能，不用任何附加装置，便可使电弧迅速熄灭。这种灭弧方法多用于小容量交流接触器中。

（2）磁吹灭弧　在触点电路中串入吹弧线圈，如图 1-7 所示。该线圈产生的磁场由导磁夹板引向触点周围，其方向由右手定则确定（为图中"×"所示）。触点间的电弧所产生的磁场，其方向为图中"·"所示。这两个磁场在电弧下方方向相同（叠加），在弧柱上方方向相反（相减），所以弧柱下方的磁场强于上方的磁场。

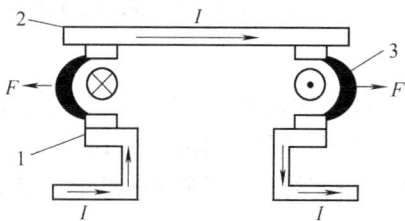

图 1-6　电动力灭弧示意图
1—静触头　2—动触头　3—电弧

在下方磁场作用下，电弧受力的方向为 F 所指的方向，在 F 的作用下，电弧被吹离触点，经引弧角引进灭弧罩，使电弧熄灭。

（3）栅片灭弧　灭弧栅是一组薄铜片，它们彼此间相互绝缘，如图 1-8 所示。当电弧进入栅片被分割成一段段串联的短弧，而栅片就是这些短弧的电极。每两片灭弧栅片之间都有 150～250V 的绝缘强度，使整个灭弧栅的绝缘强度大大加强，以致外加电压无法维持，电弧迅速熄灭。此外，栅片还能吸收电弧热量，使电弧迅速冷却。基于上述原因，电弧进入栅片后就会很快熄灭。由于栅片灭弧装置的灭弧效果在交流时要比直流时强得多，因此在交流电器中常采用栅片灭弧。

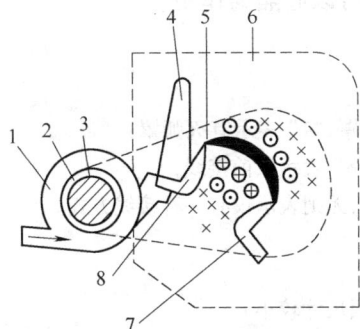

图 1-7 磁吹灭弧示意图

1—磁吹线圈 2—绝缘套 3—铁心

4—引弧角 5—导磁夹板 6—灭弧罩

7—动触点 8—静触点

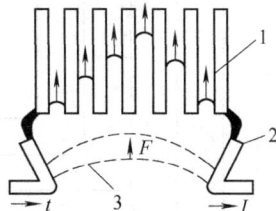

图 1-8 栅片灭弧示意图

1—灭弧栅片 2—触点

3—电弧

1.2 刀开关

刀开关是低压配电电器中结构最简单、应用最广泛的电器，主要用在低压成套配电装置中，作为不频繁地手动接通和分断交直流电路或作隔离开关用。也可以用于不频繁地接通与分断额定电流以下的负载，如小型电动机等。

1.2.1 刀开关的结构

刀开关的典型结构如图 1-9 所示，它由手柄、触刀、静插座和底板组成。刀开关按极数分为单极、双极和三极；按操作方式分为直接手柄操作式、杠杆操作机构式和电动操作机构式；按刀开关转换方向分为单投和双投等。

1.2.2 常用的刀开关

目前常用的刀开关型号有 HD(单投)和 HS(双投)等系列。其中 HD 系列刀开关按现行新标准应该称 HD 系列刀形隔离器，而 HS 系列为双投刀形转换开关。在 HD 系列中，HD11、HD12、HD13、HD14 为老型号，HD17 系列为新型号，产品结构基本相同，功能相同。

HD 系列刀开关、HS 系列刀形转换开关，主要用于交流 380V、50Hz 电力网路中作电源隔离或电流转换之用，是电力网路中必不可少的电器元件，常用于各种低压配电柜、配电箱、照明箱中。当电源接入，首先是接刀开关，之后再接熔断器、断路器、接触器等其他电器元件，以满足各种配电柜、配电箱的功能要求。当其以下的电器元件或电路中出现故障，切断电源就靠它来实现，以便对设备、电器元件的修理更换。HS 系列刀形转换开关，主要用于转换电源，即当一路电源不能供电，需要另一路电源供电

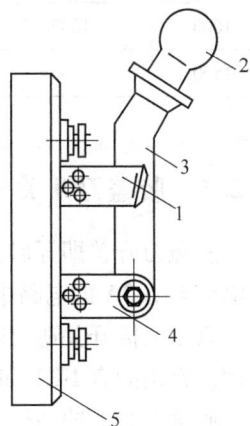

图 1-9 刀开关典型结构

1—静插座 2—手柄

3—触刀 4—铰链支座

5—绝缘底板

时就由它来进行转换，当转换开关处于中间位置时，可以起隔离作用。

刀开关的型号及其含义如下：

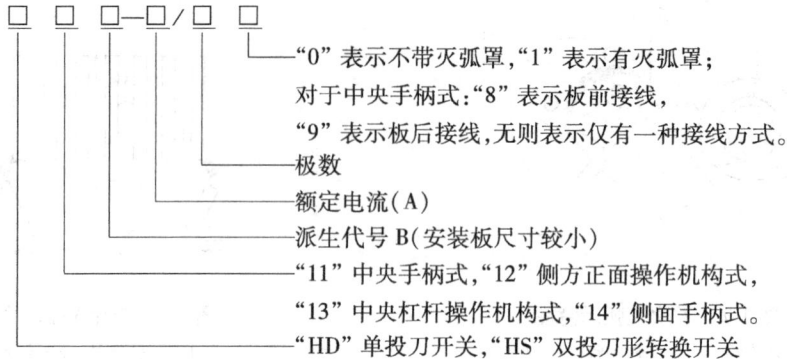

$$\square\ \square\ \square - \square / \square\ \square$$

"0"表示不带灭弧罩，"1"表示有灭弧罩；
对于中央手柄式："8"表示板前接线，
"9"表示板后接线，无则表示仅有一种接线方式。
极数
额定电流（A）
派生代号 B（安装板尺寸较小）
"11"中央手柄式，"12"侧方正面操作机构式，
"13"中央杠杆操作机构式，"14"侧面手柄式。
"HD"单投刀开关，"HS"双投刀形转换开关

HD17 系列刀开关的主要技术参数见表 1-1。

为了使用方便和减小体积，在刀开关上安装熔丝或熔断器，组成兼有通断电路和保护作用的开关电器，如胶盖刀开关、熔断器式刀开关等。

表 1-1　HD17 系列刀开关的主要技术参数

额定电流/A	通断能力/A			在 AC380V 和 60% 额定电流时，刀开关的电气寿命/次	电动稳定性电流峰值/kA	1s 热稳定性电流/kA
	AC 380V cosφ = 0.72 ~ 0.8	DC				
		220V	440V			
		T = 0.01 ~ 0.011s				
200	200	200	100	1000	30	10
400	400	400	200	1000	40	20
600	600	600	300	500	50	25
1000	1000	1000	500	500	60	30
1500	—	—	—	—	80	40

1.2.3　胶盖刀开关

胶盖刀开关即开启式负荷开关，适用于交流 50Hz，额定电压单相 220V、三相 380V，额定电流至 100A 的电路中，作为不频繁地接通和分断有负载电路与小容量电路的短路保护之用。其中三极开关适当降低容量后，可作为小型感应电动机手动不频繁操作的直接起动及分断用。常用的有 HK1 和 HK2 系列。

胶盖刀开关的型号及其含义如下：

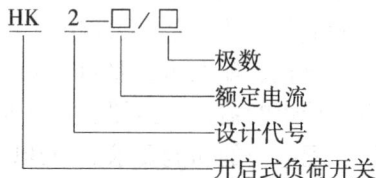

$$HK\ 2 - \square / \square$$

极数
额定电流
设计代号
开启式负荷开关

HK2 系列开启式负荷开关的主要技术参数列于表 1-2。

表 1-2　HK2 开启式负荷开关的主要技术参数

型号规格	额定电压/V	极数	额定电流/A	型号规格	额定电压/V	极数	额定电流/A
HK2—100/3	380	3	100	HK2—60/2	220	2	60
HK2—60/3	380	3	60	HK2—30/2	220	2	30
HK2—30/3	380	3	30	HK2—15/2	220	2	15
HK2—15/3	380	3	15	HK2—10/2	220	2	10

1.2.4　熔断器式刀开关

熔断器式刀开关即熔断器式隔离开关，是以熔断体或带有熔断体的载熔件作为动触点的一种隔离开关。常用的型号有 HR3、HR5、HR6 系列，主要用于额定电压 AC 660 V(45～62 Hz)，额定发热电流至 630A 的具有高短路电流的配电电路和电动机电路中，作为电源开关、隔离开关、应急开关，并作电路保护用，但一般不作直接开关单台电动机之用。HR5、HR6 熔断器式隔离开关中的熔断器为 NT 型低压高分断型熔断器。NT 型熔断器系引进德国 AEG 公司制造技术生产的产品。

HR5、HR6 系列若配用有熔断撞击器的熔断体，当某极熔断体熔断，撞击器弹出使辅助开关发出信号，以实现断相保护。

熔断器式刀开关的型号及其含义如下：

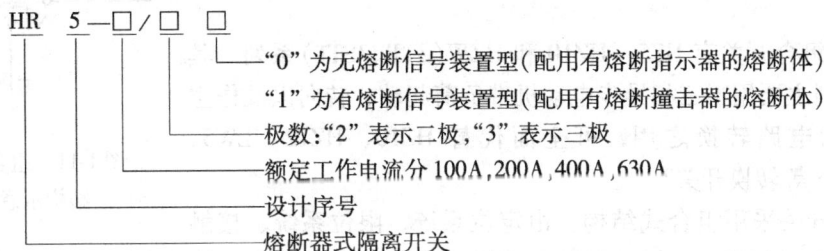

```
HR  5—□/□ □
            ├── "0"为无熔断信号装置型(配用有熔断指示器的熔断体)
            ├── "1"为有熔断信号装置型(配用有熔断撞击器的熔断体)
          ├──── 极数："2"表示二极，"3"表示三极
        ├────── 额定工作电流分 100A,200A,400A,630A
      ├──────── 设计序号
    ├────────── 熔断器式隔离开关
```

HR5 系列熔断器的主要技术参数及所配用的熔断体列于表 1-3。

表 1-3　HR5 系列熔断器式隔离开关的主要技术参数

额定工作电压/V	380		660	
约定发热电流/A	100	200	400	630
熔体电流值/A	4～160	80～250	125～400	315～630
熔断体型号	00	1	2	3

另外，还有封闭式负荷开关即铁壳开关，常用的型号为 HH3、HH4 系列，适用于额定工作电压 380V、额定工作电流至 400A、频率 50Hz 的交流电路中，可作为手动不频繁地接通、分断有负载的电路，并有过载和短路保护作用。

1.2.5　刀开关的选用及图形、文字符号

刀开关的额定电压应等于或大于电路额定电压。其额定电流应等于(在开启和通风良好的场合)或稍大于(在封闭的开关柜内或散热条件较差的工作场合，一般选 1.15 倍)电路工作

电流。在开关柜内使用还应考虑操作方式，如杠杆操作机构、旋转式操作机构等。当用刀开关控制电动机时，其额定电流要大于电动机额定电流的 3 倍。

刀开关的图形符号及文字符号如图 1-10 所示。

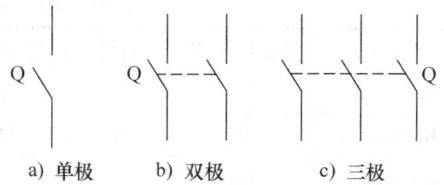

图 1-10　刀开关的电气符号

1.3　组合开关

组合开关是转换开关的一种，也是刀开关的一种。不过它的刀片（动触片）是转动式的，比刀开关轻巧而且组合性强，有各种不同组合。

组合开关有单极、双极和三极之分，由若干个动触点及静触点分别装在数层绝缘件内组成，动触点随手柄旋转而变更其通断位置。顶盖部分是由滑板、凸轮、扭簧及手柄等零件构成操作机构。由于该机构采用了扭簧储能结构从而能快速闭合及分断开关，使开关闭合和分断的速度与手动操作无关，提高了产品的通断能力。其结构示意图如图 1-11 所示。由图可知，静止时虽然触点位置不同，但当手柄转动 90° 时，三对动、静触点均闭合，接通电路。

常用的组合开关有 HZ5、HZ10 和 HZW（3LB、3ST1）系列。其中 HZW 系列主要用于三相异步电动机带负荷起动、转向以及作主电路和辅助电路转换之用，可全面代替 HZ10、HZ12、LW5、LW6、HZ5-S 等转换开关。

图 1-11　组合开关结构示意图

HZW1 开关采用组合式结构，由定位系统、限位系统、接触系统及面板手柄等组成。接触系统采用桥式双断点结构。绝缘基座分为 1～10 节共 10 种，定位系统采用棘爪式结构，可获得 360° 旋转范围内 90°、60°、45°、30° 定位，相应实现 4 位、6 位、8 位、12 位的开关状态。

组合开关的型号及其含义如下：

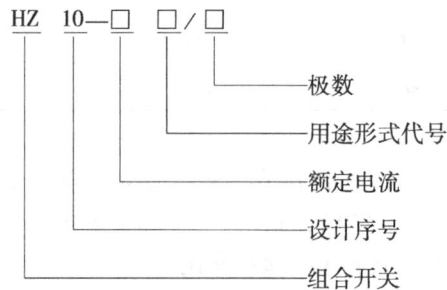

HZ10 系列组合开关的主要技术参数见表 1-4。

组合开关的图形和文字符号如图 1-12 所示。

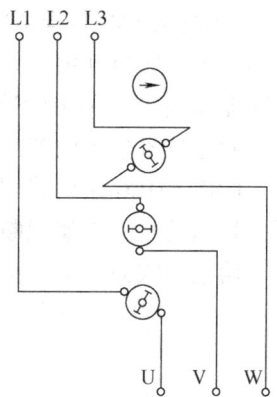

表1-4 HZ10系列组合开关主要技术参数

型 号	用 途	AC/A		DC/A		次 数
		接通	断开	接通	断开	
HZ10—10(1,2,3极)	作配电	10	10	10		10000
HZ10—25(2,3极)	电器用	25	25	25		15000
HZ10—60(2,3极)	作控制交流	60	60	60		5000
HZ10—10(3极)	电动机用	60	10			5000
HZ10—25(3极)		150	25			

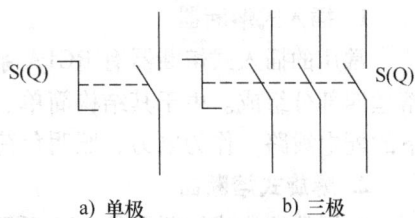

a) 单极   b) 三极

图1-12 组合开关的图形和文字符号

1.4 熔断器

熔断器是一种广泛应用的、简单有效的保护电器,在电路中用于过载与短路保护。具有结构简单、体积小、重量轻、使用维护方便、价格低廉等优点。熔断器的主体是低熔点金属丝或金属薄片制成的熔体,串联在被保护的电路中。在正常情况下,熔体相当于一根导线,当发生短路或过载时,电流很大,熔体因过热熔化而切断电路。

1.4.1 熔断器的结构和工作原理

熔断器主要由熔体(俗称保险丝)和安装熔体的熔管(或熔座)组成。熔体是熔断器的主要部分,其材料一般由熔点较低、电阻率较高的金属材料铝锑合金丝、铅锡合金丝或铜丝制成。熔管是装熔体的外壳,由陶瓷、绝缘钢纸或玻璃纤维制成,在熔体熔断时兼有灭弧作用。

熔断器的熔体与被保护的电路串联,当电路正常工作时,熔体允许通过一定大小的电流而不熔断。当电路发生短路或严重过载时,熔体中流过很大的故障电流,当电流产生的热量达到熔体的熔点时,熔体熔断切断电路,从而达到保护电路的目的。

电流流过熔体时产生的热量与电流的平方、电流通过的时间成正比,因此,电流越大,则熔体熔断的时间越短。这一特性称为熔断器的保护特性(或安秒特性),如图1-13所示。

熔断器的安秒特性为反时限特性,即短路电流越大,熔断时间越短,这样就能满足短路保护的要求。由于熔断器对过载反应不灵敏,不宜用于过载保护,主要用于短路保护。表1-5所示为某熔体安秒特性数值关系。

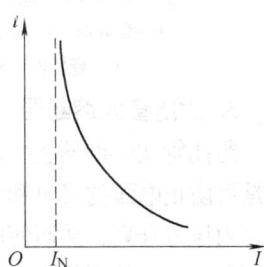

图1-13 熔断器的保护特性

表1-5 常用熔体的安秒特性

熔体通过电流/A	$1.25I_N$	$1.6I_N$	$1.8I_N$	$2.0I_N$	$2.5I_N$	$3I_N$	$4I_N$	$8I_N$
熔断时间/s	∞	3600	1200	40	8	4.5	2.5	1

1.4.2 熔断器的分类

熔断器的种类很多,按结构形式可分为插入式熔断器、螺旋式熔断器、封闭管式熔断器、快速熔断器和自复式熔断器等。

1. 插入式熔断器

常用的插入式熔断器有 RC1A 系列，其结构如图 1-14 所示。它由瓷盖、瓷座、触头和熔丝四部分组成。由于其结构简单、价格便宜、更换熔体方便，因此广泛应用于 380V 及以下的配电线路，作为电力、照明负荷的短路保护。

2. 螺旋式熔断器

常用的螺旋式熔断器是 RL1 系列，其外形与结构如图 1-15 所示，由瓷座、瓷帽和熔断管组成。熔断管上有一个标有颜色的熔断指示器，当熔体熔断时熔断指示器会自动脱落，显示熔丝已熔断。

在安装使用时，电源线应接在下接线座，负载线应接在上接线座，这样在更换熔断管时（旋出瓷帽），金属螺纹壳的上接线座便不会带电，保证维修者安全。它多用于机床电器控制设备中。

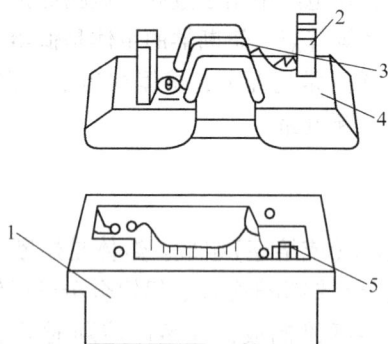

图 1-14　瓷插式熔断器
1—瓷底座　2—动触点　3—熔踢
4—瓷插件　5—静触点

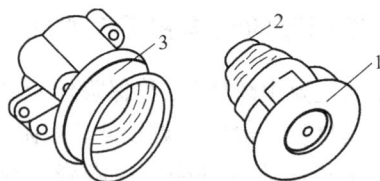

图 1-15　螺旋式熔断器
1—瓷帽　2—熔断管　3—瓷座

3. 封闭管式熔断器

封闭管式熔断器主要用于负载电流较大的电力网络或配电系统中，熔体采用封闭式结构，一是可防止电弧的飞出和熔化金属的滴出；二是在熔断过程中，封闭管内将产生大量的气体，使管内压力升高，从而使电弧因受到剧烈压缩而很快熄灭。封闭式熔断器有无填料式和有填料式两种，常用的型号有 RM10 系列、RT0 系列。

4. 快速熔断器

快速熔断器是在 RL1 系列螺旋式熔断器的基础上，为保护晶闸管而设计的，其结构与 RL1 完全相同。常用的型号有 RLS 系列、RS0 系列等，RLS 系列主要用于小容量晶闸管及其成套装置的短路保护；RS0 系列主要用于大容量晶闸管的短路保护。

图 1-16　自复式熔断器结构图
1—进线端子　2—特殊玻璃　3—瓷心　4—溶体
5—氩气　6—螺钉　7—软铅　8—出线端子
9—活塞　10—套管

5. 自复式熔断器

RZ1 型自复式熔断器是一种新型熔断器，其结构如图 1-16 所示，它采用金属钠作熔体。

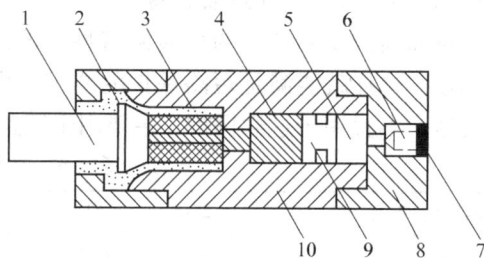

在常温下，钠的电阻很小，允许通过正常工作电流。当电路发生短路时，短路电流产生高温使钠迅速气化，气态钠电阻变得很高，从而限制了短路电流。当故障消除时，温度下降，气态钠又变为固态钠，恢复其良好的导电性。其优点是动作快，能重复使用，无需备用熔体。缺点是它不能真正分断电路，只能利用高阻闭塞电路，故常与自动开关串联使用，以提高组合分断能力。

1.4.3 熔断器的选择

在选用熔断器时，应根据被保护电路的需要，首先确定熔断器的形式，然后确定熔体的参数，再根据熔体确定熔断器的规格。

1. 熔断器类型的选择

选择熔断器的类型时，主要根据电路要求、使用场合、安装条件、负载要求的保护特性和短路电流的大小等来进行。电网配电一般用封闭管式熔断器；电动机保护一般用螺旋式熔断器；照明电路一般用插入式熔断器；保护半导体元件则应选择快速式熔断器。

2. 熔断器额定电压的选择

熔断器的额定电压大于或等于电路的工作电压。

3. 熔断器熔体额定电流的选择

1）对于变压器、电炉和照明等负载，熔体的额定电流 I_{fN} 应略大于或等于负载电流 I，即

$$I_{fN} \geq I \tag{1-4}$$

2）保护一台电动机时，考虑起动电流的影响，可按下式选择：

$$I_{fN} \geq (1.5 \sim 2.5)I_N \tag{1-5}$$

式中 I_N——电动机额定电流(A)。

3）保护多台电动机时，可按下式计算：

$$I_{fN} > (1.5 \sim 2.5)I_{Nmax} + \sum I_N \tag{1-6}$$

式中 I_{Nmax}——容量最大的一台电动机的额定电流(A)；

$\sum I_N$——其余电动机额定电流之和(A)。

4. 熔断器额定电流的选择

熔断器的额定电流必须大于或等于所装熔体的额定电流。熔断器型号的含义和电气符号如图1-17所示。

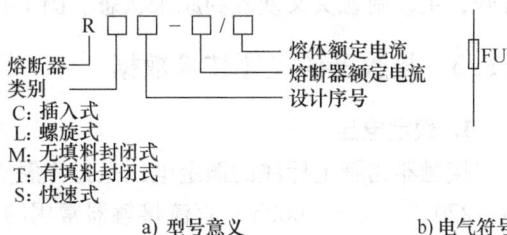

图1-17 熔断器型号的含义和电气符号

1.5 接触器

1.5.1 接触器的作用与分类

接触器是一种用来自动接通和断开大电流电路的电器。大多数情况下，其控制对象是电动机、也可用于其他电力负载，如电热器、电焊机、电炉变压器等。接触器不仅能自动地接通和断开电路，还具有控制容量大、低电压释放保护、寿命长、能远距离控制等优点，所以在电气控制系统中应用十分广泛。

接触器的触头系统可以用电磁铁、压缩空气或液体压力等驱动,因而可分为电磁式接触器、气动式接触器和液压式接触器,其中以电磁式接触器应用最为广泛。根据接触器主触头通过电流的种类,可分为交流接触器和直流接触器。

1.5.2 接触器的结构与工作原理

1. 电磁式接触器的主要结构

(1)电磁机构 机构由线圈、铁心和衔铁组成。

(2)主触头和熄弧系统 根据主触头的容量大小,有桥式触头和指形触头,且直流接触器和电流 20A 以上的交流接触器均装有熄弧罩,有的还带有栅片或磁吹熄弧装置。

(3)辅助触头 有常开和常闭辅助触头,在结构上它们均为桥式双断点。

辅助触点的容量较小。接触器安装辅助触头的目的是其在控制电路中起联动作用。辅助触头不装设灭弧装置,所以它不能用来分合主电路。

(4)反力装置 由释放弹簧和触头弹簧组成,且均不能进行弹簧松紧的调节。

(5)支架和底座 用于接触器的固定和安装。

2. 接触器的工作原理

当接触器线圈通电后,在铁心中产生磁通。由此在衔铁气隙处产生吸力,使衔铁产生闭合动作,主触点在衔铁的带动下也闭合,于是接通了主电路。同时衔铁还带动辅助触头动作,使原来打开的辅助触头闭合,而使原来闭合的辅助触点打开。当线圈断电或电压显著降低时,吸力消失或减弱,衔铁在释放弹簧作用下打开,主、副触头又恢复到原来状态。图 1-18 为交流接触器的结构示意图。

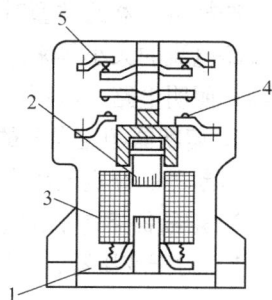

图 1-18 交流接触器的结构
1—铁心 2—衔铁 3—线圈
4—常开触点 5—常闭触点

1.5.3 接触器的主要技术数据

1. 额定电压

接触器铭牌上标注的额定电压是指主触点的额定电压。交流接触器常用的额定电压等级为:220V、380V、660V;直流接触器常用的额定电压等级为:220V、440V、660V。

2. 额定电流

接触器铭牌上标注的额定电流是指主触头的额定电流。其值是接触器安装在敞开式控制屏上,触头工作不超过额定温升,负荷为间断-长期工作制时的电流值。交流接触器常用的额定电流等级为:10A、20A、40A、60A、100A、150A、250A、400A、600A;直流接触器常用的额定电流等级为:40A、80A、100A、150A、250A、400A、600A。

3. 线圈的额定电压

指接触器电磁线圈正常工作的电压值。常用的交流线圈额定电压等级为:127V、220V、380V;直流线圈额定电压等级为:110V、220V、440V。

4. 接通和分断能力

主触头在规定条件下能可靠地接通和分断的电流值。在此电流值下,接通时主触头不应发生熔焊;分断时主触头不应发生长时间燃弧。若超出此电流值,其分断则是熔断器、自动开关等保护电器的任务。

根据接触器的类别不同，对主触头的接通和分断能力的要求也不一样，而接触器的类别是根据其不同控制对象(负载)的控制方式所决定的。根据低压电器基本标准的规定，其使用类别比较多。但在电力拖动控制系统中，常见的接触器使用类别及其典型用途如表1-6所示。

表1-6　常见接触器使用类别及其典型用途

电流种类	使用类别	典型用途
AC 交流	AC1	无感或微感负载、电阻炉
	AC2	绕线式电动机的起动和中断
	AC3	笼型电动机的起动和中断
	AC4	笼型电动机的起动、反接制动、反向和点动
DC 直流	DC1	无感或微感负载、电阻炉
	DC2	并励电动机的起动、反接制动、反向和点动
	DC3	串励电动机的起动、反接制动、反向和点动

接触器的使用类别代号通常标注在产品的铭牌或工作手册中。表1-6中要求接触器主触头达到的接通和分断能力为：AC1和DC1类允许接通和分断额定电流；AC2、DC3和DC5类允许接通和分断4倍的额定电流；AC3类允许接通6倍的额定电流和分断额定电流；AC4类允许接通和分断6倍的额定电流。

5. 额定操作频率

指每小时的操作次数。交流接触器最高为600次/h，而直流接触器最高为1200次/h。操作频率直接影响到接触器的电寿命和灭弧罩的工作条件，对于交流接触器还影响到线圈的温升。

6. 机械寿命和电气寿命

机械寿命是指接触器在需要修理或更换机械零件前所能承受的无载操作循环次数；电气寿命是指在规定的正常工作条件下，接触器不需修理或更换零件的负载操作循环次数。

常见接触器有CJ10系列、CJ20系列、CJX1和CJX2系列。其中CJ20系列是较新的产品，CJX1系列是从德国西门子公司引进技术制造的新型接触器，性能等同于西门子公司3TB、3TF系列产品。CJX1系列接触器适用于交流50Hz或60Hz、电压至660V、额定电流至630A的电路中，做远距离接通和分断电路用，并适用于频繁地起动和控制交流电动机。经加装机械联锁机构后组成CJX1系列可逆接触器，可控制电动机的起动、停止及反转。

CJX2系列交流接触器是参照法国TE公司LC1-D产品开发制造的，其结构先进、外形美观、性能优良、组合方便、安全可靠。本产品主要用于交流50Hz(或60Hz)660V以下的电路中，在AC3使用类别下额定工作电压为380V，额定工作电流至95A的电路中，供远距离接通和分断电路，适用于频繁地起动和控制交流电动机。也能在适当降低控制容量及操作频率后用于AC4使用类别。

1.5.4　接触器的选用

1. 接触器类型选择

接触器的类型应根据负载电流的类型和负载的轻重来选择，即是交流负载还是直流负载，是轻负载、一般负载还是重负载。

2. 主触头额定电流的选择

接触器的额定电流应大于或等于被控回路的额定电流。对于电动机负载可根据下列经验公式计算：

$$I_{NC} \geqslant \frac{P_{NM}}{(1 \sim 1.4)U_{NM}}$$

式中　I_{NC}——接触器主触头电流（A）；

　　　P_{NM}——电动机的额定功率（W）；

　　　U_{NM}——电动机的额定电压（V）。

若接触器控制的电动机起动、制动或正反转频繁，一般将接触器主触头的额定电流降一级使用。

3. 额定电压的选择

接触器主触头的额定电压应大于或等于负载回路的电压。

4. 吸引线圈额定电压的选择

线圈额定电压不一定等于主触头的额定电压，当电路简单，使用电器少时，可直接选用380V 或 220V 的电压，若电路复杂，使用电器超过 5 个，可用 24V、48V 或 110V 电压（1964 年国标规定为 36V、110V 或 127V）。吸引线圈允许在额定电压的 80%~105% 范围内使用。

5. 接触器的触头数量、种类选择

其触头数量和种类应满足主电路和控制电路的要求。各种类型的接触器触头数目不同。交流接触器的主触头有三对（常开触点），一般有四对辅助触头（两对常开、两对常闭），辅助触头最多可达到六对（三对常开、三对常闭）。直流接触器主触头一般有两对（常开触头）；辅助触头有四对（两对常开、两对常闭）。

接触器的型号及电气符号如图 1-19 所示。

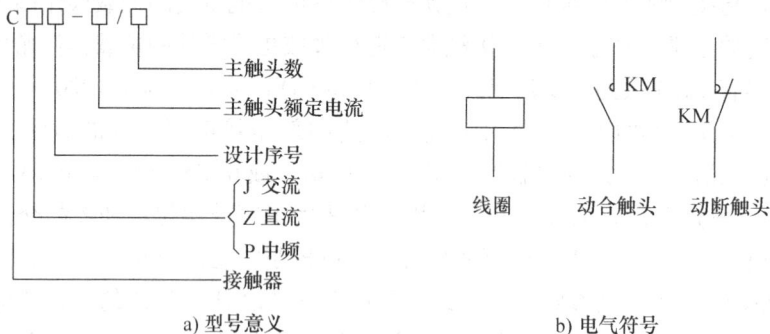

图 1-19　接触器型号含义和电气符号

1.6　低压断路器

低压断路器又称自动空气开关或自动空气断路器，主要用于低压动力电路中。它相当于刀开关、熔断器、热继电器和欠压继电器的组合，不仅可以接通和分断正常负荷电流和过负荷电流，还可以分断短路电流。低压断路器可以手动直接操作和电动操作，也可以远程遥控操作。

1.6.1　低压断路器的工作原理

低压断路器主要由触头系统、操作机构和保护元件三部分组成。主触头由耐弧合金制成，采用灭弧栅片灭弧；操作机构较复杂，其通断可用操作手柄操作，也可用电磁机构操作，故障时自动脱扣，触头通断瞬时动作与手柄操作速度无关，其工作原理如图1-20所示。

断路器的主触头2是靠操作机构手动或电动合闸的，并由自动脱扣机构将主触头锁在合闸位置上。如果电路发生故障，自动脱扣机构在有关脱扣器的推动下动作，使钩子脱开，于是主触点在弹簧的作用下迅速分断。过电流脱扣器5的线圈和过载脱扣器6的线圈与主电路串联，失电压脱扣器7的线圈与主电路并联，当电路发生短路或严重过载时，过电流脱扣器的衔铁被吸合，使自动脱扣机构动作；当电路过载时，过载脱扣器

图1-20　低压断路器原理图
1—分闸弹簧　2—主触头　3—传动杆　4—锁扣
5—过电流脱扣器　6—过载脱扣器
7—失电压脱扣器　8—分励脱扣器

的热元件产生的热量增加，使双金属片向上弯曲，推动自动脱扣机构动作；当电路失压时，失压脱扣器的衔铁释放，也使自动脱扣机构动作；分励脱扣器8则作为远距离分断电路使用，根据操作人员的命令或其他信号使线圈通电，从而使断路器跳闸。断路器根据不同用途可配备不同的脱扣器。

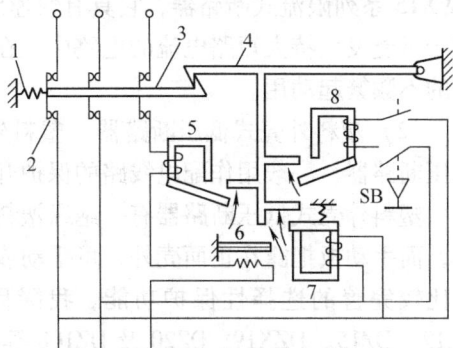

1.6.2　低压断路器的主要技术参数和典型产品介绍

1. 低压断路器的主要技术参数

（1）额定电压　断路器的额定工作电压在数值上取决于电网的额定电压等级，我国电网标准规定为AC220V、380V、660V及1140V，DC220V、440V等。应该指出，同一断路器可以规定在几种额定工作电压下使用，但相应的通断能力并不相同。

（2）额定电流　断路器的额定电流就是过电流脱扣器的额定电流，一般是指断路器的额定持续电流。

（3）通断能力　开关电器在规定的条件下（电压、频率及交流电路的功率因数和直流电路的时间常数），能在给定的电压下接通和分断的最大电流值，也称为额定短路通断能力。

（4）分断时间　指切断故障电流所需的时间，它包括固有的断开时间和燃弧时间。

2. 低压断路器典型产品介绍

低压断路器按其结构特点可分为框架式低压断路器和塑料外壳式低压断路器两大类。

（1）框架式低压断路器　框架式低压断路器又叫万能式低压断路器，主要用于40～100kW电动机回路的不频繁全压起动，并起短路、过载、失压保护作用。其操作方式有手动、杠杆、电磁铁和电动机操作四种。额定电压一般为380V，额定电流有200～4000A若干种。常见的框架式低压断路器有DW系列等。

1）DW10系列断路器。本系列产品额定电压为交流380V和直流440V，额定电流为200～4000A，非选择型（即无短路短延时），由于其技术指标较低，现已逐渐被淘汰。

2) DW15 系列断路器　它是更新换代产品，其额定电压为交流 380V，额定电流为 200～4000A，极限分断能力比 DW10 系列大一倍。它分选择型和非选择型两种产品，选择型的采用半导体脱扣器。在 DW15 系列断路器的结构基础上，适当改变触点的结构，则制成 DWX15 系列限流式断路器，它具有快速断开电路和限制短路电流上升的特点，因此特别适用于可能发生特大短路电流的电路中。在正常情况下，它也可作为电路的不频繁通断及电动机的不频繁起动用。

（2）塑料外壳式低压断路器　塑料外壳式低压断路器又称装置式低压断路器或塑壳式低压断路器。一般用作配电线路的保护开关，以及电动机和照明线路的控制开关等。

塑料外壳式低压断路器有一绝缘塑料外壳，触点系统、灭弧室及脱扣器等均安装于外壳内，而手动扳把露在正面壳外，可手动或电动分合闸。它也有较高的分断能力和动稳定性以及比较完善的选择性保护功能。我国目前生产的塑壳式断路器有 DZ5、DZ10、DZX10、DZ12、DZ15、DZX19、DZ20 及 DZ108 等系列产品，DZ108 为引进德国西门子公司 3VE 系列塑壳式断路器技术而生产的产品。

常见的 DZ20 系列塑壳式低压断路器型号含义及技术参数如下：

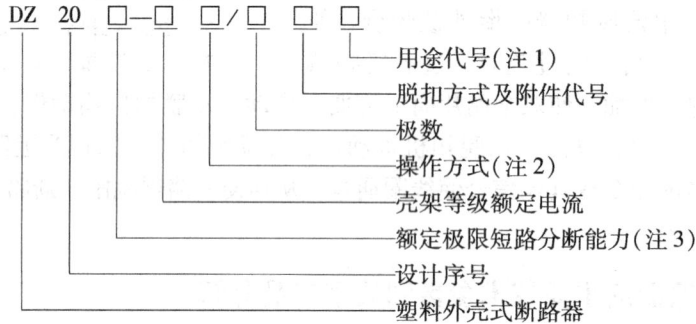

```
DZ 20 □—□ □/□ □ □
```

- 用途代号（注 1）
- 脱扣方式及附件代号
- 极数
- 操作方式（注 2）
- 壳架等级额定电流
- 额定极限短路分断能力（注 3）
- 设计序号
- 塑料外壳式断路器

注：1. 配电用无代号；保护电机用以"2"表示。

2. 手柄直接操作无代号；电动机操作用"P"表示；转动手柄用"Z"表示。

3. 按额定极限短路分断能力高低分为：

　　Y——般型　G—最高型　S—四极型　J—较高型　C—经济型

DZ20 系列塑壳式低压断路器的主要技术参数列于表 1-7。

表 1-7　DZ20 系列塑料外壳式断路器主要技术参数

型　　号	额定电压/V	壳架额定 电流/A	断路器额定 电流 I_N/A	瞬时脱扣器 整定电流倍数
DZ20Y—100			16，20，25	
DZ20J—100		100	32，40，50，	配电用 $10I_N$
DZ20G—100			63，80，100	保护电机用 $12I_N$
DZ20Y—225	~380		100，125	配电用 $5I_N$，$10I_N$
DZ20J—225		225	160，180	
DZ20G—225			200，225	保护电动机用 $12I_N$
DZ20Y—400			250，315，	配电用 $10I_N$ 保护电动机用 $12I_N$
DZ20J—400		400	350，400	
DZ20G—400	~220			配电用 $5I_N$，$10I_N$
DZ20Y—630		630	400，500，630	
DZ20J—630				

断路器的图形符号及文字符号如图 1-21 所示。

1.6.3 低压断路器的选用

1）断路器的额定工作电压应大于或等于电路与设备的额定工作电压。对于配电电路来说应注意区别是电源端保护还是负载保护，电源端电压比负载端电压高约 5% 左右。

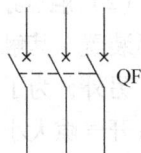

图 1-21 断路器的电气符号

2）断路器主电路额定工作电流大于或等于负载工作电流。

3）断路器的过载脱扣整定电流应等于负载工作电流。

4）断路器的额定通断能力大于或等于电路的最大短路电流。

5）断路器的欠电压脱扣器额定电压等于主电路额定电压。

6）断路器类型的选择，应根据电路的额定电流及保护的要求来选用。

1.7 继电器

继电器是根据一定的信号（如电流、电压、时间和速度等物理量）的变化来接通或分断小电流电路的自动控制电器。

继电器实质上是一种传递信号的电器，它根据特定形式的输入信号而动作，从而达到控制目的。它一般不用来直接控制主电路，而是通过接触器或其他电器来对主电路进行控制，因此同接触器相比较，继电器的触点通常接在控制电路中，触点断流容量较小，一般不需要灭弧装置，但对继电器动作的准确性则要求较高。

继电器一般由三个基本部分组成：检测机构、中间机构和执行机构。检测机构的作用是接受外界输入信号并将信号传递给中间机构；中间机构对信号的变化进行判断、物理量转换、放大等；当输入信号变化到一定值时，执行机构（一般是触点）动作，从而使其所控制的电路状态发生变化，接通或断开某部分电路，达到控制或保护的目的。

继电器种类很多，按输入信号可分为：电压继电器、电流继电器、功率继电器、速度继电器、压力继电器、温度继电器等；按工作原理可分为：电磁式继电器、感应式继电器、电动式继电器、电子式继电器、热继电器等；按用途可分为控制与保护继电器；按输出形式可分为有触点和无触点继电器。

电磁式继电器是依据电压、电流等电量，利用电磁原理使衔铁闭合动作，进而带动触头动作，使控制电路接通或断开，实现电路状态的改变。

1.7.1 电磁式继电器的结构和特性

1. 继电器的结构

电磁式继电器的结构和工作原理与电磁式接触器相似，也是由电磁机构、触点系统和释放弹簧等部分组成。电磁式继电器的典型结构如图 1-22 所示。

（1）电磁机构　直流继电器的电磁机构形式为 U 形拍合式。铁心和衔铁均由电工软铁制成。为了增加闭合后的气隙，在衔铁的内侧面上装有非磁性垫片，铁心铸在铝基座上。交流继电器的电磁机构形式有 U 形拍合式、E 形直动式、空心或装甲螺管式等结构形式。U 形拍合式和 E 形直动式的铁心及衔铁均由硅钢片叠成，且在铁心柱端上面装有分磁环。

（2）触点系统　交、直流继电器的触点由于均接在控制电路上，且电流小，故不装设灭弧装置。其触点一般都为桥式触点，有常开和常闭两种形式。

另外，为了实现继电器动作参数的改变，继电器一般还具有改变释放弹簧松紧及改变衔铁打开气隙大小的调节装置，例如调节螺母。

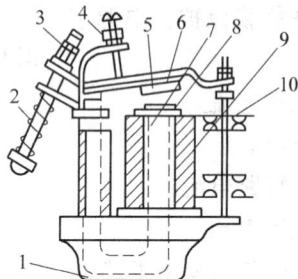

图 1-22　电磁式继电器的典型结构
1—底座　2—反力弹簧　3、4—调节螺钉
5—非磁性垫片　6—衔铁　7—铁心
8—极靴　9—电磁线圈　10—触点系统

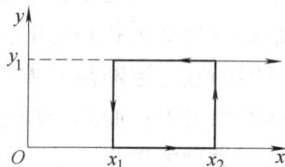

图 1-23　继电器特性曲线

2. 继电器的特性

继电器的主要特性是输入-输出特性，又称为继电器特性，当改变继电器输入量的大小时，对于输出量的触头只有"通"与"断"两个状态，如图 1-23 所示。当继电器输入量 x 由零增至 x_2 以前，继电器输出量 y 为零。当继电器输入量 x 增至 x_2 时，继电器吸合，输出量为 y_1，如 x 再增大，y_1 值保持不变。当 x 减小到 x_1 时，继电器释放，输出量由 y_1 降到零，x 再减小，y 值均为零。x_2 称为继电器吸合值，欲使继电器吸合，输入量必须等于或大于 x_2；x_1 为继电器的释放值，欲使继电器释放，输入量必须等于或小于 x_1。

1.7.2　继电器的主要参数

（1）额定参数　指继电器的线圈和触点在正常工作时的电压或电流允许值。

（2）动作参数　指衔铁产生动作时线圈的电压或电流值。对于电压继电器有吸合电压 U_2 和释放电压 U_1；对于电流继电器有吸合电流 I_2 和释放电流 I_1。

（3）整定值　根据控制电路的要求，对继电器的动作参数进行调整的数值。

（4）返回系数　指继电器的释放值与吸合值之比，以 $K = x_1/x_2$ 表示。对于电压继电器 x_1 为释放电压 U_1，x_2 为吸合电压 U_2；对于电流继电器 x_1 为释放电流 I_1，x_2 为吸合电流 I_2。不同的场合要求不同的 K 值，可以通过调节释放弹簧的松紧程度（拧紧时 K 增大，放松时 K 减小）或调整铁心与衔铁之间非磁性垫片的厚度（增厚时 K 增大，减薄时 K 减小）来达到所要求的值。

（5）吸合时间和释放时间　吸合时间是指线圈接受电信号到衔铁完全吸合所需的时间；释放时间是指线圈失电到衔铁完全释放所需的时间。一般继电器的吸合时间与释放时间为 $0.05 \sim 0.2\text{s}$，它的大小影响到继电器的操作频率。

（6）消耗功率　继电器线圈运行时消耗的功率，与其线圈匝数的二次方成正比。继电器的灵敏度越高，要求继电器的消耗功率越小。

1.7.3 电磁式电压继电器和电流继电器

1. 电磁式电流继电器

触点动作与否，与通过线圈的电流大小有关的继电器叫作电流继电器。主要用于电动机、发电机或其他负载的过载及短路保护、直流电动机磁场控制或失磁保护等。电流继电器的线圈串在被测量电路中，其线圈匝数少、导线粗、阻抗小。电流继电器除用于电流型保护的场合外，还经常用于按电流原则控制的场合。电流继电器有过电流和欠电流继电器两种。

过电流继电器在电路正常工作时，衔铁是释放的；一旦电路发生过载或短路故障时，衔铁吸合，带动相应的触点动作，即常开触点闭合，常闭触点断开。

欠电流继电器在电路正常工作时，衔铁是吸合的，其常开触点闭合，常闭触点断开；一旦线圈中的电流降至额定电流的10%~20%以下时，衔铁释放，发出信号，从而改变电路的状态。

2. 电磁式电压继电器

触点的动作与加在线圈上的电压大小有关的继电器称为电压继电器，它用于电力拖动系统的电压保护和控制。电压继电器反映的是电压信号，它的线圈并联在被测电路的两端，所以匝数多、导线细、阻抗大。电压继电器按动作电压值的不同，分为过电压和欠电压继电器两种。

过电压继电器在电路电压正常时，衔铁释放，一旦电路电压升高至额定电压的110%~115%以上时，衔铁吸合，带动相应的触点动作；欠电压继电器在电路电压正常时，衔铁吸合，一旦电路电压降至额定电压的5%~25%以下时，衔铁释放，输出信号。

1.7.4 电磁式中间继电器

中间继电器实质也是一种电压继电器。只是它的触点对数较多，容量较大，动作灵敏。主要起扩展控制范围或传递信号的中间转换作用。

电磁式继电器型号的含义和电气符号如图1-24所示。

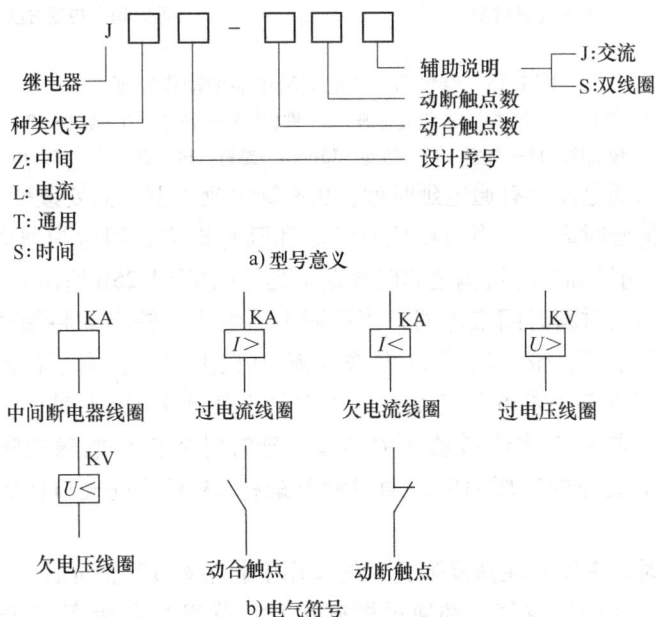

图1-24 电磁式继电器型号的含义和电气符号

1.7.5 时间继电器

在自动控制系统中，有时需要继电器得到信号后不立即动作，而是要顺延一段时间后再动作并输出控制信号，以达到按时间顺序进行控制的目的。时间继电器就可以满足这种要求。

时间继电器按工作原理分可分为：直流电磁式、空气阻尼式（气囊式）、晶体管式、电动式等几种。按延时方式分可分为：通电延时型和断电延时型。

1. 空气阻尼式时间继电器

空气阻尼式时间继电器利用空气通过小孔时产生阻尼的原理获得延时。其结构由电磁系统、延时结构和触头三部分组成。如图 1-25 所示。电磁机构为双 E 直动式，触点系统为微动开关，延时机构采用气囊式阻尼器。

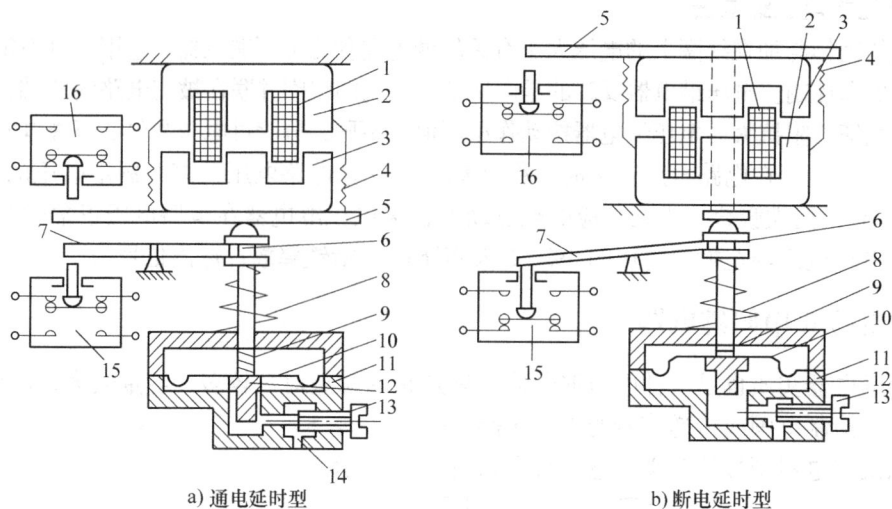

a) 通电延时型　　　　　　　　　　b) 断电延时型

图 1-25　空气阻尼式时间继电器的动作原理

1—线圈　2—铁心　3—衔铁　4—恢复弹簧　5—推板　6—活塞杆　7—杠杆　8—塔形弹簧
9—弹簧　10—橡皮膜　11—气室　12—活塞　13—调节螺钉　14—进气孔　15、16—微动开关

空气阻尼式时间继电器既有通电延时型，也有断电延时型。只要改变电磁机构的安装方向，便可实现不同的延时方式：当衔铁位于铁心和延时机构之间时为通电延时（如图 1-25a 所示）；当铁心位于衔铁和延时机构之间时为断电延时（如图 1-25b 所示）。

图 1-25a 为通电延时型时间继电器，当线圈 1 通电后，铁心 2 将衔铁 3 吸合，活塞杆 6 在塔形弹簧 8 的作用下，带动活塞 12 及橡皮膜 10 向上移动，由于橡皮膜下方气室空气稀薄，形成负压，因此活塞杆 6 不能上移。当空气由气孔 14 进入时，活塞杆 6 才逐渐上移。移到最上端时，杠杆 7 才使微动开关动作。延时时间为自电磁铁吸引线圈通电时刻起到微动开关动作时为止的这段时间。通过调节螺杆 13 调节进气口的大小，就可以调节延时时间。

当线圈 1 断电时，衔铁 3 在恢复弹簧 4 的作用下将活塞 12 推向最下端。因活塞被往下推时，橡皮膜下方气孔内的空气，都通过橡皮膜 10、弹簧 9 和活塞 12 肩部所形成的单向阀，经上气室缝隙顺利排掉，因此延时与不延时的微动开关 15 与 16 都迅速复位。

空气阻尼式时间继电器的优点：结构简单、寿命长、价格低廉。缺点是准确度低、延时误差大，在延时精度要求高的场合不宜采用。

2. 晶体管式时间继电器

晶体管式时间继电器常用的有阻容式时间继电器，它利用 RC 电路中电容电压不能跃变，只能按指数规律逐渐变化的原理——电阻尼特性获得延时。所以，只要改变充电回路的时间常数即可改变延时时间。由于调节电容比调节电阻困难，所以多用调节电阻的方式来改变延时时间。其原理图如图 1-26 所示。

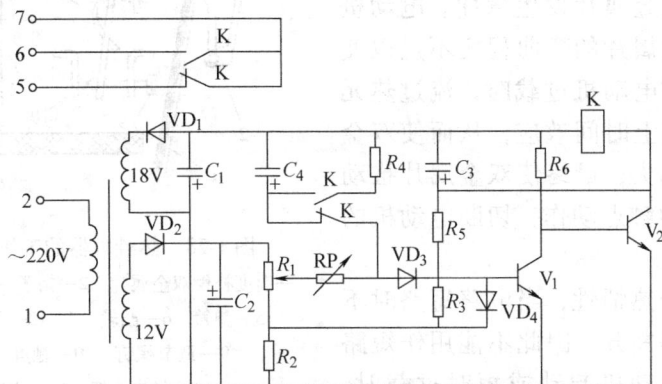

图 1-26　晶体管式时间继电器原理图

晶体管式时间继电器具有延时范围广、体积小、精度高、使用方便及寿命长等优点。

3. 时间继电器的电气符号

时间继电器的图形符号及文字符号如图 1-27 所示。

对于通电延时时间继电器，当线圈得电时，其延时动合触点要延时一段时间才闭合，延时动断触点要延时一段时间才断开；当线圈失电时，其延时常开触点迅速断开，延时常闭触点迅速闭合。

对于断电延时时间继电器，当线圈得电时，其延时动合触点迅速闭合，延时动断触点迅速断开；当线圈失电时，其延时常开触点要延时一段时间再断开，延时常闭触点要延时一段时间再闭合。

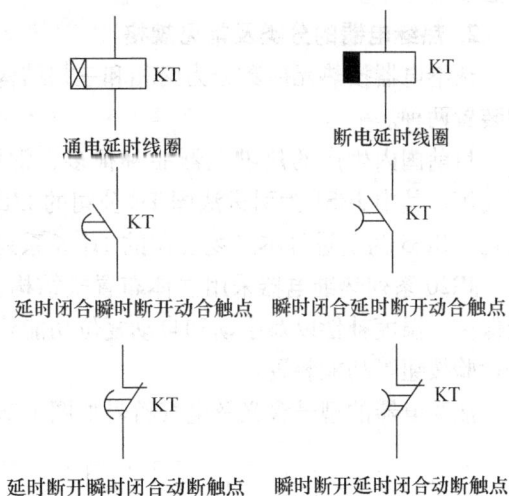

通电延时线圈　　　　断电延时线圈

延时闭合瞬时断开动合触点　瞬时闭合延时断开动合触点

延时断开瞬时闭合动断触点　瞬时断开延时闭合动断触点

图 1-27　时间继电器的图形符号及文字符号

1.7.6　热继电器

热继电器是电流通过发热元件产生热量，使检测元件受热弯曲而推动机构动作的一种继电器。由于热继电器中发热元件的发热惯性，在电路中不能做瞬时过载保护和短路保护。它主要用于电动机的过载保护、断相保护和三相电流不平衡运行的保护。

1. 热继电器的结构和工作原理

热继电器的形式有多种，其中以双金属片最多。双金属片式热继电器主要由热元件、双金属片和触头三部分组成，如图 1-28 所示。双金属片是热继电器的感测元件，由两种膨胀系数不同的金属片碾压而成。当串联在电动机定子绕组中的热元件有电流流过时，热元件产生的热量使双金属片伸长，由于膨胀系数不同，致使双金属片发生弯曲。电动机正常运行时，双金属片的弯曲程度不足以使热继电器动作。当电动机过载时，流过热元件的电流增大，加上时间效应，从而使双金属片的弯曲程度加大，最终使双金属片推动导板使热继电器的触点动作，切断电动机的控制电路。

热继电器由于热惯性，当电路短路时不能立即动作使电路断开，因此不能用作短路保护。同理，在电动机起动或短时过载时，热继电器也不会马上动作，从而避免电动机不必要的停车。

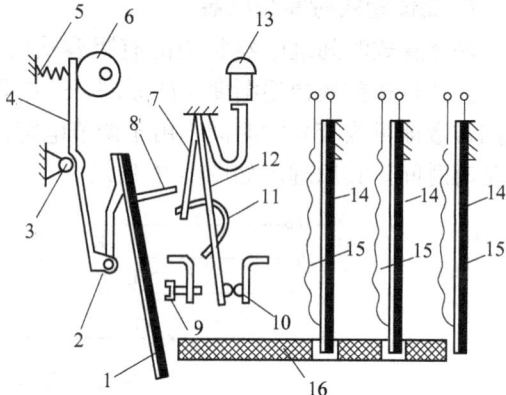

图 1-28　热继电器的工作原理示意图

1—温度补偿双金属片　2—销子　3—支撑　4—杠杆
5—弹簧　6—凸轮　7、12—片簧　8—推杆
9—调节螺钉　10—触点　11—弓簧
13—复位按钮　14—主双金属片
15—发热元件　16—导板

2. 热继电器的分类及常见规格

热继电器按热元件数分为两相和三相结构。三相结构中又分为带断相保护和不带断相保护装置两种。

目前国内生产的热继电器品种很多，常用的有 JR20、JRS1、JRS2、JRS5、JR16B 和 T 系列等。其中 JRS1 为引进法国 TE 公司的 LR1-D 系列，JRS2 为引进德国西门子公司的 3UA 系列，JRS5 为引进日本三菱公司的 TH-K 系列，T 系列为引进瑞士 ABB 公司的产品。

JR20 系列热继电器采用立体布置式结构，且系列动作机构通用。除具有过载保护、断相保护、温度补偿以及手动和自动复位功能外，还具有动作脱扣灵活、动作脱扣指示以及断开检验按钮等功能装置。

热继电器的型号含义及电气符号如图 1-29 所示。

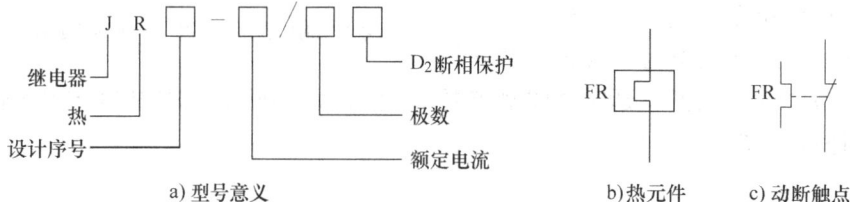

a) 型号意义　　　　　　　　　　b) 热元件　　c) 动断触点

图 1-29　热继电器的型号含义及电气符号

3. 热继电器的选择

选用热继电器时，必须了解被保护对象的工作环境、起动情况、负载性质、工作制及电动机允许的过载能力。原则是热继电器的安秒特性位于电动机过载特性之下，并尽可能接近。

（1）热继电器的类型选择　若用热继电器作电动机缺相保护，应考虑电动机的接法。对于Y形接法的电动机，当某相断线时，其余未断相绕组的电流与流过热继电器电流的增加比例相同。一般的三相式热继电器，只要整定电流调节合理，是可以对Y形接法的电动机实现断相保护的；对于△形接法的电动机，某相断线时，流过未断相绕组的电流与流过热继电器的电流增加比例则不同，也就是说，流过热继电器的电流不能反映断相后绕组的过载电流，因此，一般的热继电器，即使是三相式也不能为△形接法的三相异步电动机的断相运行提供充分保护。此时，应选用三相带断相保护的热继电器。带断相保护的热继电器的型号后面有 D、T 或 3UA 字样。

（2）热元件的额定电流选择　应按照被保护电动机额定电流的 1.1～1.15 倍选取热元件的额定电流。

（3）热元件的整定电流选择　一般将热继电器的整定电流调整到等于电动机的额定电流；对过载能力差的电动机，可将热元件的整定值调整到电动机额定电流的 0.6～0.8 倍；对起动时间较长、拖动冲击性负载或不允许停车的电动机，热元件的整定电流应调整到电动机额定电流的 1.1～1.15 倍。

1.7.7　速度继电器

速度继电器是利用转轴的转速来切换电路的自动电器。它主要用作笼型异步电动机的反接制动控制中，故称为反接制动继电器。

图 1-30 所示为速度继电器的结构原理示意图。它主要由转子、定子和触点三部分组成。

转子是一个圆柱形永久磁铁，定子是一个笼型空心圆环，由硅钢片叠成，并装有笼型的绕组。速度继电器与电动机同轴相连，当电动机旋转时，速度继电器的转子随之转动。在空间产生旋转磁场，切割定子绕组，在定子绕组中感应出电流。此电流又在旋转的转子磁场作用下产生转矩，使定子随转子转动方向而旋转，和定子装在一起的摆锤推动动触点动作，使常开触点闭合，常闭触点断开。当电动机速度低于某一值时，动作产生的转矩减小，动触点复位。

常用的速度继电器有 YJ1 和 JFZ0-2 型。

速度继电器的电气符号如图 1-31 所示。

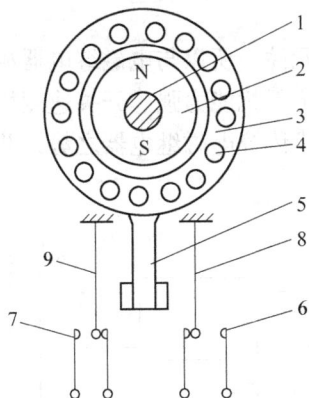

图 1-30　速度继电器原理示意图
1—转轴　2—转子　3—定子　4—绕组
5—摆锤　6、7—静触点　8、9—动触点

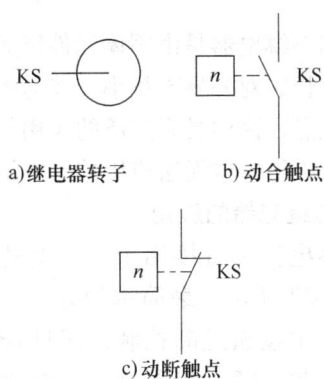

a)继电器转子　　b)动合触点

c)动断触点

图 1-31　速度继电器的电气符号

1.7.8 固态继电器

固态继电器(Solid State Reley,SSR),是一种新型无触点继电器。固态继电器与机电继电器相比,是一种没有机械运动,不含运动零件的继电器,但它具有与机电继电器本质上相同的功能。SSR 是一种全部由固态电子元件组成的无触点开关元件,它利用电子元器件的电、磁和光特性来完成输入与输出的可靠隔离,利用大功率三极管、功率场效应晶体管、单向晶闸管和双向晶闸管等器件的开关特性,来达到无触点、无火花地接通和断开被控电路。

1. 固态继电器的组成

固态继电器由三部分组成:输入电路,隔离(耦合)电路和输出电路。按输入电压的不同类别,输入电路可分为直流输入电路、交流输入电路和交直流输入电路三种。有些输入控制电路还具有与 TTL/CMOS 兼容、正负逻辑控制和反相等功能。固态继电器的输入与输出电路的隔离和耦合方式有光电耦合和变压器耦合两种。固态继电器的输出电路也可分为直流输出电路、交流输出电路和交直流输出电路等形式。交流输出时,通常使用两个晶闸管或一个双向晶闸管,直流输出时可使用双极性器件或功率场效应晶体管。

2. 固态继电器的工作原理

交流固态继电器是一种无触点通断电子开关,为四端有源器件。其中两个端子为输入控制端,另外两端为输出受控端,中间采用光电隔离,作为输入输出之间电气隔离。在输入端加上直流或脉冲信号,输出端就能从关断状态转变成导通状态(无信号时呈阻断状态),从而控制较大负载。整个器件无可动部件及触点,可实现相当于常用的机械式电磁继电器一样的功能。

固态继电器以触发形式,可分为零压型(Z)和调相型(P)两种。在输入端施加合适的控制信号 V_{in} 时,P 型 SSR 立即导通。当 V_{in} 撤销后,负载电流低于双向晶闸管维持电流时(交流换向),SSR 关断。Z 型 SSR 内部包括过零检测电路,在施加控制信号 V_{in} 时,只有当负载电源电压达到过零区时,SSR 才能导通,并有可能造成电源半个周期的最大延时。Z 型 SSR 关断条件同 P 型一样,但由于负载工作电流近似正弦波,高次谐波干扰小,所以应用广泛。

由于固态继电器是由固体元件组成的无触点开关元件,所以与电磁继电器相比具有工作可靠、寿命长、对外界干扰小、能与逻辑电路兼容、抗干扰能力强、开关速度快和使用方便等一系列优点,因而具有广泛的应用领域,有逐步取代传统电磁继电器之势,并可进一步扩展到传统电磁继电器无法应用的计算机等领域。

3. 固态继电器的应用

固态继电器可直接用于三相电动机的控制,如图 1-32 所示。最简单的方法,是采用两只 SSR 作电动机通断控制,四只 SSR 作电动机换相控制,第三相不控制。电动机换向时应注意,由于电动机的运动惯性,必须在电动机停稳后才能换向,以避免产生类似电动机堵转情况,引起较大的冲击电压和电流。

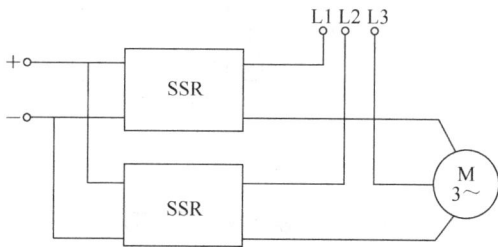

图 1-32 用固态继电器控制三相异步电动机

在控制电路设计上，要注意任何时刻都不应产生换相 SSR 同时导通的情况。上、下电时序，应采用先加后断控制电路电源，后加先断电动机电源的时序。换向 SSR 之间不能简单地采用反相器连接方式，以避免在导通的 SSR 未关断，另一相 SSR 导通引起的相间短路事故。此外，电动机控制中的熔断器、缺相保护和温度继电器，也是保证系统正常工作的保护装置。

1.8 主令电器

主令电器主要用于闭合或断开控制电路，以发出命令或信号，达到对电力拖动系统的控制或实现程序控制。常用的主令电器有控制按钮、行程开关、接近开关、万能转换开关等几种。

1.8.1 控制按钮

控制按钮是一种短时接通或断开小电流电路的电器，它不直接控制主电路的通断，而在控制电路中发出"指令"去控制接触器、继电器等电器，再由它们去控制主电路。

控制按钮由按钮帽、复位弹簧、桥式触头和外壳等组成，通常做成复合式，即具有常开触点和常闭触点，其结构示意图如图1-33所示。

指示灯式按钮内可装入信号灯显示信号；紧急式按钮装有蘑菇形钮帽，以便于紧急操作；旋钮式按钮用于扭动旋钮来进行操作。

常见按钮有 LA 系列和 LAY1 系列。LA 系列按钮的额定电压为交流 500V、直流 440V，额定电流为 5A；LAY1 系列按钮的额定电压为交流 380V、直流 220V，额定电流为 5A。按钮帽有红、绿、黄、白等颜色，一般红色用作停止按钮，绿色用作起动按钮。按钮主要根据所需要的触点数、使用场合及颜色来选择。按钮颜色的含义如表1-8所示。

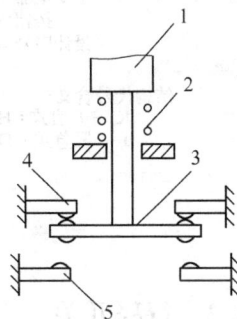

图1-33 控制按钮结构
示意图
1—按钮帽 2—复位弹簧
3—动触点 4—常闭触点
5—常开触点

表1-8 按钮颜色及其含义

颜色	颜色含义	典型应用
	急情出现时动作	急停
红	停止或断开	① 总停； ② 停止一台或几台电动机； ③ 停止机床的一部分； ④ 停止循环(如果操作者在循环期间按此按钮,机床在有关循环完成后停止)； ⑤ 断开开关装置； ⑥ 兼有停止作用的复位
黄	干预	排除反常情况或避免不希望的变化，当循环尚未完成，把机床部件返回到循环起始点按压黄色按钮可以超越预选的其他功能

（续）

颜 色	颜色含义	典型应用
绿	起动或接通	① 总起动； ② 开动一台或几台电动机； ③ 开动机床的一部分； ④ 开动辅助功能； ⑤ 闭合开关装置； ⑥ 接通控制电路
蓝	红蓝绿三种颜色未包含的任何特定含义	① 红、黄、绿含义未包括的特殊情况，可以用蓝色； ② 蓝色：复位
黑灰白		除专用"停止"功能按钮外，可用于任何功能，如：黑色为点动，白色为控制与工作循环无直接关系的辅助功能

控制按钮的型号含义和电气符号如图 1-34 所示。

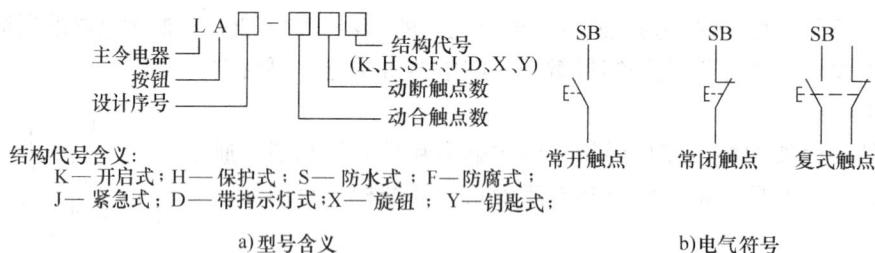

图 1-34　控制按钮的型号含义和电气符号

1.8.2　行程开关

行程开关又称位置开关或限位开关。它的作用与按钮相同，只是其触点的动作不是靠手动操作，而是利用生产机械某些运动部件上的挡铁碰撞其滚轮使触头动作来实现接通或分断电路的作用。

行程开关的结构分为三个部分：操作机构、触头系统和外壳。行程开关分为单滚轮、双滚轮及径向传动杆等形式，其中，单滚轮和径向传动杆行程开关可自动复位，双滚轮为碰撞复位。

常见的行程开关有 LX19 系列、LX22 系列、JLXK1 系列和 JLXW5 系列。其额定电压为交流 500V、380V，直流 440V、220V，额定电流为 20A、5A 和 3A。

在选用行程开关时，主要根据机械位置对开关类型的要求，控制电路对触头数量和触头性质的要求，闭合类型（限位保护或行程控制）和可靠性以及电压、电流等级确定其型号。

行程开关的型号含义和电气符号如图 1-35 所示。

1.8.3　接近开关

接近开关是一种不需与运动部件进行机械接触而可以操作的位置开关，当物体接近开关的感应面到动作距离时，不需要机械接触及施加任何压力即可使开关动作，从而驱动交流或直流电器给计算机提供控制指令。接近开关是一种开关型传感器（即无触点开关），它既有

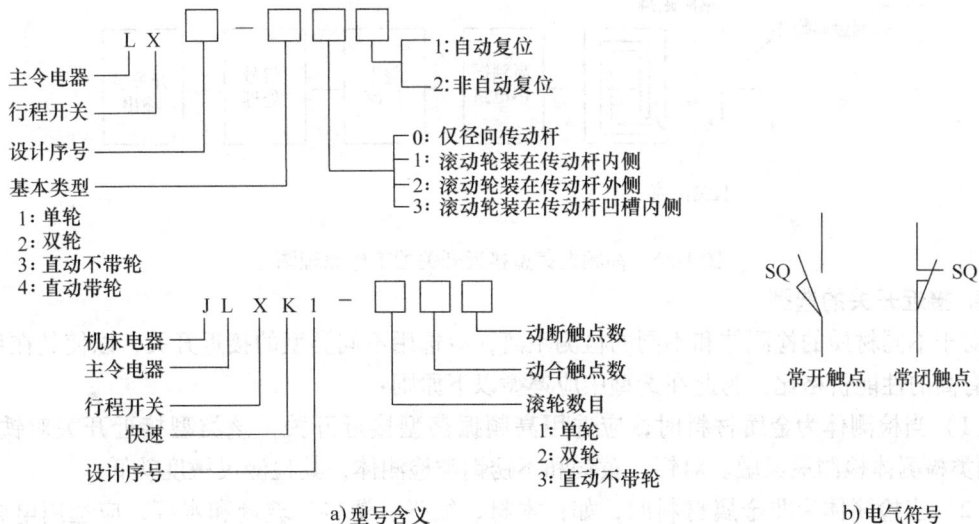

a) 型号含义　　　　　　　　　　　b) 电气符号

图1-35　行程开关的型号含义和电气符号

行程开关所具备的行程控制及限位保护特性，同时又可用于高速计数、检测金属体的存在、测速、液位控制、检测零件尺寸以及用作无触点式按钮等。

接近开关的动作可靠，性能稳定，频率响应快，使用寿命长，抗干扰能力强，并具有防水、防震、耐腐蚀等特点。

1. 接近开关的分类

目前应用较为广泛的接近开关按工作原理可以分为以下几种类型：

① 高频振荡型：用以检测各种金属体；

② 电容型：用以检测各种导电或不导电的液体或固体；

③ 光电型：用以检测所有不透光物质；

④ 超声波型：用以检测不透过超声波的物质；

⑤ 电磁感应型：用以检测导磁或不导磁金属。

按其外形可分为圆柱形、方形、沟形、穿孔（贯通）形和分离形。圆柱形比方形安装方便，但其检测特性相同，沟形的检测部位是在槽内侧，用于检测通过槽内的物体，贯通形在我国很少生产，而日本则应用较为普遍，可用于小螺钉或滚珠之类的小零件和浮标组装成水位检测装置等。

接近开关按供电方式可分为直流型和交流型，按输出形式又可分为直流两线制、直流三线制、直流四线制、交流两线制和交流三线制。

2. 高频振荡型接近开关的工作原理

高频振荡型接近开关的工作原理图如图1-36所示，它属于一种有开关量输出的位置传感器，它由LC高频振荡器、整形检波电路和放大处理电路组成，振荡器产生一个交变磁场，当金属物体接近这个磁场，并达到感应距离时，在金属物体内产生涡流。这个涡流反作用于接近开关，使接近开关振荡能力衰减，以至停振。振荡器振荡的变化被后级放大电路处理并转换成开关信号，进而控制开关的通或断，由此识别出有无金属物体接近。这种接近开关所能检测的物体必须是金属物体。

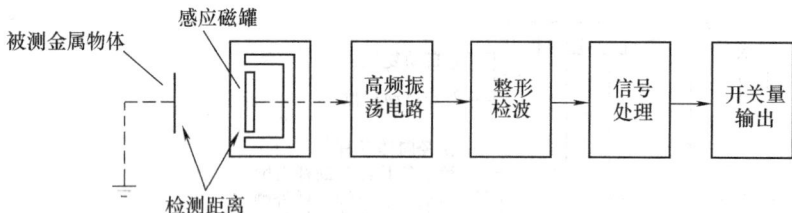

图 1-36 高频振荡型接近开关的工作原理图

3. 接近开关的选型

对于不同材质的检测体和不同的检测距离，应选用不同类型的接近开关，以使其在系统中具有高的性能价格比，为此在选型中应遵循以下原则：

（1）当检测体为金属材料时，应选用高频振荡型接近开关，该类型接近开关对铁镍、A3 钢类检测体检测最灵敏。对铝、黄铜和不锈钢类检测体，其检测灵敏度就低。

（2）当检测体为非金属材料时，如：木材、纸张、塑料、玻璃和水等，应选用电容型接近开关。

（3）金属体和非金属要进行远距离检测和控制时，应选用光电型接近开关或超声波型接近开关。

（4）对于检测体为金属时，若检测灵敏度要求不高时，可选用价格低廉的磁性接近开关或霍尔式接近开关。

接近开关的电气符号如图 1-37 所示。

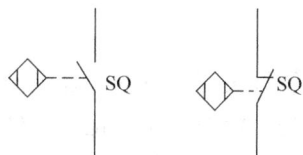

图 1-37 接近开关的电气符号

1.8.4 万能转换开关

万能转换开关是一种多档式、控制多回路的主令电器，一般可作为多种配电装置的远距离控制，也可作为电压表、电流表的换相开关，还可作为小容量电动机的起动、制动、调速及正反向转换的控制。由于其触头档数多、换接线路多、用途广泛，故有"万能"之称。

万能转换开关主要由操作机构、面板、手柄及数个触点座等部件组成，用螺栓组装成为整体。触点座可有 1～10 层，每层均可装三对触点，并由其中的凸轮进行控制。由于每层凸轮可做成不同的形状，因此当手柄转到不同位置时，通过凸轮的作用，可使各对触点按需要的规律接通和分断。

常见的万能转换开关的型号为 LW5 系列和 LW6 系列。选用万能开关时，可从以下几方面入手：若用于控制电动机，则应预先知道电动机的内部接线方式，根据内部接线方式、接线指示牌以及所需要的转换开关断合次序表，画出电动机的接线图，只要电动机的接线图与转换开关的实际接法相符即可。其次，需要考虑额定电流是否满足要求。若用于控制其它电路时，则只需考虑额定电流、额定电压和触头对数。

万能转换开关的原理图和电气符号如图 1-38 所示。

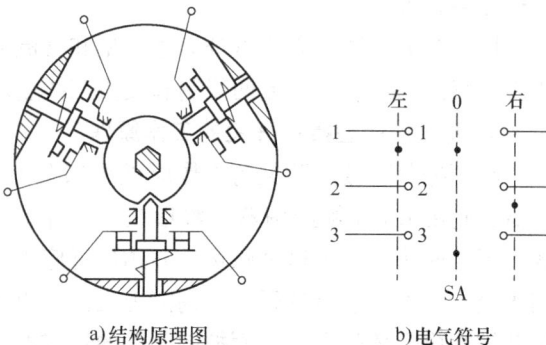

a)结构原理图   b)电气符号

图 1-38 万能转换开关的原理图和电气符号

1.9　智能低压电器

近年来，随着电子技术和计算机技术的发展，低压电器的智能化趋势越来越明显，市场上出现了一些智能低压电器，如电子式热继电器、智能接触器、智能断路器等。这些智能低压电器普遍采用单片机控制，并具有通信功能。应用较多的是智能断路器。

智能断路器是指具有智能化控制单元的低压断路器。智能断路器与普通断路器一样，也有绝缘外壳、触头系统和操作机构，所不同的是普通断路器的脱扣器换成了具有一定人工智能的控制单元，或者称为智能脱扣器。这种智能控制单元的核心是单片机处理器，其功能不但覆盖了全部脱扣器的保护功能（如短路保护、过流、过热保护、漏电保护、缺相保护等），而且还能够显示电路中的各种参数（电流、电压、功率、功率因数）。各种保护功能的动作参数也可以设定、修改和显示。保护电路动作时的故障参数，可以存储在非易失存储器中以便查询。此外，还扩充了测量、控制、报警、数据记忆及传输、通信等功能，其性能大大优于传统的断路器产品。

智能断路器原理框图如图 1-39 所示。单片机对各路电压和电流信号进行实时检测。当电压过高或过低时发出脱扣信号。当缺相功能有效时，如三相电流不平衡超过设定值，发出缺相脱扣信号，同时对各相电流进行监测，根据设定的参数实施三段式（瞬动、短延时、长延时）电流热模拟保护。

智能断路器是以微处理器为核心的机电一体化产品。使用了系统集成技术。它包括供电部分（常规供电、电池供电、电流互感器自供电）、传感器、控制部分、调整部分以及开关部分。各个部分相互关联、又相互影响。系统集成化技术的主要内容就是协调和处理好各个组成部分的关系，使其既满足所有的功能，又在体积、功耗、

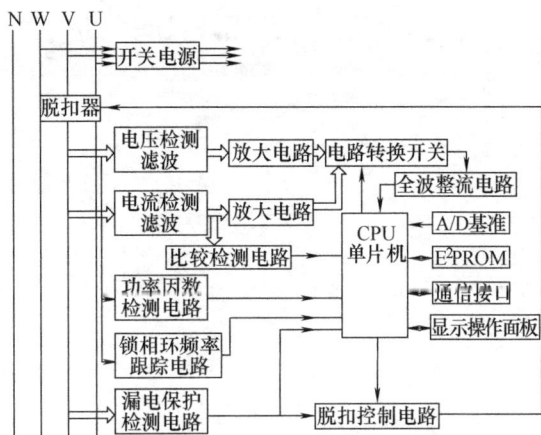

图 1-39　智能断路器原理框图

可靠性、电磁兼容性等方面不超出现有技术条件所允许的范围。

智能型可通信断路器属于第四代低压电器产品。随着集成电路技术的发展和微处理器功能的越来越强大，集成电路和微处理器成为第四代低压电器的核心控制技术。专用集成电路如漏电保护、缺相保护专用集成电路、专用运算电路等的采用，不仅能减轻 CPU 的工作负荷，而且能够提高系统的响应速度，另外，断路器要完成多种保护功能，就要有相应的各种传感器，因此要求传感器要有较高的精度、较宽的动态响应范围，同时要求体积要小，输出信号还要便于与智能控制电路接口连接。故新型的智能化、集成化传感器的采用，可使智能断路器的整体性能提高一个档次。

习　　题

1-1　什么是低压电器？常用的低压电器有哪些？

1-2 电磁式低压电器由哪几部分组成？说明各部分的作用。

1-3 灭弧的基本原理是什么？低压电器常用的灭弧方法有哪几种？

1-4 熔断器有哪些用途？一般应如何选用？在电路中应如何连接？

1-5 交流接触器主要由哪些部分组成？在运行中有时产生很大的噪声，试分析产生该故障的原因。

1-6 交流电磁线圈误接入直流电源或直流电磁线圈误接入交流电源，会出现什么情况？为什么？

1-7 交流接触器的主触头、辅助触头和线圈各接在什么电路中，应如何连接？

1-8 什么是继电器？它与接触器的主要区别是什么？在什么情况下可用中间继电器代替接触器起动电动机？

1-9 空气阻尼式时间继电器是利用什么原理达到延时目的的？如何调整延时时间的长短？

1-10 热继电器有何作用？如何选用热继电器？在实际使用中应注意哪些问题？

1-11 低压断路器具有哪些脱扣装置？试分别叙述其功能。

1-12 什么是速度继电器？其作用是什么？速度继电器内部的转子有什么特点？若其触头过早动作，应如何调整？

1-13 常用电子电器有哪些特点？主要由哪几部分组成？主要参数有哪些？

1-14 某生产设备采用三角形联结的异步电动机，其 $P_N = 5.5\text{kW}$，$U_N = 380\text{V}$，$I_N = 12.5\text{A}$，$I_S = 6.5I_N$。现用按钮进行起动、停止控制，应有短路、过载保护。试选用接触器、按钮、熔断器、热继电器和组合开关。

第 2 章　继电-接触器控制电路基本环节

在工业生产中广泛使用的机械设备、自动化生产线等，一般都是由电动机拖动的。采用电动机作为原动机拖动生产机械运动的方式叫作电力拖动。电气控制是指对拖动系统的控制，最常见的是继电-接触器控制方式，也称继电-接触器控制。电气控制电路是由各种接触器、继电器、按钮、行程开关等电器元件组成的控制电路，复杂的电气控制电路由基本控制电路(环节)组合而成。电动机常用的控制电路有起停控制、正反转控制、减压起动控制、调速控制和制动控制等基本控制环节。

本章主要介绍继电-接触器控制系统的基本控制环节及典型电路。由于涉及到电气制图，因此首先介绍电气制图的类型、画法及国家标准。

2.1　电气图中的图形符号和文字符号

电力拖动控制系统由电动机和各种控制电器组成。为了表达电气控制系统的设计意图，便于分析系统的工作原理、安装、调试和检修，必须采用统一的图形符号和文字符号来表达。GB/T 4728—1998 ~ 2000《电气简图常用图形符号》规定了电气简图中图形符号的画法，GB/T 7159—1987《电气技术中的文字符号制定通则》规定了电气工程图中的文字符号的规范。

2.1.1　图形符号

图形符号通常用于图样或其他文件，用以表示一个设备或概念的图形、标记或字符。电气控制系统图中的图形符号必须按国家标准绘制。图形符号含有符号要素、一般符号和限定符号。

（1）符号要素　是一种具有确定意义的简单图形，必须同其他图形组合才能构成一个设备或概念的完整符号。如接触器常开主触点的符号就由接触器触点功能符号和常开触点符号组合而成。

（2）一般符号　用以表示一类产品和此类产品特征的一种简单的符号。如电动机可用一个圆圈表示。

（3）限定符号　用于提供附加信息的一种加在其他符号上的符号。

2.1.2　文字符号

文字符号适用于电气技术领域中技术文件的编制，用以标明电气设备、装置和元器件的名称及电路的功能、状态和特征。

文字符号分为基本文字符号和辅助文字符号，必要时还需添加补充文字符号。

（1）基本文字符号　有单字母符号与双字母符号两种。单字母符号按拉丁字母顺序将各种电气设备、装置和元器件划分为 23 大类，每一类用一个专用单字母符号表示，如"C"表示电容器类，"Q"或"S"表示开关类等。

双字母符号由一个表示种类的单字母符号与另一个字母组成，且以单字母符号在前，另一字母在后的次序列出，如"F"表示保护器件类，"FU"则表示为熔断器。

（2）辅助文字符号　用来表示电气设备、装置和元器件以及电路的功能、状态和特征。如 RD 表示红色，"L"表示限制等。辅助文字符号也可以放在表示种类的单字母符号之后组成双字母符号，如 SP 表示压力传感器，"YB"表示电磁制动器等。为简化文字符号，若辅助文字符号由两个以上字母组成时，允许只采用其第一位字母进行组合，如"MS"表示同步电动机。辅助文字符号还可以单独使用，如"ON"表示接通，"M"表示中间线等。

（3）补充文字符号　用于基本文字符号和辅助文字符号在使用中仍不够用时进行补充，但要按照国家标准中的有关原则进行。例如，有时需要在电气原理图中对相同的设备或元器件加以区别时，常使用数字序号进行编号，如"G1"表示 1 号发电机，"T2"表示 2 号变压器。

本书附录中列出了部分常用的电器图形符号和基本文字符号，实际使用时需要更多更详细的资料，可查阅相关的国家标准。

2.2　电气控制系统图

电气控制系统是由电气控制元件按一定要求连接而成。为了清晰地表达生产机械电气控制系统的工作原理，便于系统的安装、调试、使用和维修，将电气控制系统中的各电气元器件用一定的图形符号和文字符号来表示，再将其连接情况用一定的图形表达出来，这种图形就是电气控制系统图，也称电气工程图或电气图。电气控制系统图包括电气原理图、电器元件布置图、电气接线图、功能图和电器元件明细表等，常用的有电气原理图、电器元件布置图与电气接线图。电气控制系统图是根据国家电气制图标准，用规定的图形符号、文字符号以及规定的画法绘制。各种图的图纸尺寸一般选用 297mm × 210mm、297mm × 420mm、297mm × 630mm 和 297mm × 840mm 4 种幅面，特殊需要可按 GB/T 14689—1993《技术制图图纸幅面和格式》选用其他尺寸。

2.2.1　电气原理图

电气原理图用图形符号和项目代号表示电路各个电器元件连接关系和电气系统的工作原理。由于电气原理图结构简单、层次分明、适用于研究和分析电路工作原理，在设计部门和生产现场得到广泛的应用。

原理图中的所有电器元件不画出实际外形图，而采用国家标准规定的图形符号和文字符号。参见本书附录 A。原理图注重表示电气电路各电气元件间的连接关系，而不考虑其实际位置，甚至可以将一个元件分成几个部分绘于不同图样的不同位置，但必须用相同的文字符号标注。

电气原理图的绘制规则由国家标准 GB/T 6988 给出。图 2-1 为 CW6132 型普通车床电气原理电路图的具体实例。

一般工厂设备的电气原理图绘制规则简述如下。

1）电器应是未通电时的状态；二进制逻辑元件应是置零时的状态；机械开关应是循环开始前的状态。

2）原理图上的动力电路、控制电路和信号电路应分开绘出。

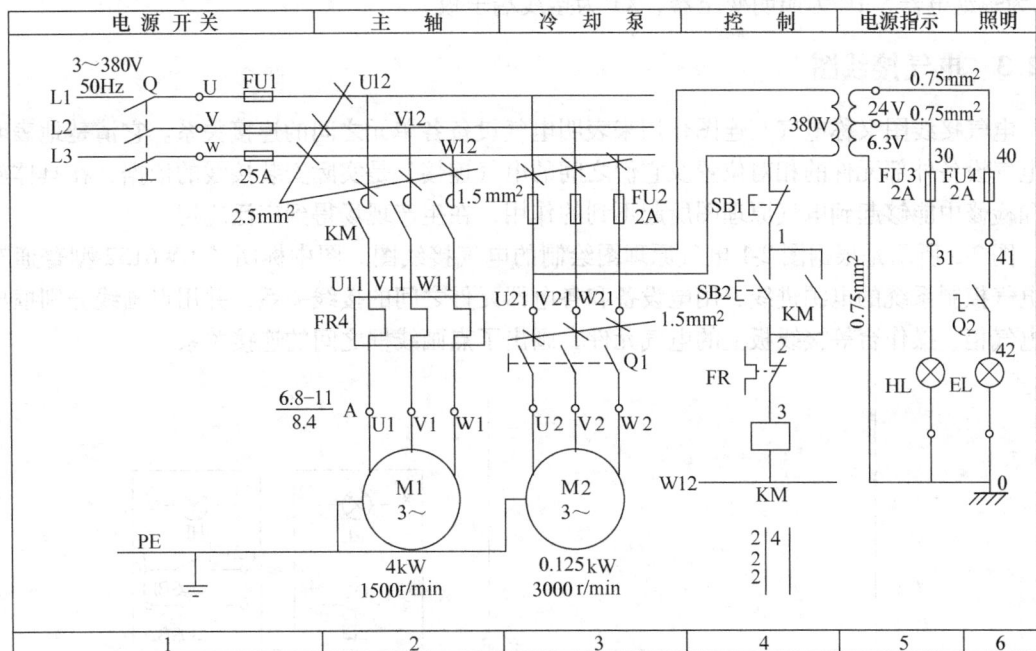

图 2-1 CW6132 型车床电气原理电路图

3）原理图上应标出各个电源电路的电压值、极性或频率及相数；某些元、器件的特性（如电阻、电容的数值等）；不常用电器（如位置传感器、手动触点等）的操作方式和功能。

4）原理图上各电路的安排应便于分析、维修和寻找故障，原理图应按功能分开绘出。

5）动力电路的电源电路绘成水平线，受电的动力装置（电动机）及其保护电器支路，应垂直电源电路绘出。

6）控制和信号电路应垂直地绘在两条或几条水平电源线之间。耗能元件（如线圈、电磁铁、信号灯等），应直接接在接地的水平电源线上。而控制触点应连在另一电源线。

7）为阅图方便，图中自左至右或自上而下表示操作顺序，并尽可能减少线条和避免线条交叉。

8）在原理图上方将图分成若干图区，并标明该区电路的用途与作用；在继电器、接触器线圈下方列有触点表以说明线圈和触点的从属关系。

2.2.2 电器元件布置图

电器元件布置图中绘出机械设备上所有电气设备和电器元件的实际位置，是生产机械电气控制设备制造、安装和维修必不可少的技术文件。电器元件布置图根据设备的复杂程度可集中绘制在一张图上，控制柜、操作台的电器元件布置图也可以分别绘出。图 2-2 所示为 CW6132 型普通车床电器元件布置图。图中 FU1 ~ FU4 为熔断器、KM 为接触器、

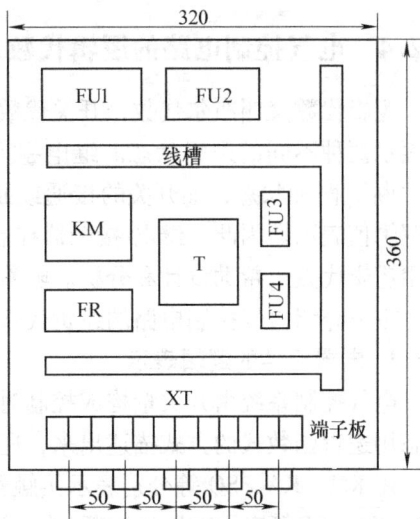

图 2-2 CW6132 型普通车床电器元件布置图

FR 为热继电器、TC 为照明变压器、XT 为接线端子板。

2.2.3 电气接线图

电气接线图又称电气互连图，用来表明电气设备各单元之间的连接关系。它清楚地表明了电气设备外部元件的相对位置及它们之间的电气连接，是实际安装接线的依据，在具体施工和检修中能够起到电气原理图所起不到的作用，在生产现场得到广泛应用。

图 2-3 所示是根据图 2-1 电气原理图绘制的电气接线图。图中标明了 CW6132 型普通车床电气控制系统的电源进线、用电设备和各电器元件之间的接线关系，并用点画线分别框出了电气柜、操作台等接线板上的电气元件，画出了点画线框之间的连接关系。

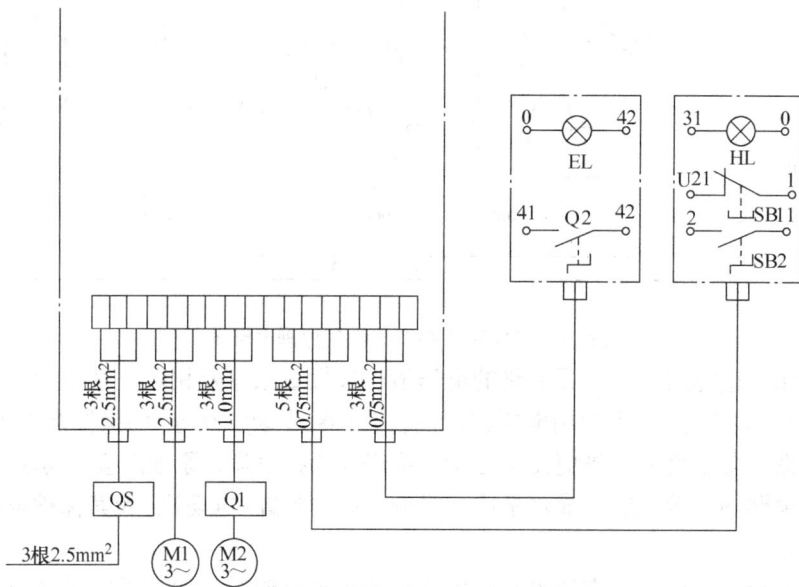

图 2-3 CW6132 型普通车床电气互连图

2.2.4 电气控制电路的逻辑代数表示法

逻辑代数又叫布尔代数，开关代数。逻辑变量及其函数只有"1"、"0"两种取值，用来表示两种不同的逻辑状态。继电-接触器控制电路的元件都是两态元件，它们只有"通"和"断"两种状态，如开关的接通或断开，线圈的通电或断电，触点的闭合或断开等均可用逻辑值表示。因此，继电-接触器控制电路的基本规律是符合逻辑代数的运算规律的，可以用逻辑代数来帮助设计和分析。随着技术的发展，逻辑代数已成为分析电路的重要数学工具。本节介绍电气控制电路的逻辑代数表示法。

1. 电器元件的逻辑表示

电气控制系统由开关量构成控制时，电路状态与逻辑函数之间存在对应关系，为将电路状态用逻辑函数式的方式描述出来，通常对电器做出如下规定。

用 KM、KA、SQ 等分别表示接触器、继电器、行程开关等电器的动合（常开）触点；用 $\overline{KM}$、$\overline{KA}$、$\overline{SQ}$ 等表示电器的动断（常闭）触点。

（1）线圈状态 KA = 1 继电器线圈处于通电状态；KA = 0 继电器线圈处于断电状态。

（2）触点处于激励或非工作的原始状态　KA 继电器处于动合触点状态；$\overline{\text{KA}}$ 继电器处于动断触点状态；SB 按钮处于动合触点状态；$\overline{\text{SB}}$ 按钮处于动断触点状态。

（3）触点处于激励或工作状态　KA 继电器处于动合触点状态；$\overline{\text{KA}}$ 继电器处于动断触点状态；SB 按钮处于动合触点状态；$\overline{\text{SB}}$ 按钮处于动断触点状态。

2. 电路状态的逻辑表示

电路中触点的串联关系可用逻辑"与"即逻辑乘（·）的关系表达；触点的并联关系可用逻辑"或"即逻辑加（＋）的关系表达。图 2-4 为一起动控制电路中接触器 KM 线圈的起动控制电路，其逻辑函数式可写为

$$f(\text{KM}) = \overline{\text{SB1}} \cdot (\text{SB2} + \text{KM})$$

3. 电路化简的逻辑法

用逻辑函数表达的电路可用逻辑代数的基本定律和运算法则进行化简。图 2-5a 的逻辑式为

$$f(\text{KM}) = \text{KA1} \cdot \text{KA2} + \overline{\text{KA1}} \cdot \text{KA3} + \text{KA2} \cdot \text{KA3}$$

函数式化简为

$$
\begin{aligned}
f(\text{KM}) &= \text{KA1} \cdot \text{KA2} + \overline{\text{KA1}} \cdot \text{KA3} + \text{KA2} \cdot \text{KA3} \\
&= \text{KA1} \cdot \text{KA2} + \overline{\text{KA1}} \cdot \text{KA3} + \text{KA2} \cdot \text{KA3} \cdot (\text{KA1} + \overline{\text{KA1}}) \\
&= \text{KA1} \cdot \text{KA2} + \overline{\text{KA1}} \cdot \text{KA3} + \text{KA2} \cdot \text{KA3} \cdot \text{KA1} + \text{KA2} \cdot \text{KA3} \cdot \overline{\text{KA1}} \\
&= \text{KA1} \cdot \text{KA2} \cdot (1 + \text{KA3}) + \overline{\text{KA1}} \cdot \text{KA3} \cdot (1 + \text{KA2}) \\
&= \text{KA1} \cdot \text{KA2} + \overline{\text{KA1}} \cdot \text{KA3}
\end{aligned}
$$

因此，图 2-5a 化简后得到图 2-5b 所示电路，并且图 2-5a 电路与图 2-5b 电路在功能上是等效的。

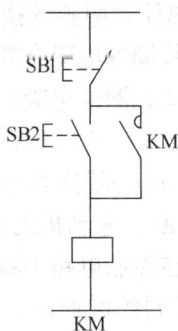

图 2-4　起动控制电路

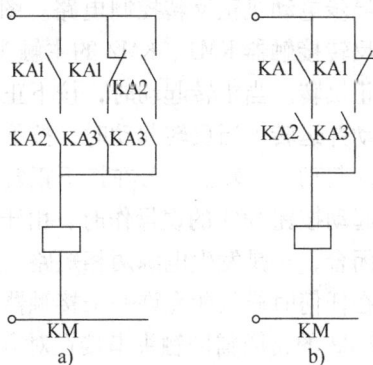

图 2-5　两个相等的函数及其等效电路

2.3　交流电动机的基本控制电路

由继电-接触器所组成的电气控制电路，基本控制电路有自锁与互锁的控制、点动与连续运转的控制、多地点与多条件控制、顺序控制及自动循环控制等。

2.3.1　自锁与互锁的控制

自锁控制与互锁控制统称为电气的联锁控制，在电气控制电路中应用十分广泛，是最基

本的控制。

图 2-6 所示为三相笼型异步电动机全压起、停控制电路。电动机起动时，合上电源开关 Q，接通控制电路电源，按下起动按钮 SB2，其常开触头闭合，接触器线圈通电吸合，KM 常开主触头与常开辅助触头同时闭合，前者使电动机接入三相交流电源起动旋转；后者并联接在起动按钮 SB2 两端，从而使 KM 线圈经 SB2 常开触头与 KM 自身的常开辅助触头两路供电。松开起动按钮 SB2 时，虽然 SB2 这一路已断开，但 KM 线圈仍通过自身常开触头这一通路而保持通电，使电动机继续运转，这种依靠接触器自身辅助触头而保持接触器线圈通电的现象称为自锁，起自锁作用的辅助触头称为自锁触头，这段电路称为自锁电路。要使电动机停止运转，可按下停止按钮 SB1，KM 线圈断电释放，主电路及自锁电路均断开，电动机断电停止。上述电路是一个典型的有自锁控制的单向运转电路，也是一个具有最基本的控制功能的电路。该电路由熔断器 FU1、FU2 实现主电路与控制电路的短路保护；由热继电器 FR 实现电动机的长期过载保护；由起动按钮 SB2 与接触器 KM 配合，实现电路的欠电压与失电压保护。

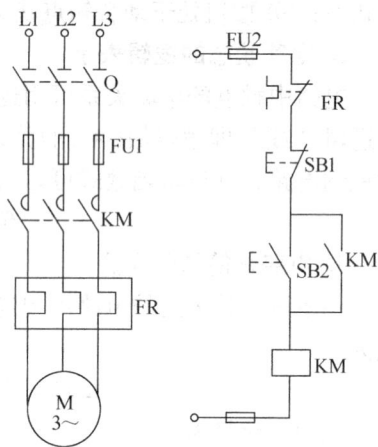

图 2-6　三相笼型异步电动机全压起、停控制电路

各种生产机械常要求具有上下左右前后等相反方向的运动，这就要求电动机能够正反向运转。对于三相交流异步电动机可借助正反向接触器改变定子绕组相序来实现。图 2-7 所示为三相异步电动机正反转控制电路。图 2-7a 是将两个单向旋转控制电路组合而成。主电路由正、反转接触器 KM1、KM2 的主触头来实现电动机三相电源任意两相的换相，从而实现电动机正反转。当正转起动时，按下正转起动按钮 SB2，KM1 线圈通电吸合并自锁，电动机正向起动并运转；当反转起动时，按下反转起动按钮 SB3，KM2 线圈通电吸合并自锁，电动机便反向起动并运转。但若在按下正转起动按钮 SB2，电动机已进入正转运行后，又发生按下反转起动按钮 SB3 的误操作时，由于正反转接触器 KM1、KM2 的线圈均通电吸合，其主触头均闭合，于是发生电源两相短路，致使熔断器 FU1 熔体熔断，电动机无法工作。因此，该电路在任何时候只能允许一个接触器通电工作。为此，通常在控制电路中将正反转接触器 KM1、KM2 的常闭辅助触头串接在对方线圈电路中，形成相互制约的控制，这种相互制约的控制关系称为互锁，这两对起互锁作用的常闭触头称为互锁触头。

图 2-7b 是利用正反转接触器常闭辅助触头作互锁的，这种互锁称为电气互锁。这种电路要实现电动机由正转到反转，或由反转变正转，都必须先按下停止按钮，然后才可进行反向起动，这种电路称为正-停-反电路。

图 2-7c 是在图 2-7b 基础上又增加了一对互锁，这对互锁是将正、反转起动按钮的常闭辅助触头串接在对方接触器线圈电路中，这种互锁称为按钮互锁，又称机械互锁。所以图 2-7c 是具有双重互锁的控制电路，该电路可以实现不按停止按钮，由正转直接变反转，或由反转直接变正转。这是因为按钮互锁触头可实现先断开正在运行的电路，再接通反向运转电路，称为正-反电路。

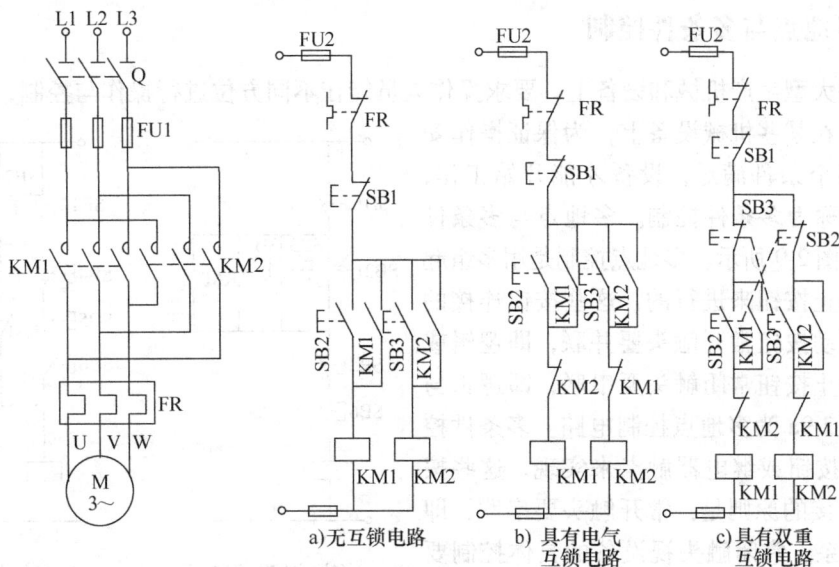

a) 无互锁电路   b) 具有电气   c) 具有双重
                        互锁电路   互锁电路

图 2-7　三相异步电动机正反转控制电路

2.3.2　点动与连续运转的控制

生产机械的运转状态有连续运转与断续运转，所以对其拖动电动机的控制也有点动与连续运转两种控制方式，对应的有点动控制与连续运转控制电路，如图 2-8 所示。

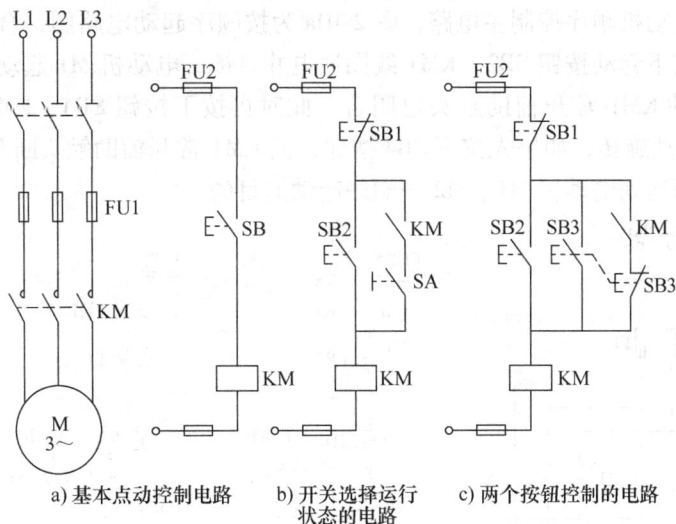

a) 基本点动控制电路   b) 开关选择运行   c) 两个按钮控制的电路
                          状态的电路

图 2-8　电动机点动与连续运转控制电路

图 2-8a 是最基本的点动控制电路。按下点动按钮 SB，KM 线圈通电，电动机起动旋转；松开 SB 按钮，KM 线圈断电释放，电动机停转。所以该电路为单纯的点动控制电路。图 2-8b 中通过控制开关 SA 断开或接通自锁电路，实现点动或连续运转控制。合上控制开关 SA 时，可实现连续运转；SA 断开时，可实现点动控制。图 2-8c 是用复合按钮 SB3 实现点动控制，按钮 SB2 实现连续运转控制的电路。

2.3.3 多地点与多条件控制

在一些大型生产机械和设备上，要求操作人员能在不同方位进行操作与控制，即实现多地点控制。在某些机械设备上，为保证操作安全，需要多个条件满足，设备才能开始工作，这样的控制称为多条件控制。多地点与多条件控制电路如图 2-9 所示。多地点控制是用多组起动按钮、停止按钮来进行的，这些按钮连接的原则是：起动按钮常开触头要并联，即逻辑或的关系；停止按钮常闭触头要串联，即逻辑与的关系。图 2-9a 为多地点控制电路。多条件控制采用多组按钮或继电器触点来实现，这些按钮或触点连接的原则是：常开触头要串联，即逻辑与的关系；常闭触头视设备的具体控制要求可并联或串联。图 2-9b 为多条件控制电路。

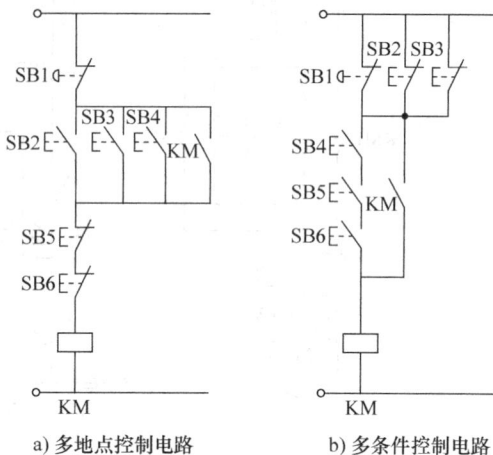

a) 多地点控制电路   b) 多条件控制电路

图 2-9   多地点与多条件控制电路

2.3.4 顺序控制

在生产实际中，有些设备往往要求多台电动机按一定顺序实现其起动和停止，如磨床上的电动机就要求先起动油泵电动机，再起动主轴电动机。顺序起停控制电路有顺序起动、同时停止控制电路和顺序起动、顺序停止的控制电路。图 2-10 为两台电动机顺序控制电路图，图中左图为两台电动机顺序控制主电路，图 2-10a 为按顺序起动电路图，合上主电路与控制电路电源开关，按下起动按钮 SB2，KM1 线圈通电并自锁，电动机 M1 起动旋转，同时串在 KM2 线圈电路中的 KM1 常开辅助触头也闭合，此时再按下按钮 SB4，KM2 线圈通电并自锁，电动机 M2 起动旋转，如果先按下 SB4 按钮，因 KM1 常开辅助触头断开，电动机 M2 不可能先起动，从而达到电动机 M1、M2 按顺序起动的目的。

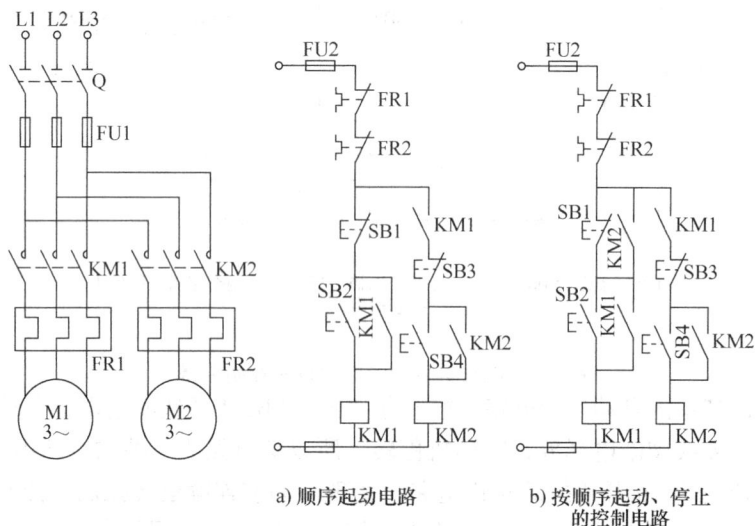

a) 顺序起动电路   b) 按顺序起动、停止的控制电路

图 2-10   两台电动机顺序控制电路图

生产机械除要求按顺序起动外，有时还要求按一定顺序停止，如带式输送机，前面的第一台运输机先起动，再起动后面的第二台；停车时应先停第二台，再停第一台，这样才不会造成物料在传送带上的堆积和滞留。图 2-10b 为按顺序起动与停止的控制电路，为此在图 2-10a 基础上，将接触器 KM2 的常开辅助触头并接在停止按钮 SB1 的两端，这样，即使先按下 SB1，由于 KM2 线圈仍通电，电动机 M1 不会停转，只有按下 SB3，电动机 M2 先停后，再按下 SB1 才能使 M1 停转，达到先停 M2，后停 M1 的要求。

在许多顺序控制中，要求有一定的时间间隔，此时往往用时间继电器来实现。图2-11 为时间继电器控制的顺序起动电路，接通主电路与控制电路电源，按下起动按钮 SB2、KM1、KT 同时通电并自锁，电动机 M1 起动

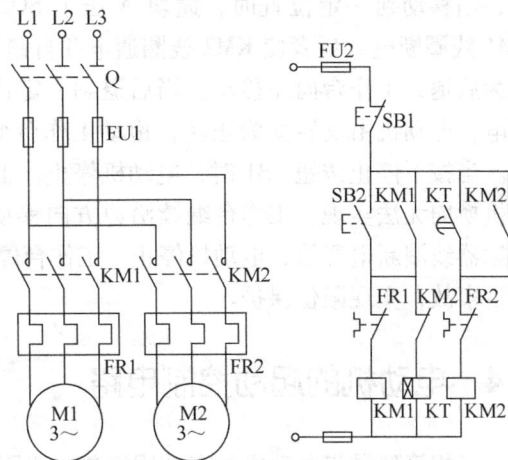

图 2-11　时间继电器控制的顺序起动电路

运转，当通电延时型时间继电器 KT 延时时间到，其延时闭合的常开触点闭合，接通 KM2 线圈电路并自锁电动机 M2 起动旋转，同时 KM2 常闭辅助触头断开将时间继电器 KT 线圈电路切断，KT 不再工作，使 KT 仅在起动时起作用，减少了运行时带电电器的数量。

2.3.5　自动往复循环控制

在生产中，某些机床的工作台需要进行自动往复运行，而自动往复运行通常是利用行程开关来控制自动往复运动的行程，并由此来控制电动机的正反转或电磁阀的通断电，从而实现生产机械的自动往复。图 2-12 所示为机床工作台自动往复循环控制图。图 2-12a 为机床工作台自动往复运动示意图，在床身两端固定有行程开关 SQ1、SQ2，用来表明加工的起点与终点。在工作台上安有撞块 A 和 B，其随运动部件工作台一起移动，分别压下 SQ2、SQ1，可改变控制电路状态，实现电动机的正反向运转，拖动工作台实现工作台的自动往复运动。图 2-12b 为自动往复循环控制电路，图中 SQ1 为反向转正向行程开关，SQ2 为正向转反向行程开关，SQ3 为正

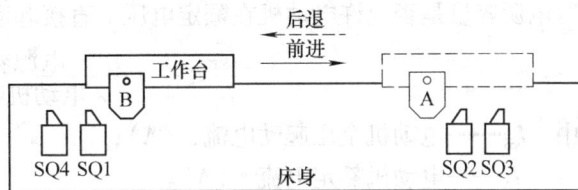

a) 机床工作台自动往复运动示意图

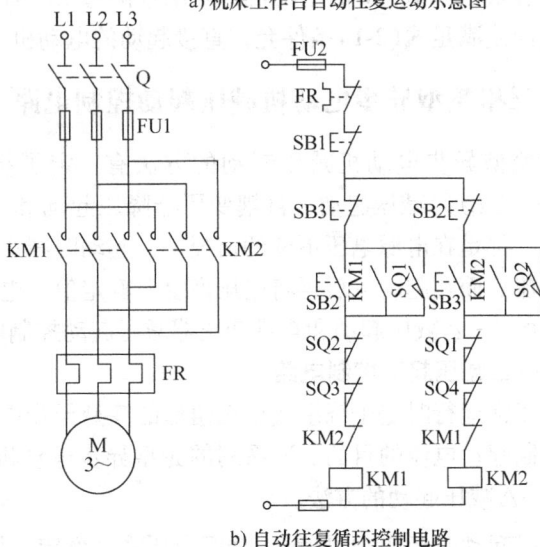

b) 自动往复循环控制电路

图 2-12　自动往复循环控制

向限位开关，SQ4 为反向限位开关。电路工作原理：合上主电路与控制电路电源开关，按下正转起动按钮 SB2，KM1 线圈通电并自锁；电动机正转起动旋转，拖动工作台前进向右移动，当移动到一定位置时，撞块 A 压下 SQ2，其常闭触头断开，常开触头闭合，前者使 KM1 线圈断电，后者使 KM2 线圈通电并自锁，电动机由正转变为反转，拖动工作台由前进变为后退，工作台向左移动。当后退到一定位置时，撞块 B 压下 SQ1，使 KM2 断电，KM1 通电，电动机由反转变为正转，拖动工作台变后退为前进，如此周而复始实现自动往返工作。当按下停止按钮 SB1 时，电动机停止，工作台停下。当行程开关 SQ1、SQ2 失灵时，电动机换向无法实现，工作台继续沿原方向移动，撞块将压下 SQ3 或 SQ4 限位开关，使相应接触器线圈断电释放，电动机停止，工作台停止移动，从而避免运动部件因超出极限位置而发生事故，实现限位保护。

2.4 电动机的起动控制电路

三相笼型异步电动机具有结构简单、坚固耐用、价格便宜、维修方便等优点，获得了广泛的应用。对它的起动控制有直接起动与减压起动两种方式。

笼型异步电动机的直接起动是一种简单、可靠、经济的起动方法。由于直接起动电流可达电动机额定电流的 4~7 倍，过大的起动电流会造成电网电压显著下降，直接影响在同一电网工作的其他电器设备，甚至使它们无法正常工作。因而对容量较大的电动机，采用减压起动，以减小起动电流。

电源容量是否允许电动机在额定电压下直接起动，可根据下面的经验公式来判断：

$$\frac{I_{ST}}{I_N} \leqslant \frac{3}{4} + \frac{电源容量}{4 \times 电动机额定功率} \qquad (2-1)$$

式中　I_{ST}——电动机全压起动电流，（A）；

　　　I_N——电动机额定电流，（A）。

一般容量小于 10kW 的电动机常采用直接起动。有时为了减小和限制起动时对其他设备的冲击，即使满足式(2-1)条件允许直接起动的电动机，也往往采用减压起动。

2.4.1 三相笼型异步电动机减压起动控制电路

三相笼型异步电动机减压起动的方法有：定子绕组电路串电阻或电抗器起动；Y—△(星形—三角形)减压起动；自耦变压器降压起动和延边三角形减压起动等。这些起动方法的实质，都是在电源电压不变的情况下，起动时减小加在电动机定子绕组上的电压，以限制起动电流。而在起动以后再将电压恢复至额定值，电动机进入正常运行。下面介绍实际应用中常用的Y—△减压起动和自耦变压器减压起动控制电路。

1. Y—△减压起动控制电路

凡是正常运行时定子绕组接成三角形的笼型异步电动机均可采用Y—△的减压起动方法来达到限制起动电流的目的。Y 系列的笼型异步电动机 4kW 以上者均为三角形接法，都可以采用Y—△减压起动的方法。

电动机起动时接成Y形联结，绕组电压降为额定电压的 $1/\sqrt{3}$，正常运转时换接成△形联结。由电工知识可知 $I_{\triangle L} = 3I_{YL}$(分别代表两种接法时的线电流)。绕组为Y连接时，起动电流仅为△形联结时的 1/3，相应的起动转矩也是△形联结时的 1/3。因此，丫—△起动仅适用于电动机空载或轻载下的起动。

图 2-13 是电动机丫—△减压起动的控制电路，图中主电路由三组接触器主触点分别将电动机的定子绕组接成三角形或星形，KM3 线圈得电，主触点闭合时，绕组接成星形；KM2 主触点闭合时，绕组接成三角形。KM1 用来接通电源。两种接线方式的切换需在极短的时间内完成，在控制电路中采用了时间继电器，可定时自动切换。

控制电路的逻辑表达式为

$$KM1 = \overline{FR} \cdot \overline{SB1} \cdot (SB2 + KM1)$$

$$KM2 = \overline{FR} \cdot \overline{SB1} \cdot (SB2 + KM1) \cdot \overline{KM3} \cdot (KT + KM3)$$

$$KM3 = \overline{FR} \cdot \overline{SB1} \cdot (SB2 + KM1) \cdot \overline{KM2} \cdot \overline{KT}$$

$$KT = \overline{FR} \cdot \overline{SB1} \cdot (SB2 + KM1) \cdot \overline{KM2}$$

由逻辑函数表达式可看出各个线圈通断电的控制条件，例如 KM1 线圈的切断条件有两个，即当电动机超载时热继电器的动断触点断开，切断电路，或者是停车时按下停车按钮 SB1；接通条件是起动按钮 SB2 压下，或者自锁触点 KM1 闭合。

控制电路的逻辑表达式用于分析电路的控制条件，电路的工作过程可通过电器动作顺序表来描述。丫—△减压起动控制电路的工作过程如下：合上开关 Q，为起动做准备，起动按钮 SD2 压下时，KM1，KM3，KT 线圈同时得电，KM1 辅助触头闭合形成自锁；KM1，KM3 主触头闭合，电动机星形起动；当 KT 延时时间到时，其常闭触头断开，

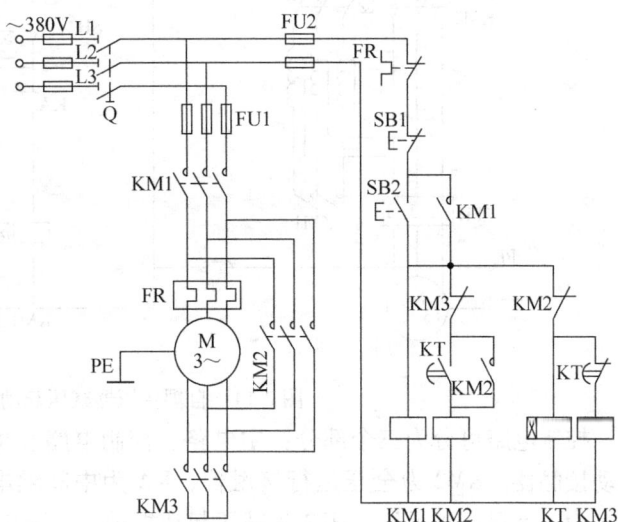

图 2-13　电动机丫—△减压起动的控制电路

常开触头闭合，KM3 线圈断电，KM2 线圈得电自锁，KM3 主触头断开，KM2 主触头闭合，电动机转为三角形正常运行。当电动机正常运行时，KM2 常闭辅助触头断开，可让 KT 线圈断电，以节约电能。需电动机停止时，按下 SB1 即可。

电路图中接触器 KM2 和 KM3 的常闭辅助触点构成互锁，保证电动机绕组只能连接成一种形式，即星形或三角形，以防止接触器 KM2 和 KM3 同时得电而造成电源短路，保证电路可靠工作。

2. 自耦变压器(补偿器)减压起动控制电路

自耦变压器减压起动利用自耦变压器来降低起动时的电压，达到限制起动电流的目的。起动时，电源电压加在自耦变压器的高压绕组上，电动机的定子绕组与自耦变压器的低压绕组连接，当电动机的转速达到一定值时，将自耦变压器切除，电动机直接与电源相接，在正常电压下运行。

自耦变压器一次电压、电流和二次电压、电流的关系为

$$\frac{U_1}{U_2} = \frac{I_2}{I_1} = K$$

式中，K 为自耦变压器的电压比。

起动转矩正比于电压的平方，定子每相绕组上的电压降低到直接起动的 $1/K$，起动转矩也将降低为直接起动的 $1/K^2$。因此，起动转矩的大小可通过改变电压比 K 得到改变。

自耦变压器减压起动分手动控制和自动控制两种。工厂常采用 XJ01 系列自动补偿器实现减压起动的自动控制，其控制电路如图 2-14 所示。

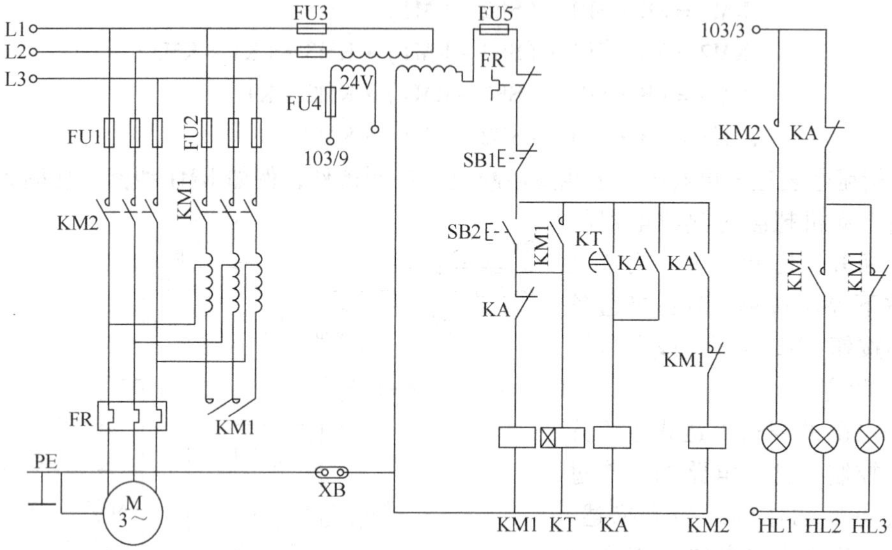

图 2-14 自耦变压器减压起动控制电路

控制电路可分为三个部分：主电路、控制电路和指示灯电路。KM1 为自耦变压器减压起动接触器，KM2 为全压运行接触器，KA 为中间继电器，KT 为自动切换用时间继电器。HL1 为正常运行指示灯，HL2 为减压起动指示灯，HL3 为电源指示灯。

电动机起动工作过程如下：当电路中变压器得电时，电源指示灯 HL3 亮。按下起动按钮 SB2，KM1 及 KT 线圈得电自锁，电动机经自耦变压器起动，HL2 亮。KT 延时时间到时，其常开闭合，KA 线圈得电自锁，KM1 线圈失电，KM2 线圈得电，减压起动结束，电动机进入正常运行。HL1 灯亮。停止时，按下 SB1 即可。

补偿器减压起动适用于负载容量较大，正常运行时定子绕组连接成Y形而不能采用星形—三角形起动方式的笼型异步电动机。但这种起动方式设备费用大，通常用于起动大型的和特殊用途的电动机。

2.4.2 三相绕线转子异步电动机起动控制电路

三相绕线转子异步电动机比直流电动机结构简单，维护方便。其转子中绕有三相绕组，通过集电环可以串接电阻或频敏变阻器，从而减小起动电流和提高起动转矩，适用于要求起动转矩高及需要调速的场合。

三相绕线转子异步电动机常用的起动方法有转子绕组串电阻起动与转子绕组串频敏变阻器起动。

1. 转子绕组串电阻起动控制电路

图 2-15 所示为转子绕组串电阻起动控制电路。图中，控制电路采用直流操作，QF1 为控制电路电源用断路器，起动、停止和调速采用主令控制器 SA 控制，KA1、KA2、KA3 为过电流继电器，KT1、KT2 为断电延时型时间继电器。

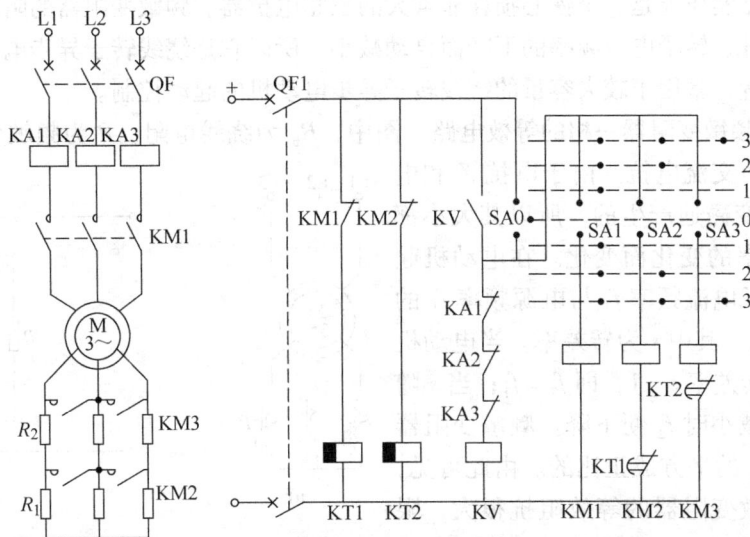

图 2-15　绕线型异步电动机转子串电阻起动控制电路

起动前，首先将主令控制器 SA 手柄置到"0"位，则触点 SA0 接通。然后合上断路器 QF、QF1，于是时间继电器 KT1、KT2 线圈通电，它们的动断延时闭合触点瞬时打开；零位继电器 KV 线圈通电自锁，为 KM1、KM2、KM3 线圈的通电做好准备。

起动时，将 SA 由"0"位推向"3"位，SA 的触点 SA1、SA2、SA3 闭合，KM1 线圈通电，主触点闭合，电动机在转子每相串两段电阻情况下起动，KM1 的动断辅助触点断开，KT1 线圈断电开始延时。当 KT1 延时结束时，其动断延时闭合的触点闭合，KM2 线圈通电，一方面 KM2 的动合主触点闭合，切除电阻 R_1；另一方面 KM2 的动断辅助触点断开，KT2 线圈断电开始延时。当 KT2 延时结束时，其动断延时闭合的触点闭合，KM3 线圈通电，主触点闭合，切除电阻 R_2，电动机进入全速运转。本电路在起动过程中，通过时间继电器的控制，将转子电路中的电阻分段切除，达到限制起动电流的目的。

当要求调速时，可将主令控制器手柄推向"1"位或"2"位。当主令控制器的手柄推向"1"位时，由图可以看出，主令控制器的触点只有 SA1 接通，接触器 KM2、KM3 均不能得电，电阻 R_1、R_2 将接入转子电路中，电动机便在低速下运行；当主令控制器的手柄推向"2"位时，电动机将在转子接入一段电阻的情况下运行，这样就实现了调速控制。

当要求电动机停车时，将主令控制器手柄拨回到"0"位，接触器 KM1、KM2、KM3 均断电，电动机断电停车。

电路中的零位继电器 KV 起失电压保护的作用，电动机每次起动前必须将主令控制器的手柄扳回到"0"位，否则电动机无法起动。KA1、KA2、KA3 作过电流保护，正常时继电器不动作，动断触点闭合；若出现过电流时，其动断触点断开，KV 线圈断电，使 KM1、KM2、KM3 线圈断电，起到保护作用。

2. 转子绕组串频敏变阻器的起动控制电路

绕线转子异步电动机转子串电阻起动时，在起动过程中转子电阻逐级切除，在切除的瞬间电流及转矩会突然增大，会产生一定的机械冲击力。采用转子绕组串频敏变阻器起动的方法可减小起动时的冲击。

频敏变阻器实质上是一个铁心损耗非常大的三相电抗器。频敏变阻器的阻抗能够随着电动机转速的上升、转子电流频率的下降而自动减小，所以它是绕线转子异步电动机较为理想的一种起动装置，常用于较大容量的绕线转子异步电动机的起动控制。

图 2-16 为频敏变阻器一相的等效电路。图中，R_b 为绕线电阻，R 为频敏变阻器的铁损等值电阻，X 为交流电抗。由于电抗 X 和电阻 R 都是由交变磁通产生的，所以其大小都随转子电流频率的变化而变化。在电动机起动过程中，转子电流频率 f_2 与电源频率 f_1 的关系为：$f_2 = sf_1$，其中 s 为转差率。当电动机转速为零时，转差率 $s = 1$，即 $f_2 = f_1$；当 s 随着转速上升而减小时 f_2 便下降。频敏变阻器的 X、R 是与 f_2 的平方成正比的。由此可见，起动开始，频敏变阻器的等效阻抗很大，限制了电动机的起动电流，随着电动机转速的升高，转子电流频率降低，等效阻抗自动减

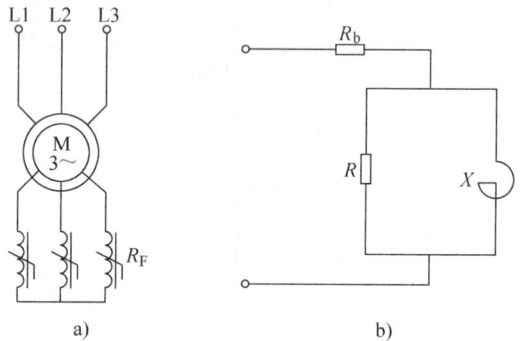

图 2-16 频敏变阻器等效电路

小，从而达到了自动改变电动机转子阻抗的目的，实现了平滑无级起动。当电动机正常运行时，f_2 很低($5\%f_1 \sim 10\%f_1$)，其阻抗很小。另外，在起动过程中，转子等效阻抗及转子回路感应电动势都是由大到小，所以实现了近似恒转矩的起动特性。

图 2-17 所示为绕线转子异步电动机转子串频敏变阻器起动控制电路。图中 KM1 为电路

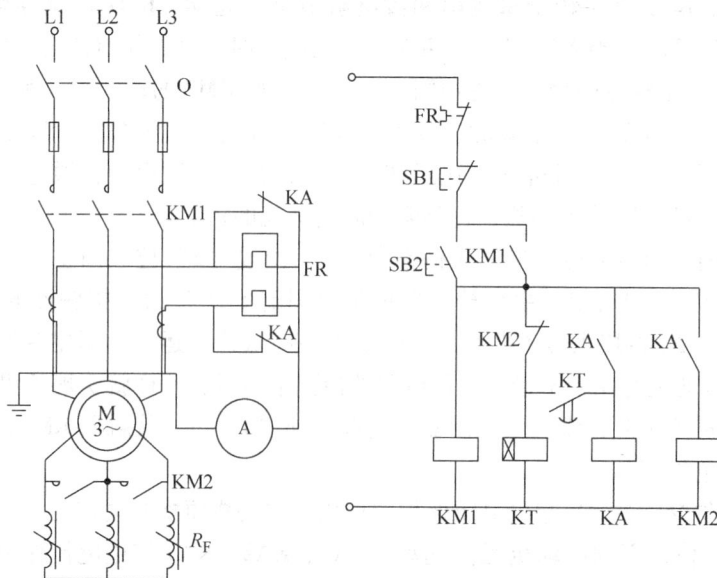

图 2-17 绕线型异步电动机转子串频敏变阻器起动控制电路

接触器，KM2 为短接频敏变阻器接触器，KT 为控制起动时间的通电延时型时间继电器，KA 为中间继电器，由于是大电流系统，所以，热继电器 FR 接在电流互感器的二次侧。

起动时，合上电源开关 Q，按下起动按钮 SB2，接触器 KM1 线圈得电自锁，电动机接通三相交流电源，电动机转子串频敏变阻器起动；同时，时间继电器 KT 线圈通电开始延时。当延时结束，KT 的动合延时闭合触点闭合，KA 线圈通电并自锁，KA 的动断触点断开，热继电器 FR 投入电路作过载保护；KA 的两个动合触点闭合，一个用于自锁，另一个接通 KM2 线圈电路，KM2 动合触点闭合将频敏变阻器切除，电动机进入正常运转状态。

在起动过程中，为了避免起动时间过长而使热继电器误动作，用中间继电器 KA 的动断触点将热继电器 FR 的发热元件短接。

2.5　三相异步电动机的运行控制电路

三相异步电动机的运行控制主要是针对电动机的速度控制。根据三相异步电动机的转速公式 $n = (1-s)60f/p$ 可知：三相异步电动机的调速方法有：改变电动机定子绕组的磁极对数 p、改变电源频率 f、改变转差率 s 三种。其中改变转差率的方法可通过调节定子电压、转子电阻以及采用串级调速、电磁转差离合器调速等来实现。电磁调速异步电动机的调速器已做成系列化的产品，使用非常方便，串级调速和变频调速另有专门的课程介绍，本节介绍仍在广泛使用的三相异步电动机变极调速控制电路。

2.5.1　变极调速原理

三相异步电动机同步转速表达式为

$$n_0 = \frac{60f}{p}$$

如果电动机的极对数 p 减少一半，则同步转速 n_0 便提高一倍，转子的额定转速 n 也接近提高一倍。下面以最常用的双速电动机为例，说明变极调速原理。

图 2-18 为变极调速原理图，每相定子绕组分成 A1X1 和 A2X2 两个线圈。其中图 2-18a 是两个线圈串联，则可获得四个($p=2$)磁极，图 2-18b 是两个线圈反向并联，则可获得两个($p=1$)磁极。

图 2-19 是双速电动机定子绕组接线图。其中图 2-19a 是△形联结，U1、V1、W1 三端与电源连接，U2、V2、W2 三端悬空，电流方向如箭头所示，此时电动机磁极对数 $p=2$，同步转速为 1500r/min，低速运行。图 2-19b 是双星形联结，U2、V2、W2 三端连接电源，U1、V1、W1 三端相连，箭头表示电流方向，此时磁极对数 $p=1$，电动机同步转速为 3000r/min，故双速电动机的高转速约等于低转速的两倍。

2.5.2　双速电动机变速控制

图 2-20 为时间继电器控制的双速电动机调速控制电路。其工作过程是：合上 Q，按下 SB2，接触器 KM1 得电并自锁，电动机 M 低速运行，同时时间继电器 KT 得电。当 KT 延时整定时间到，KT 的延时常闭触点断开，KM1 失电，同时 KT 的延时常开触点闭合，接触器 KM2、KM3 得电并自锁，M 由低速升到高速。

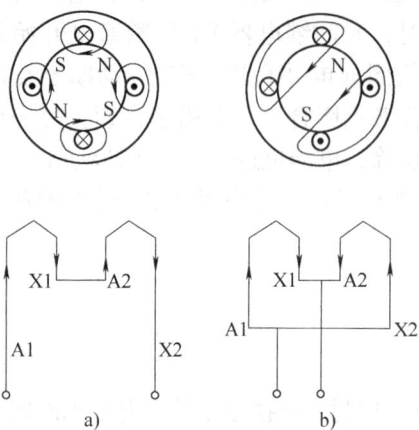

图 2-18　变极调速原理图

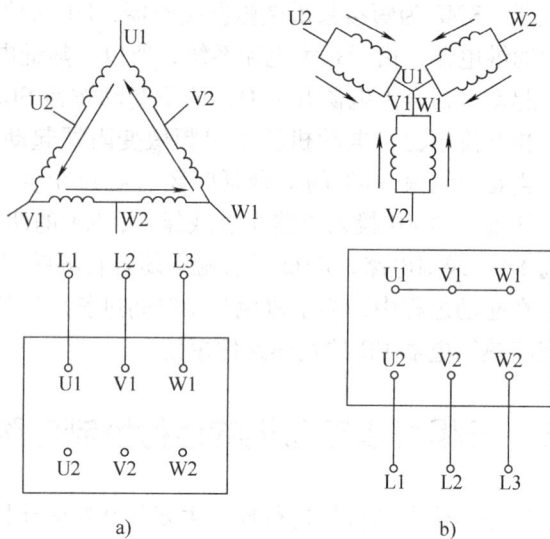

图 2-19　双速电动机定子绕组接线图

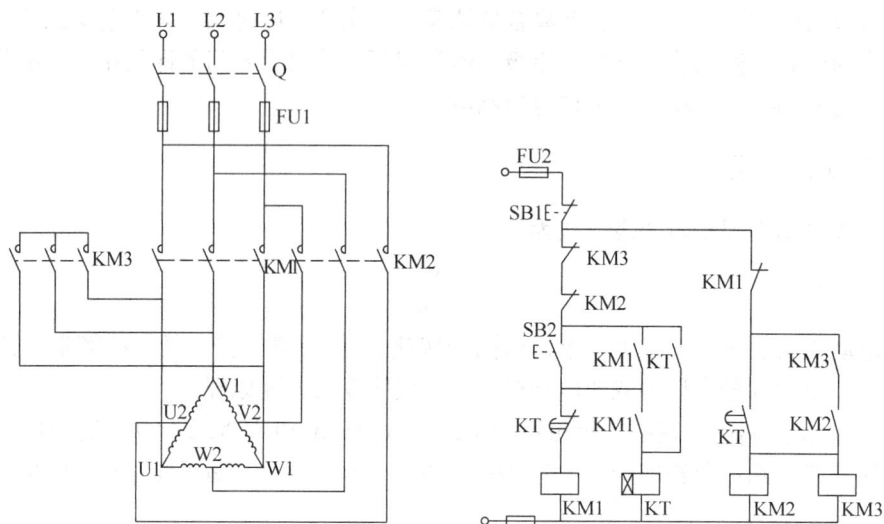

图 2-20　变极调速控制电路

双星形联结的电动机额定功率约为△形联结额定功率的 1.15 倍，近似于恒功率调速，主要适用于恒功率传动负载，如车床、铣床主轴调速。

2.6　三相异步电动机制动控制电路

三相异步电动机断电后，由于惯性的作用，停车时间较长。许多生产机械，如卧式车床、升降机械、加工中心等都要求能迅速停车或准确定位，这就要求对电动机进行强迫停车，即制动。制动停车的方式有机械制动和电气制动两种。机械制动是利用电磁铁或液压操纵机械抱闸机构，使电动机快速停转的方法。电气制动是产生一个与电动机转动方向相反的制动转矩。常用的电气制动有能耗制动和反接制动。

2.6.1　能耗制动控制

能耗制动是指电动机脱离电源后，向定子绕组通入直流电源，从而在空间产生静止的磁场，此时电动机转子因惯性而继续运转，切割磁感应线，产生感应电动势和转子电流，转子电流与静止磁场相互作用，产生制动转矩，使电动机迅速减速停车。

图 2-21 为手动复合按钮控制的能耗制动电路。图中变压器 T 和整流元件 UR 组成整流装置，并提供制动直流电源，KM2 为制动用接触器。需电动机停车时，按下复合按钮 SB1，直到制动结束后才放开按钮。这种控制的制动时间需靠人工干预，操作不方便。

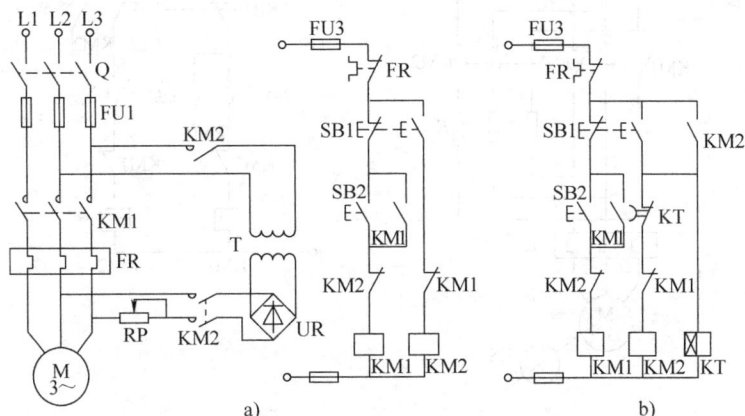

图 2-21　能耗制动控制电路

图 2-21b 为时间继电器控制的能耗制动电路。图中 KT 为时间继电器，延时整定值按制动时间确定，控制电路工作过程是：合上 Q，按下 SB2，KM1 得电自锁，电动机 M 起动运行。当停车时，按下 SB1，KM1 失电，KM2 得电并自锁，同时 KT 也得电，电动机处于制动状态，待 KT 延时时间到，KM2 和 KT 失电，制动结束。

能耗制动作用的效果与通入直流电流的大小和电动机转速有关，在同样的转速下，电流越大，其制动时间越短。一般取直流电流为电动机空载电流的 3 ~ 4 倍，过大的电流会使定子过热。直流电源中串接的可调电阻 R 用于调节制动电流的大小。

能耗制动具有制动准确、平稳、能量消耗小等优点，故适用于要求制动准确、平稳的设备，如磨床、龙门刨床及组合机床的主轴制动。

2.6.2　反接制动控制

反接制动是通过改变电动机三相电源的相序，利用定子绕组的旋转磁场与转子惯性旋转方向相反，产生反方向的转矩，从而达到制动效果。

反接制动时，由于转子与定子旋转磁场的相对转速接近于两倍的同步转速，定子绕组中流过的制动电流相当于直接起动时的两倍，为此对 10kW 以上的电动机进行反接制动时，必须在电动机定子绕组中串接一定的限流电阻，以避免绕组过热和机械冲击。

反接制动的另一个要求是在电动机转速接近零时，及时切断交流电源，防止反向又起动。为此常用与电动机的转子轴连接在一起的速度继电器检测电动机的速度变化。

图 2-22 为速度继电器控制的反接制动电路。工作过程是：合上 Q，按下 SB2，接触器 KM1 得电并自锁，电动机 M 起动运行，当转速升高后，速度继电器的常开触点 KS 闭合，为反接制动作好了准备。停车时，按下复合按钮 SB1，KM1 断电，同时 KM2 得电并自锁，电动机进行反接制动，当电动机转速迅速降低到接近零时，速度继电器 KS 的常开触点断开，KM2 断电，制动结束。

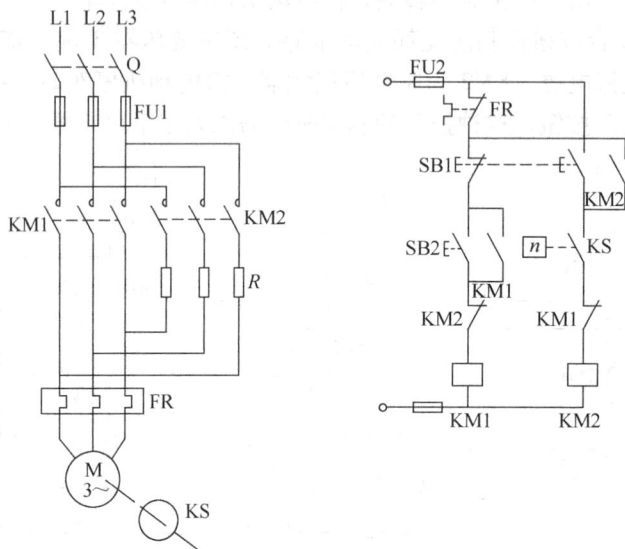

图 2-22　反接制动控制电路

反接制动时，由于制动电流很大，因此制动效果显著。但在制动过程中有机械冲击，对传动部件有害且能量消耗较大，还需要安装速度继电器，故适用于不太经常制动、电动机容量不大的设备，如铣床、镗床、中型车床的主轴制动。

习　题

2-1　电路图中 QS、FU、KM、KT、SQ、SB 分别是什么电器元件的文字符号？

2-2　如何决定笼型异步电动机是否可采用直接起动法？

2-3　笼型异步电动机减压起动方法有哪几种？

2-4　笼型异步电动机是如何改变转动方向？

2-5　什么叫能耗制动？什么叫反接制动？它们各有什么特点及适用什么样的场合？

2-6　什么是互锁(联锁)？什么是自锁，试举例说明各自的作用。

2-7　长动与点动的区别是什么？

2-8　什么是多地点控制？什么是多条件控制？

2-9　图 2-23 中的一些电路是否有错误？工作时现象是怎样的？如有错误，应如何改正？

2-10　动合触点串联或并联，在电路中起什么样的控制作用？动断触点串联或并联起什么控制作用？

2-11　设计一个控制电路，要求第一台电动机起动 10s 以后，第二台电动机自动起动，运行 5s 以后，第一台电动机停止转动，同时第三台电动机起动，在运转 15s 以后，电动机全部停止。

2-12　设计一控制电路，控制一台电动机要求：(1)可正反转；(2)可正向点动，两处起停控制；(3)可反接制动；(4)有短路和过载保护。

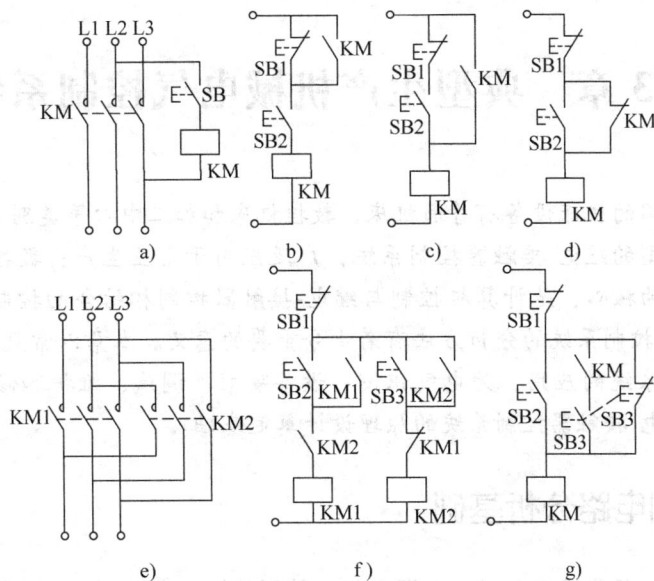

图 2-23 习题 2-9 图

2-13 在图 2-12 所示的行程开关控制的正反转电路，若在现场调试时，将电动机的接线相序接错，将会造成什么样的后果？为什么？

第3章 典型生产机械电气控制系统

生产中广泛使用的机床设备有普通机床、数控机床和加工中心等类别。普通机床设备的电气控制电路是典型的继电-接触器控制系统，广泛应用于企业生产；数控机床和加工中心以微型计算机控制为核心，是计算机控制与继电-接触器控制相结合的控制系统。所以学习和掌握继电-接触器控制系统的分析方法有着十分重要的意义。本章以常见的机床设备为例，分析具体电气控制系统的应用，为电气识图、设备安装、调试、维护和修理打下一定的基础，同时为学习继电-接触器控制系统的原理设计奠定基础。

3.1 电气控制电路分析基础

电气控制电路是用导线将电机、电器和仪表等元件按一定控制要求连接而成的。为了表达电气控制电路的结构、原理和设计意图，便于分析电气电路工作原理，安装、调试和使用维护电气设备，必须参照国家标准，采用统一的图形和文字符号以及技术规范绘制电气控制系统图。

掌握电气控制电路的分析方法，可以提高阅读电路图的能力，理解生产设备工作原理，为设备安装、调试、维护作参考，并为以后进行电气控制系统的设计打下基础。

电气控制电路的功能以满足机械设备控制要求为目的，故详细了解设备的基本结构、工作原理、运动部件的动作要求，以及操作手柄、开关、按钮及位置（行程）开关的状态和控制作用是控制线路的分析基础。

电气控制电路的工作原理主要结合电气原理图进行分析。通常电气原理图可分为主电路和控制电路及信号指示电路等几部分，也可以按照电动机的编号将电路分成若干模块，甚至可以将每台电动机的控制系统按照其控制功能细分为若干个控制环节。通过对电路环节控制原理的分析，达到了解和掌握电动机各个控制环节以及整个设备电气控制电路原理的目的。

分析电气电路工作原理常用的方法有查线读图法和逻辑代数法。

3.1.1 查线读图法

查线读图法以分析各个执行元件、控制元件和附加元件的作用、功能为基础，根据生产机械的生产工艺过程，分析被控对象的动作情况和电气电路的控制原理。

（1）了解生产工艺与执行电器的关系 在分析电气电路前，充分了解机械设备的动作及工艺加工过程，明确各个动作之间的要求，以及机械动作与执行电器间的关系，为分析电路提供线索、奠定基础。

（2）分析主电路 电路的分析一般从电动机主电路入手，根据主电路控制元件的触点、电阻和其他检测、保护器件，大致判定电动机的控制和保护功能。

（3）控制电路的分析方法 根据主电路控制元件主触点和其他电器的文字符号，在控制电路中找出相应控制环节，以及环节间的相互关系。对控制电路由上往下、由左往右阅读，然后，设想按动某操作按钮，查对电路，观察哪些元件受控动作，并逐一查看动作元器件的触点是如何控制其他元器件动作，进而驱动被控对象如何动作。跟踪机械动作，当信号检测元器件状态变化时，再查对电路观察执行元器件的动作变化。读图过程中要注意器件间相互联系和制约的关系，直至将电路看懂为止。

电气控制电路都是由一些基本控制环节组成，对于较复杂电路，通常根据控制功能，将控制电路分解成与主电路对应的几个基本环节，一个一个环节地去分析，然后把各个环节串起来，采用这种化整为零的分析方法，就不难看懂较复杂电路的全图了。

查线读图法具有直观性强、容易掌握等优点，因而得到广泛的应用，但在分析复杂电路原理时叙述较冗长，容易出错，具体分析方法参见后面章节。

3.1.2 逻辑代数法

逻辑代数法是通过电路逻辑表达式的运算分析控制电路的工作原理，任何一条电气控制电路的支路都可以用逻辑表达式来描述。逻辑代数法的优点是逻辑关系简洁明了，有助于计算机辅助分析，主要缺点是复杂电路逻辑关系表达式很繁琐，并且电路分析不如查线读图法直观。

3.2 C650 卧式车床电气控制系统

C650 卧式车床主要由床身、主轴变速箱、尾座、进给箱、丝杠、光杠、刀架和溜板箱组成。主要用作车削外圆、内圆、端面、螺纹螺杆等工作。最大加工工件回转直径 1020mm，最大工件长度 3000mm。车床的主运动是主轴通过卡盘带动工件作旋转运动。进给运动是溜板箱带动刀具作纵向或横向运动。为了满足机械加工工艺的要求，主轴旋转运动与带动刀具溜板箱的进给运动出同一台土轴电动机驱动。车床结构简图略。

3.2.1 C650 车床电力拖动的控制要求及特点

1) 主轴负载主要为切削性恒功率负载，要求正反转、反接制动和调速控制，系统采用齿轮变速箱的机械调速方式，要求电气控制系统实现正反转和反接制动控制。

2) 由于 C650 车床床身较长，为减少辅助工作时间，提高加工效率，设置了一台 2.2kW 的笼型三相交流异步电动机拖动刀架及溜板箱的快速移动，由于快速移动为短时工作制，要求采用点动控制。

3) 为在机加工过程中对刀具进行冷却，车床的冷却液循环系统采用一台 125W 的三相交流异步机驱动冷却泵运转，冷却泵电机要求采用起停控制。

3.2.2 C650 车床主电路分析

C650 车床的电气控制电路如图 3-1 所示，主电路中组合开关 Q 为电源开关，开关右侧分别为电动机 M1、M2、M3 的主电路。根据控制要求，主电路用接触器 KM1、KM2 主触点接成主轴电动机 M1 的正、反转控制电路；电阻 R 在反接制动和点动控制时起限流作用；接触器 KM3 在运行时起旁路限流电阻 R 的作用；电流互感器 TA、电流表 PA 和时间继电器 KT 用于检测主轴电机 M1 起动结束后的工作电流，起动过程中 KT 常闭延时断开触点闭合，电

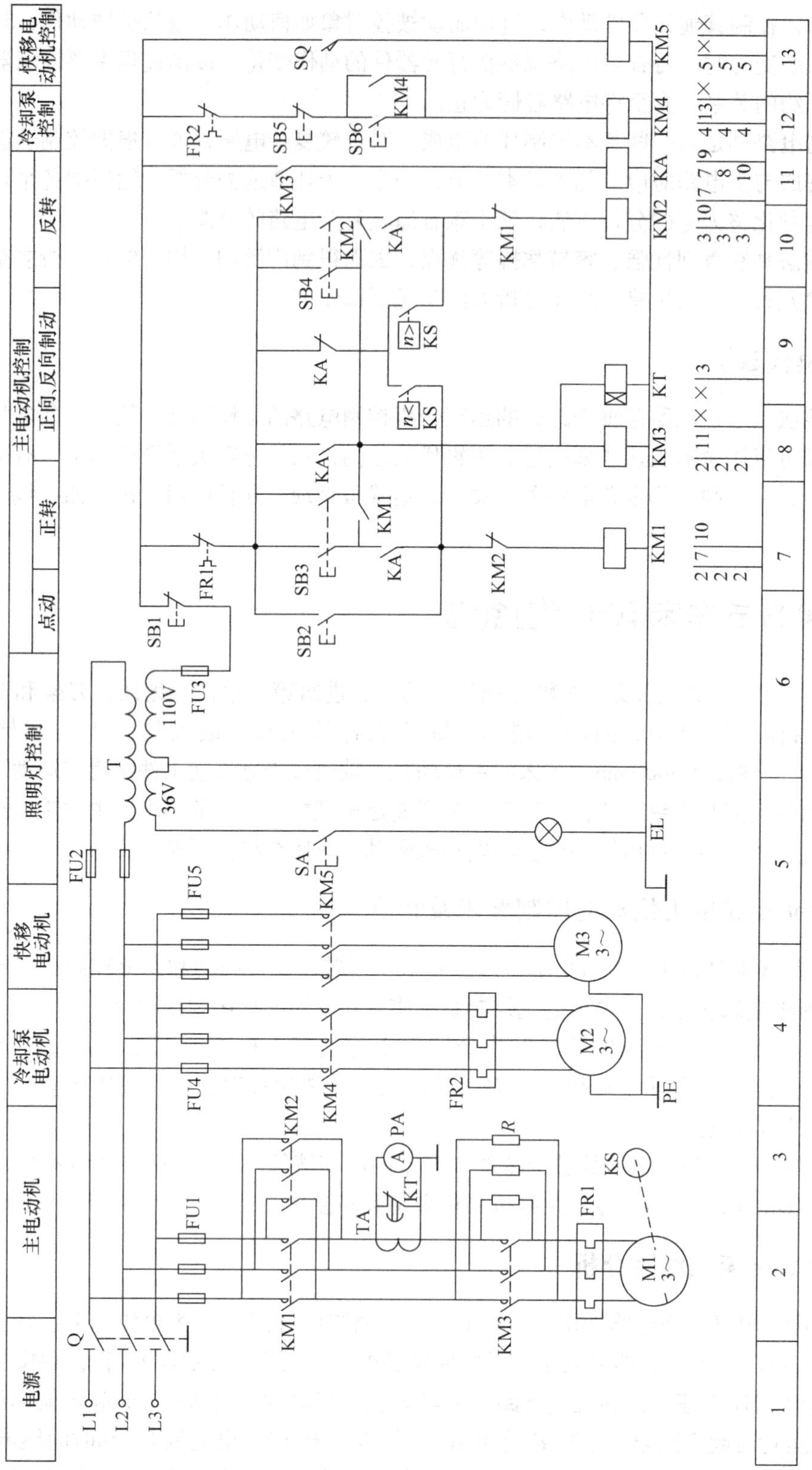

图 3-1 C650 车床控制电路

流表 PA 被短接，起动结束，KT 常闭延时断开触点打开，电流表 PA 投入工作，监视电动机运行时的定子工作电流。熔断器 FU1 用于电动机 M1 的短路保护，热继电器 FR1 用于过载保护，速度继电器 KS 用于检测电动机 M1 转动速度的过零点。接触器 KM4 控制冷却泵电动机 M2 的起动和停止，FR2 用于电动机 M2 的过载保护。接触器 KM5 用于控制快速移动电动机 M3 工作，由于快速移动为短时操作，故电动机 M3 不设过载保护。

3.2.3　控制电路分析

控制电路采用变压器 T 隔离降压的 110V 电源供电，熔断器 FU3 用作控制电路的短路保护。控制电路由主轴电机、刀架拖板快速移动电机和冷却泵电机等三部分电路组成。

1. 主轴电动机 M1 的控制

主轴电动机 M1(30kW) 不要求频繁起动，采用直接起动方式，要求供电变压器的容量足够大，主轴电动机能够实现正反转、正向点动、反接制动等电气控制，控制电路如图 3-2 所示。下面具体叙述各种控制原理。

（1）正、反转控制　按动正向起动按钮 SB3 时，两个常开触点同时闭合，SB3 右侧常开触点使接触器 KM3 通电、时间继电器 KT 线圈通电延时，中间继电器 KA 线圈通电自锁，SB3 左侧常开触点使接触器 KM1 线圈通电并通过 KA 的两个常开触点自锁，主电路的主轴电动机 M1 起动（全电压）。时间继电器 KT 延时时间到，起动过程结束，主电机 M1 进入正转工作状态，主电路 KT 常闭延开触点断开，电流表 PA 投入工作，动态指示电动机运行工作的线电流。在电动机正转工作状态，控制电路线圈通电工作的电器有 KM1、KM3、KT、KA 等。反向起动的控制过程与正向起动类似，SB4 为反向起动按钮，在 M1 反转运行状态时，控制电路线圈通电工作的电器有 KM2、KM3、KT、KA 等。

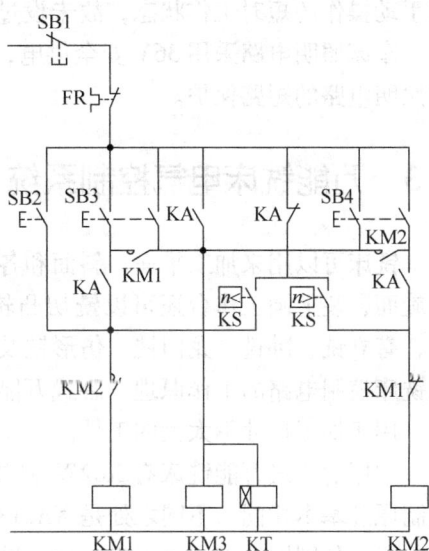

图 3-2　主轴电动机控制电路

（2）正向点动控制　按下点动按钮 SB2（手不松开）时，接触器 KM1 线圈通电（无自锁回路），主电路电源经 KM1 的主触点和电阻 R 送入主电机 M1，主轴电动机 M1 作定子串电阻的正向点动。松开按钮 SB2 后，接触器 KM1 线圈断电，主电动机 M1 点动停止。

（3）反接制动　电动机 M1 的控制电路能实现正、反转状态下的反接制动。下面首先讨论正转的反接制动，M1 正转过程中，控制电路 KM1、KM3、KT、KA 线圈通电，速度继电器 KS 的正转常开触点（$n>0$）闭合，为反接制动做好了准备。按动停止按钮 SB1，依赖自锁环节通电的 KM1、KM3、KT、KA 线圈均失电，自锁电路打开，触点复位，松开停止按钮 SB1 后，控制电流经 SB1、KA、KM1 的常闭触点和 KS($n>0$) 的常开触点（动合）使接触器 KM2 线圈通电，主轴电动机 M1 定子串电阻 R 接入反相序电源进行反接制动，当电动机转速接近于零时，KS($n>0$) 的常开触点断开，KM2 线圈断电，电动机 M1 主电路断电，反接制动过程结束。

反转时的反接制动与正转反接制动相类似，在反转过程中，速度继电器 KS($n<0$) 常开触点闭合，按下停车按钮 SB1，反转时通电电器的线圈失电、触点复位，松开停止按钮 SB1 后，控制电流经 KA、KM2 的常闭触点和 KS ($n<0$) 的常开触点(动合)使 KM1 线圈通电，电动机 M1 进行反转的反接制动，$n=0$ 时，KS ($n<0$) 的常开触点断开，KM1 线圈断电，主轴电机 M1 主电路断电，制动过程结束。

熔断器 FU1 和热继电器 FR1 分别实现电动机 M1 的短路和过载保护。

2. 冷却泵电动机 M2 的控制

冷却泵电动机 M2 为连续运行工作方式，控制按钮 SB5、SB6 和接触器 KM4 构成电动机 M3 的起、停控制电路，热继电器 FR2 起过载保护作用。熔断器 FU4 用作主电路的短路保护。

3. 刀架快速移动电动机 M3 的控制

转动刀架手柄，压下位置开关 SQ，接触器 KM5 线圈通电，电动机 M3 起动，经传动机构驱动溜板箱带动刀架快速移动。刀架手柄复位时，SQ 复位，KM5 线圈失电，电动机 M3 停转，快速移动结束。熔断器 FU5 用做电动机 M3 主电路的短路保护。由于电动机 M3 工作在手动操作的短时工作状态，故未设过载保护。

车床照明电路采用 36V 安全供电，旋钮开关 SA 为照明灯 EL 的控制开关，熔断器 FU6 作照明电路的短路保护。

3.3 万能铣床电气控制系统

铣床可以用来加工平面、斜面和各种形式的沟槽等，装上分度头后可以铣切直齿齿轮和螺旋面，装上圆工作台还可以铣切凸轮和弧形槽，是一种常用的机床设备。铣床的种类很多，有立铣、卧铣、龙门铣、仿形铣及各种专用铣床。本节以卧式万能铣床为例，分析中小型铣床控制电路的工作原理。卧式万能铣床的工作台为升降式工作台，故又称为升降台式铣床，用于加工尺寸不太大的工件。

常用的卧式万能铣床有 X62W 和 XA6132 等型号，XA6132 与 X62W 的结构形式和电气控制原理基本相同。不同之处是 XA6132 型万能铣床在 X62W 的基础上增设了三个电磁离合器装置，分别用于工作台工步、快速进给传动和主轴制动。本章以 XA6132 型万能铣床为例分析铣床的电气控制原理。

3.3.1 XA6132 型卧式万能铣床的结构和运动形式

XA6132 型卧式万能铣床有床身、悬梁、刀杆支架、升降台等部分组成，结构外形见图3-3。铣床的主要运动形式有主轴(带刀具)旋转运动和工作台(固定工件)的进给运动，两种运动分别用两台电动机拖动。主轴所带铣刀的切削运动有顺铣和逆铣两种工作方式，升降台分为矩形和圆形两层结构，矩形工作台可实现工作台纵向、横向和垂直三种进给运动，对应左右、前后、上下六个移动方向。装有圆工作台的万能铣床还有圆形工作台的回转运动，万能铣床的矩、圆形工作台共有 4 种运动形式。

工作台进给电动机 M2 经机械传动链传动，由电磁离合器选择工作台的工步和快速进给，并由机械离合器接通相应方向的机械传动链，驱动工作台实现各方向的移动进给，进给运动机械传动链的传递示意图见图3-4所示。

XA6132 型卧式万能铣床的控制要求：

1. 主轴电动机 M1(7.5kW)空载时直接起动，要求实现两地控制的正反转(顺逆铣)运动及电磁离合器的停车制动(采用电磁离合器)，为安全和操作方便，换刀时，使主轴处于制动状态。主轴的正、反转不需要经常变换，并且通常在加工前设置。

2. 工作台驱动电动机 M2(1.5kW)要求能够实现正反转，并要求两个工作台(矩、圆形)各个方向的运动互锁，矩形工作台的六个运动方向和圆工作台的旋转运动要求互锁，任何时刻，只允许存在一种运动形式的一个方向运动。

3. 主轴旋转与工作台进给运动均采用机械齿轮变速箱调速，要求主轴电动机和工作台电动机在主轴和进给变速时能够瞬时冲动，保证变速时齿轮的正确啮合和设备的安全。

4. 为避免打刀，要求主轴驱动电动机 M1 起动后，工作台驱动电动机 M2 才能起动。

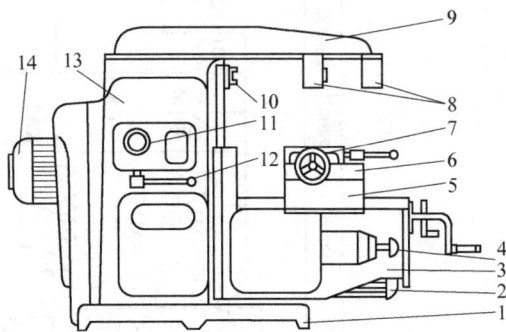

图 3-3　XA6132 型卧式结构万能铣床结构简图
1—底座　2—进给电动机　3—升降台　4—进给变速手柄及变速盘　5—溜板　6—转动部分　7—工作台
8—刀架支杆　9—悬梁　10—主轴　11—主轴变速盘
12—主轴变速手柄　13—床身　14—主轴电动机

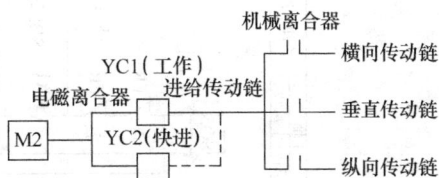

图 3-4　进给运动机械传动链的传递示意图

3.3.2　铣床控制电路分析

XA6132 型卧式万能铣床控制电路如图 3-5 所示，铣床控制电路分为主电路、控制电路、直流电路(电磁离合器)和照明电路等部分。

1. 主电路分析

低压断路器 QF 用作万能铣床控制电路的总开关，兼有电流脱扣的短路保护功能。中间继电器 KA3 的常开触点控制冷却泵电动机 M1；接触器 KM1、KM2 的主触点控制主轴电动机 M2 的正反转；熔断器 FU1 用于进给电动机 M3 和变压器一次侧的短路保护；接触器 KM3、KM4 的主触点控制进给电动机 M3 的正反转；热继电器 FR1～FR3 用于电动机 M1～M3 的过载保护。

控制变压器 T1 和 T2，二次侧提供 110V、48V、36V 三组电源分别供给控制电路和照明负载，其中 48V 电源经整流后供给直流电磁离合器和电磁制动器电磁线圈的工作电路。

2. 主轴电动机 M2 和冷却泵电动机 M1 的控制电路分析

针对主轴的正、反转不需要经常变换的特点，采用切换开关 SA4 选择主轴电动机 M2 的转动方向，停止按钮 SB1、SB2 用于主轴电动机 M2 的两地停止控制，起动按钮 SB3、SB4 用于主轴电动机 M2 的两地起动控制，位置开关 SQ5 用于主轴电动机 M2 的变速点动控制，旋钮开关 SA1 用于冷却泵电动机 M1 的起停控制，旋钮开关 SA2 用于上刀制动。

主轴电动机的正转起动控制：切换开关 SA4 合向"正转"，按动起动按钮 SB3 或 SB4，

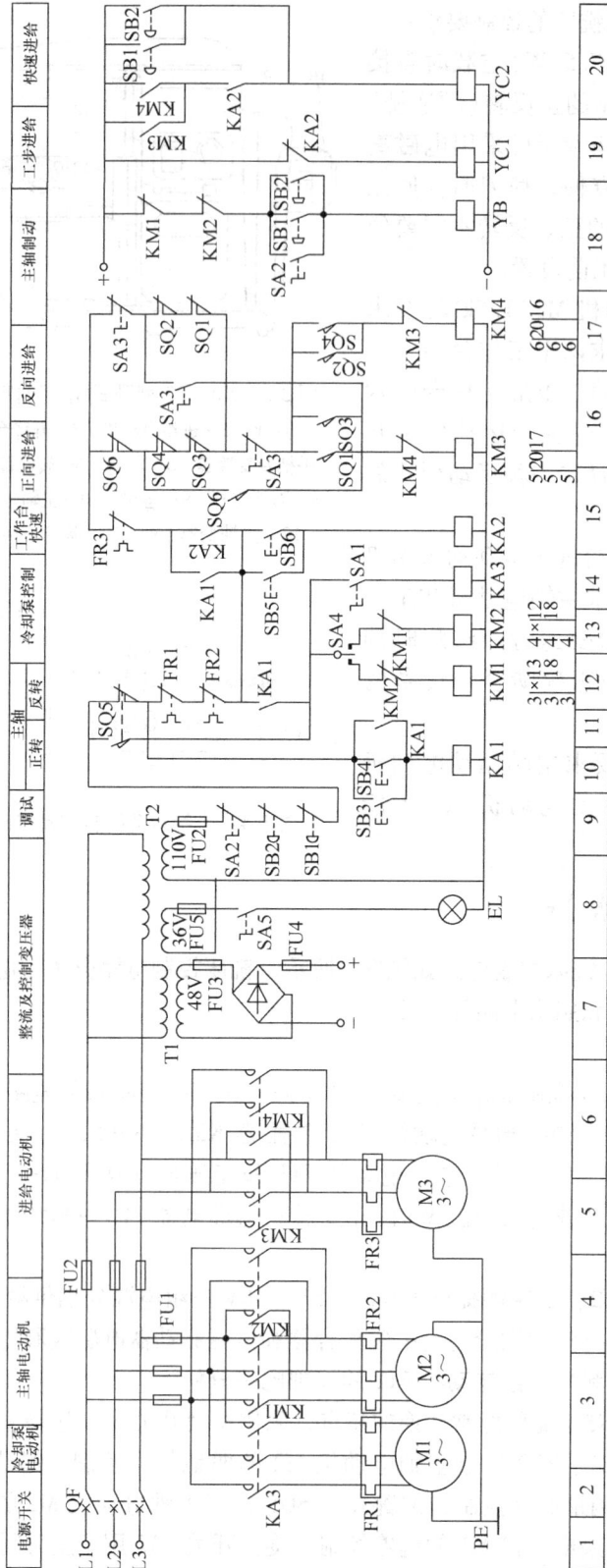

图 3-5 XA6132 型万能铣床电气原理

中间继电器 KA1 线圈通电自锁，接触器 KM1 线圈通电吸合，主轴电机 M2 正转。

主轴电动机 M2 的制动控制：按动停车按钮 SB1 或 SB2（SB1 和 SB2 为不具有自锁功能的红色蘑菇头按钮），接触器 KM1 线圈断电，打开自锁回路、切断电动机 M1、M2、M3 供电电源，同时直流供电路的电磁制动离合器 YB 线圈通电，主轴电动机 M2 进行电磁制动停车，同时快进电磁铁 YC2 线圈通电，进给电动机 M3 迅速停转。松开按钮 SB1 或 SB2，电磁制动器 YB、YC2 线圈断电，制动过程结束。

主轴电动机 M2 的上刀制动：进行上刀和换刀操作时，转动旋钮开关 SA2，其常闭触点切断 KA、KM1、KM2 的线圈电路，其常开触点使主轴电磁制动器线圈 YB 通电，主轴电磁制动，保证上刀和换刀的顺利进行。

主轴变速冲动：主轴变速可以在主轴不转动时进行，也可以在主轴转动时进行，主轴变速时拉出变速离合器手柄，变速手柄拉出的过程中瞬时压动位置开关 SQ5，其常闭触点切断接触器 KM1 线圈电路，使主轴电动机 M2 断电，然后转动变速手轮选择转速，转速选定后将变速手柄复位，变速手柄复位的过程中又瞬时压动位置开关 SQ5，SQ5 的常闭触点断开自锁回路、常开触点接通接触器 KM1 线圈电路，主轴电动机 M2 作瞬时冲动（点动），主轴电动机的瞬时冲动用以调整齿轮位置。齿轮进入正常啮合状态时，变速手柄可以推回原位，位置开关 SQ5 复位，接触器 KM1 线圈失电，主轴电动机 M1 停止，变速冲动过程结束。主轴传动齿轮没有正常啮合时，变速手柄不能推回到位，应立即将手柄拉出，以免 SQ5 没能及时复位，防止电动机转速上升，在齿轮没有啮合好的情况下打坏齿轮。重复进行复位瞬时冲动操作，直至变速手柄完全复位，齿轮正常啮合工作。

主轴电动机转动时 KA1 常开触点闭合，转动旋钮开关 SA1，从而使中间继电器 KA3 线圈通电，最终使冷却泵电动机 M1 转动工作。

3. 工作台电动机 M3 的控制

如图 3-5 所示，根据工作台的顺序与互锁控制要求，工作台电动机用中间继电器 KA1 的常开触点作顺序控制，用旋钮开关 SA3 的常开触点选择圆形与矩形工作台的操作。矩形升降式工作台设有纵向和十字两个操作手柄，各个操作手柄在机械上分别接通各自的机械传动链，并通过挡铁压动位置开关接通相应控制电路，使工作台电动机 M3 正转或者反转，以带动工件实现左右、前后、上下的三维空间移动，两个操作手柄实现的动作之间互锁。

（1）矩形工作台纵向进给控制 矩形工作台的纵向操纵手柄有左、中、右三个位置，操纵手柄扳向左、右位置时，沟通电动机 M2 与矩形工作台的纵向传动链，并压下位置开关 SQ1 或 SQ2，接通接触器 KM2 或 KM3 的线圈电路，使工作台电动机 M3 正转或反转，矩形工作台向左或向右进给。

设纵向操作手柄在右侧位置时，沟通纵向机械传动链的同时压下位置开关 SQ1，使接触器 KM3 线圈通电，进给电动机 M3 正转，工作台向右移动。KM3 线圈工作电流的路径是：经 SQ6、SQ4、SQ3、SA3 的常闭触点→SQ1 常开触点→KM4 互锁常闭触点→KM3 线圈。其中变速冲动的位置开关 SQ6 的常闭触

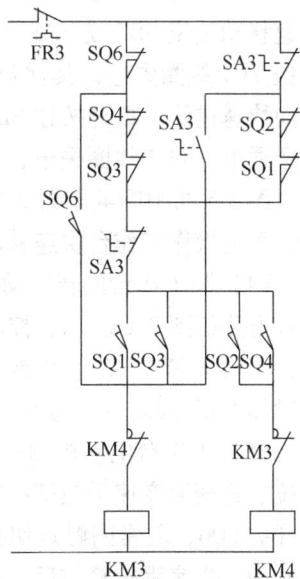

图 3-6 工作台进给控制电路

点在正常工作时闭合，矩形工作台操作时旋钮开关 SA3 为常态，十字操纵手柄在零位时位置开关 SQ4 和 SQ3 为原态（常闭触点闭合），矩形工作台的纵向进给只能在无升降、横向和圆工作台操作时进行，否则，纵向进给将停止。从而，实现了各进给方向的互锁。

纵向操作手柄扳向左侧位置时，压下位置开关 SQ2，接触器 KM4 线圈通电，进给电动机 M3 反转，工作台向左移动。流过 KM4 线圈电流的路径请自行分析。

矩形工作台的两端装有限位撞块，当工作台向右或向左移动到终点时，撞块撞击手柄，使纵向操纵手柄回到中间位置（零位），纵向机械离合器脱开，位置开关 SQ1 或 SQ2 复位，实现工作台的终点停车。

（2）矩形工作台横向和升降运动控制　矩形工作台的横向和升降运动设有两套机械联动的十字操纵手柄，用以实现两地操纵，十字手柄有上下、前后及中间（零位）等五个工作位置，十字手柄在前、后位置沟通横向机械传动链，在上、下位置沟通垂直机械传动链。手柄扳向下（升降）或右（横向）沟通各自机械传动链的同时，压下位置开关 SQ3，使 KM3 线圈通电，电动机 M3 正转，根据所沟通机械传动链的不同，工作台实现向下（垂直）或向前（横向）运动。手柄扳向上或左，压下位置开关 SQ4，使接触器 KM4 线圈通电，电动机 M3 反转，根据沟通机械传动链的不同，工作台实现向上（垂直）或向后（横向）运动。

操作十字操纵手柄，压下位置开关 SQ3 时，流过接触器 KM3 线圈电流的路径：经旋钮开关 SA3 的常闭触点、SQ2、SQ1、SA3 常闭触点→SQ3 常开触点→KM4 互锁常闭触点→KM3 线圈。其电流路径要求旋钮开关 SA1 在矩形位置（常态），纵向手柄在中间零位（SQ1、SQ2 为原态）。若此时扳动纵向操纵手柄或转动旋钮开关 SA1 时，接触器 KM3 线圈将断电，进给电动机 M3 停止工作，从而保证了系统的互锁要求。

矩形工作台作横向和升降运动，当工作台移动到极限位置，固定在床身上的限位挡块撞击十字手柄，使十字手柄回到中间位置，横向与垂直方向的机械传动链脱开，位置开关 SQ3、SQ4 均不受压。进给电动机 M3 停转。工作台在进给终点停车。

（3）工作台快速移动　工作台在工步进给过程中，接触器 KM3 或 KM4 线圈通电，按下快速移动按钮 SB5 或 SB6，中间继电器 KA2 线圈通电，其常闭触点使进给电磁离合器的电磁铁 YC1 线圈失电，其常开触点使快速电磁离合器的电磁铁 YC2 线圈通电，工作台沿进给方向快速进给。松开按钮 SB5 或 SB6，中间继电器 KA2 线圈失电，电磁离合器电磁铁 YC1 线圈通电、YC2 线圈失电，工作台恢复工步进给。

图 3-5 的中间继电器 KA2 常开触点与 KA1 常开触点并联，可以在主轴电机 M2 不工作时，手动操作工作台快速移动。

（4）圆工作台回转运动　转动圆形和矩形工作台的选择旋钮开关 SA3，圆工作台控制等效电路如图 3-6 所示，控制电流经位置开关 SQ1 ~ SQ4 的常闭触点使接触器 KM3 线圈通电，电动机 M3 正转，圆形工作台回转。此时要求纵向和十字操作手柄均在中间零位，否则接触器 KM3 线圈不能通电，回转运动将停止，满足系统的互锁保护要求。

（5）工作台电动机 M3 的变速冲动　工作台的变速冲动原理与主轴变速冲动相同，变速时拉出蘑菇形变速手轮选择转速，然后将变速手轮复位，在变速手轮复位过程中瞬时压动位置开关 SQ6，其常闭触点切断自锁回路，其常开触点接通 KM3 线圈电路，电动机 M3 瞬时通电冲动。变速手轮复位后，位置开关 SQ6 复位，一次变速冲动结束。与主轴变速冲动操作相同，一次不到位，需要立即拉出变速手轮，再次重复进行复位操作，直至齿轮啮合良好进入正常工作。

3.4 Z3040 摇臂钻床电气控制系统

钻床用来对工件进行钻孔、扩孔、绞丝、锪平面和攻螺纹等加工，在有工装的条件下还可以进行镗孔。钻床的形式很多，主要有台式钻床、立式钻床、摇臂钻床和专用钻床等。台式钻床和立式钻床结构简单，应用的灵活性及范围受到一定的限定，摇臂钻床操作方便、灵活，适用范围广，具有典型性，多用于中、大型零件的加工，是常见的机加工设备。下面以Z3040 型摇臂钻床为例，介绍摇臂钻床电气控制系统的工作原理。

3.4.1 摇臂钻床的主要结构及运动情况

Z3040 型摇臂钻床最大钻孔直径 40mm，跨距 1200mm。主要由底座、内外立柱、摇臂、主轴箱、主轴及工作台等部分组成，结构外形如图 3-7 所示。摇臂钻床的内立柱固定在底座上，外立柱可绕内立柱回转 360°（不要沿一个方向连续转动以防扭断内立柱中的电线）；摇臂可以借助丝杠在外立柱上作升降运动，并可以与外立柱一起沿内立柱作回转运动；主轴箱可以沿摇臂上的导轨作水平移动。回转、升降、水平三种形式的运动构成主轴箱带动刀具在立体空间的三维运动，加工前，可以将主轴上安装的刀具移至固定在底座上工件的任一加工位置。加工时，使用液压机构驱动夹紧装置将主轴箱夹紧固定在摇臂导轨上，摇臂夹紧在外立柱上，外立柱夹紧在内立柱上，然后用主轴的旋转与进给带动刀具对工件进行孔的加工。

摇臂钻床主要运动形式有以下几种。

1. 主轴带刀具的旋转与进给运动

主轴的旋转与进给运动由一台三相交流异步电动机（3kW）驱动，主轴的转动方向由机械及液压装置控制。

2. 各运动部件的移位运动

主轴在三维空间的移位运动有主轴箱沿摇臂长度方向的水平移动（手动），摇臂沿外立柱的升降运动（摇臂的升降运动由一台 1.1kW 笼型三相异步电动机拖动），外立柱带动摇臂沿内立柱的回转运动（手动）等三种。各运动部件的移位运动用于实现主轴的对刀移位。

3. 移位运动部件的夹紧与放松

摇臂钻床的三种对刀具移位装置对应三套夹紧与放松装置。对刀移动时，需要将装置放松，机加工过程中，需要将装置夹紧。三套夹紧装置分别为摇臂夹紧（摇臂与外立柱之间），主轴箱夹紧（主轴箱与摇臂导轨之间），立柱夹紧（外立柱和内立柱之间）等。通常主轴箱和立柱的夹紧/放松同时进行。摇臂的夹紧与放松则要与摇臂升降运动结合进行。Z3040 摇臂钻床夹紧与放松机构液压原理如图 3-8 所示，图中液压泵采用双向定量泵。液压泵电动机 M3（0.6kW）的正、反转时，驱动液压缸中活塞的左、右移动，实现夹紧装置的夹紧与放松运动。电磁换向阀 YV 的电磁铁 YA 用于选择夹紧、放松的对象，电磁铁 YA 线圈不通电时，电磁换向阀 YV 工作在左工位，接触器 KM4、KM5 控制液压泵电机 M3 的正、反转，实现主轴箱和立柱（同时）的夹紧与放松；电磁铁 YA 线圈通电时，电磁换向阀 YV 工作在右工位，接触器 KM4、KM5 控制 M3 的正、反转，实现摇臂的夹紧与放松。

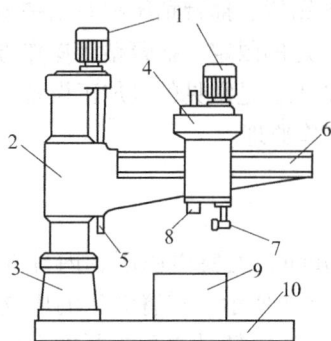

图 3-7 摇臂钻床外形结构

1—电动机 2—摇臂 3—立柱 4—主轴箱 5—丝杆
6—导轨 7—灯 8—主轴 9—工作台 10—底座

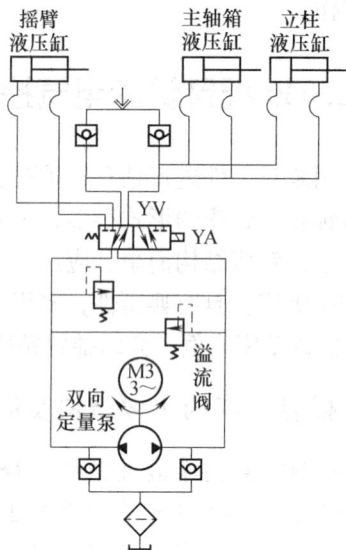

图 3-8 摇臂钻床液压原理

3.4.2 摇臂钻床的主电路

Z3040 型摇臂钻床电气控制电路如图 3-9 所示。电源由低压断路器 QF 引入，（FU1 用作系统的短路保护）主电动机 M1 由接触器 KM2、KM3 控制正反转；接触器 KM4、KM5 的主触点控制液压泵电动机 M3 正反转，FR2 作过载保护；冷却泵电动机 M4 的工作由组合开关 SA1 控制。

3.4.3 摇臂钻床控制电路

1. 主电动机 M1 的控制

按钮 SB1，SB2 与接触器 KM1 线圈及自锁触点构成电动机 M1 的起、停控制电路。热继电器 FR1 的常闭触点在电动机 M1 过载时切断接触器 KM1 线圈电流，KM1 的主触点将电动机 M1 主电路的电源分断。主轴电动机工作时，KM1 的常开辅助触点使信号灯 HL3 通电作运行指示。

2. 摇臂的升降控制

摇臂升降运动必须在摇臂完全放松的条件下进行，升降过程结束后应将摇臂夹紧固定。故摇臂升降运动的动作过程为：摇臂放松——摇臂升/降——摇臂夹紧。

摇臂上升与下降控制的工作过程如下：

按下升/降控制按钮 SB3/SB4，断电延时时间继电器 KT 线圈通电，接触器 KM4 线圈通电，同时，电磁铁 YA 线圈通电，液压夹紧机构实现摇臂的放松，行程开关 SQ3 复位（摇臂夹紧时压下），松至压下行程开关 SQ2，接触器 KM4 线圈断电（摇臂放松过程结束），接触器 KM2/KM3 线圈通电，摇臂上升或下降，至需要高度后，松开按钮 SQ3/SQ4，KM2/KM3 线圈断电，摇臂升/降运动停止，时间继电器 KT 线圈断电延时，延时时间到，其常闭延时闭合触点闭合，接触器 KM5 线圈通电（电磁铁 YA 线圈仍通电），摇臂做夹紧运动，KT 常开延

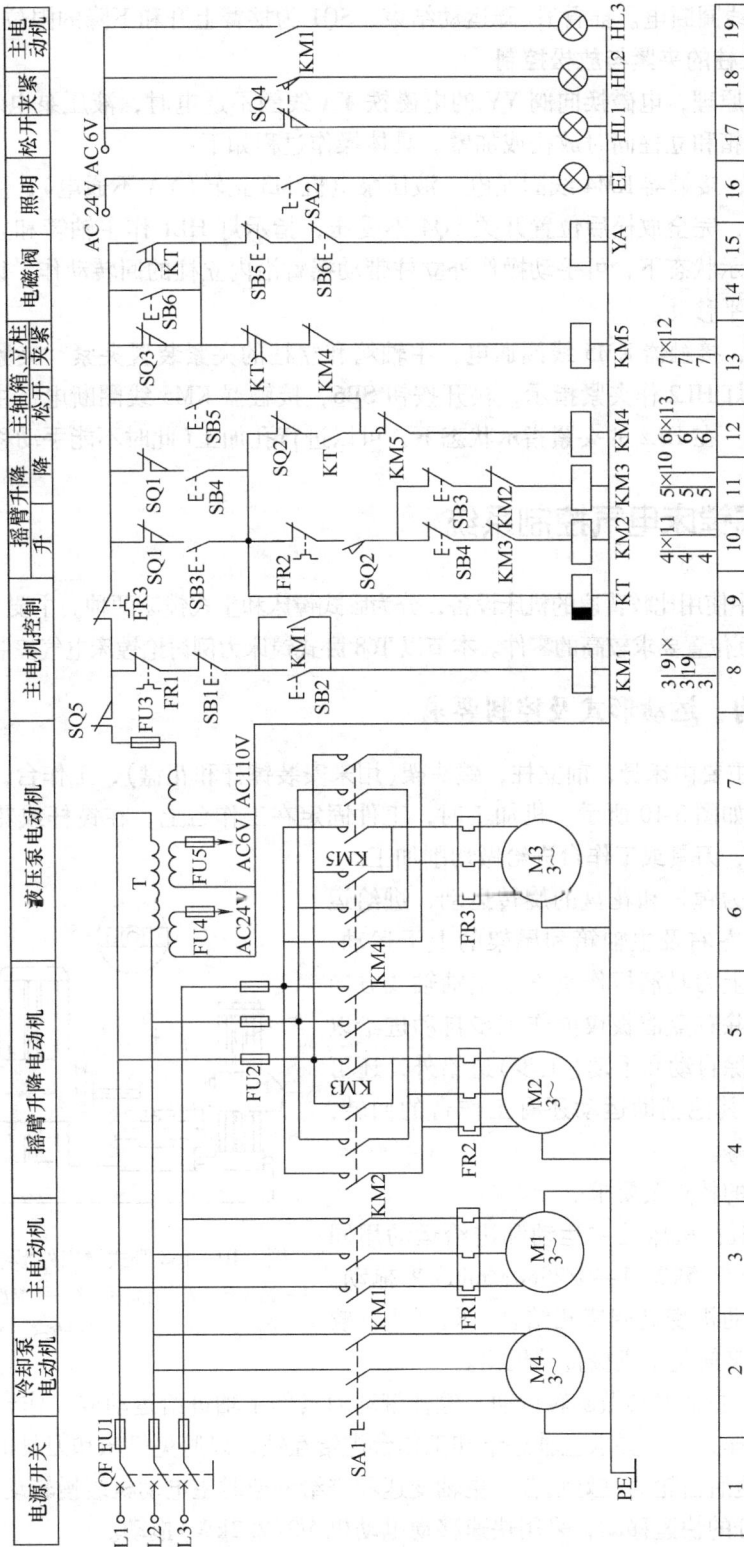

图 3-9　Z3040 摇臂钻床控制电路

时断开触点断开，行程开关 SQ3 投入工作，摇臂夹紧后，压下行程开关 SQ3，接触器 KM5 线圈和电磁铁 YA 线圈断电。摇臂升/降运动结束。SQ1 为摇臂上升和下降的限位保护开关。

3. 主轴箱和立柱的夹紧与放松控制

根据液压回路原理，电磁换向阀 YV 的电磁铁 YA 线圈不通电时，液压泵电动机 M3 的正、反转，使主轴箱和立柱同时放松或加紧。具体操作过程如下：

按动按钮 SB5，接触器 KM4 线圈通电，液压泵电机 M3 正转（YA 不通电），主轴箱和立柱的夹紧装置放松，完全放松后位置开关 SQ4 不受压，指示灯 HL1 作主轴箱和立柱的放程结束。HL1 放松指示状态下，可手动操作外立柱带动摇臂沿内立柱的回转动作，以及主轴箱沿摇臂长度方向水平移动。

按动按钮 SB6，接触器 KM5 线圈通电，主轴箱和立柱的夹紧装置夹紧，夹紧后压下位置开关 SQ4，指示灯 HL2 作夹紧指示，松开按钮 SB6，接触器 KM5 线圈断电，主轴箱和立柱的夹紧状态保持。在 HL2 的夹紧指示状态下，可以进行孔加工（此时不能手动移位）。

3.5　T68 卧式镗床电气控制系统

镗床是机加工中使用比较普遍的机床设备，分为卧式镗床和坐式镗床两种。主要用于加工精确的孔和各孔间相互位置要求较高的零件。本节以 T68 卧式镗床为例讨论镗床电气控制原理。

3.5.1　主要结构、运动形式及控制要求

T68 卧式镗床主要由床身，前立柱，镗头架（用来安装镗杆和花盘），工作台，后立柱和尾架等部分组成，如图 3-10 所示。机加工时，工件固定在工作台上，在镗杆或花盘上固定的刀具旋转的同时，刀具或工作台进给做切削加工。

镗床的主运动为镗杆和花盘的旋转运动，进给运动为工作台前后、左右及主轴箱和尾架的上下运动，镗杆的进出和花盘上刀具溜板作垂直于主轴轴线方向的径向进退运动。除花盘溜板仅能作工步自动进给以外，其余八个方向除自动和手动（工步）进给外，还可以进行快速移动。其他辅助运动还有工作台的回转，后立柱的水平移动等。

电气控制电路的特点及要求

1）双速主电机：机床的主运动和进给运动用同一台双速电机（5.5/7.5kW、1440/2980r/min）来拖动。机械齿轮变速和电动机变极调速相结合，既可获及较宽广的调速范围，又简化了机械传动机构。

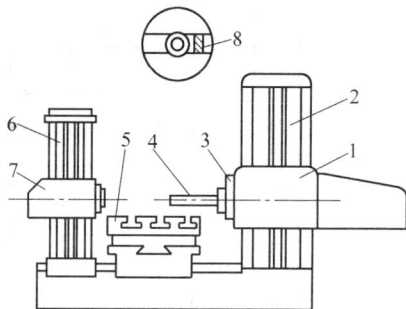

图 3-10　T68 卧式镗床外形结构简图
1—镗头架　2—前立柱　3—平旋盘　4—镗轴
5—工作台　6—后立柱　7—尾架　8—刀具溜板

2）机加工时，主轴刀具做旋转运动，镗杆带动刀具作主轴进给运动或工作台带工件作进给运动只允许选择其一，要求主轴进给和工作台进给互锁，以避免机床和刀具的损坏。

3）为保证变速后齿轮的良好啮合，主轴变速和进给变速时主电动机缓慢转动。

4）各进给部分的快速移动，采用快速移动电动机 M2（2.2kW）拖动。

T68 卧式镗床电气控制电路如图 3-11 所示。下面分别从主电路和控制电路分析工作原理。

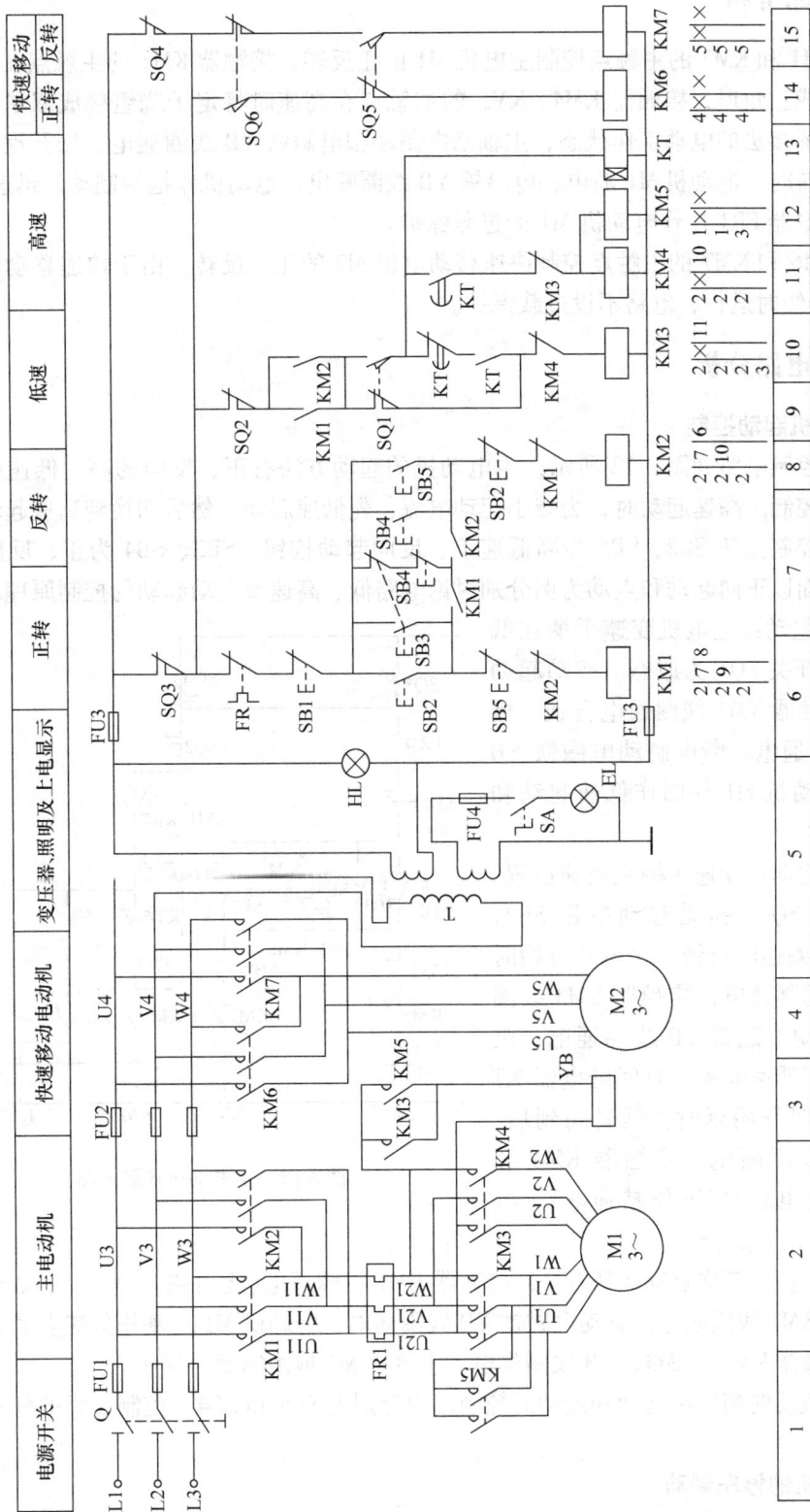

图 3-11　T68 卧式镗床机控制电路

3.5.2 主电路分析

接触器 KM1 和 KM2 的主触点控制主电机 M1 的正反转，接触器 KM3 的主触点在低速时将定子绕组接成三角形，接触器 KM4、KM5 的主触点在高速时将定子绕组接成双星形。在三角形和双星形接法的电动工作状态，主轴断电制动型电磁铁 YB 线圈通电，松开抱闸，电动机运转；停转时，电动机 M1 断电，电磁铁 YB 线圈断电，电动机作抱闸制动，迅速停车。主电路的热继电器 FR1 用作电动机 M1 的过载保护。

接触器 KM6 和 KM7 的主触点控制快速移动电机 M2 的正、反转。由于快速移动电动机 M2 点动操作，短时运行，电路不设过载保护。

3.5.3 控制电路分析

1. 主电动机起动控制

主电动机控制电路如图 3-12 所示，主电动机的起动方法有正、反向的高、低速起动和正、反向点动控制。高速起动时，为减小起动电流，先低速起动，然后切换到高速起动和运行。电路中，控制按钮 SB2、SB5 为高低速正、反向起动按钮，SB3、SB4 为正、反向点动控制按钮。下面以正向起动和点动为例分别讨论电路低、高速及点动起动的控制原理。

正向低速起动：主电机变速手柄在低速位置，位置开关 SQ1 为原态。按动起动按钮 SB2，接触器 KM1 线圈通电自锁，接触器 KM3 线圈通电，断电制动电磁铁 YB 线圈通电，电动机 M1 松闸作低速起动和运行。

正向高速起动：变速手柄在高速位置，压下位置开关 SQ1。按动起动按钮 SB2，接触器 KM1 线圈通电自锁，通电延时型时间继电器 KT 线圈通电，接触器 KM3 线圈通电，断电制动电磁铁 YB 线圈通电，电动机 M1 松闸作低速起动；时间继电器 KT 线圈通电的同时开始延时，延时间到后，接触器 KM3 线圈断电，接触器 KM4 和 KM5 线圈通电(电磁铁 YB 维持通电)，电动机 M1 高速起动、运行。

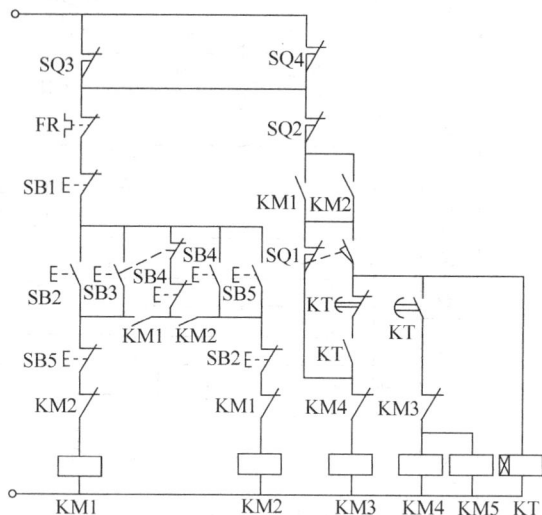

图 3-12 主电动机控制电路

正向点动：按下正向点动按钮 SB3，接触器 KM1 线圈通电(无自锁)，位置开关 SQ1 为原态，接触器 KM3 线圈通电，制动电磁铁 YB 线圈通电，电动机 M1 松闸作低速点动。松开按钮 SB3，接触器 KM1、KM3、YB 线圈失电，主电机 M1 抱闸制动、停止工作。

主轴电动机反向高低速起动和点动的控制按钮分别为 SB5 和 SB4，控制过程的分析方法与正向类似。

2. 主电动机的停车制动

主电动机转动过程中，按动停止按钮 SB1，接触器 KM1 或 KM2 线圈断电、KM3 或 KM4

和 KM5 线圈断电，电磁铁 YB 线圈断电。主电动机 M1 抱闸制动，迅速停车。

3. 主轴(刀具)进给和工作台(工件)进给的互锁

主轴进给手柄搬到进给位置压下限位开关 SQ3，工作台进给手柄搬到进给位置时压下限位开关 SQ4，若两个手柄均搬在进给位置，SQ3、SQ4 的常闭触点都断开，切断控制电路，故不会出现主轴和工作台同时进给情况，实现两者间的互锁要求。

4. 主轴或进给变速控制

镗床主轴或进给变速时，主电机可获得自动低速正向起动，以利于齿轮啮合。该机床的主轴和进给变速是在主电动机运转中进行的。

拉出主轴变速孔盘或进给变速手柄，限位开关 SQ2 受压断开，接触器 KM3 或 KM4、KM5 线圈断电，时间继电器 KT 断电，电磁铁 YB 线圈断电，主电机 M1 抱闸制动、停转。选择好主轴转速后，推回变速孔盘，则 SQ2 复位闭合，接触器 KM3 线圈通电，主电机 M1 自动低速起动，若齿轮未啮合好，变速孔盘推不上，只要拉出主轴变速孔盘或进给变速手柄，位置开关 SQ2 受压断开，主电机 M1 停转，来回推拉，可以使电动机 M1 产生变速冲动，直至变速孔盘或手柄推回原位，齿轮正确啮合为止。

5. 快速移动控制

快速移动电动机 M2 拖动镗床各部件的快速移动，快速手柄扳到正向或反向快速位置时，压动限位开关 SQ5 或 SQ6，接触器 KM6 或 KM7 线圈通电，电动机 M2 正向或反向转动，运动部件形成所选方向的快速移动。其他辅助电路分析从略。

3.6　组合机床电气控制系统

组合机床是针对特定工件，进行特定工序加工的高效自动化机加工设备，一般采用多轴、多刀具、多面、多工位同时加工，适用于产品的大批量生产，可以完成车、铣、钻、扩、镗等切削和精加工等多道工序机加工。

组合机床由通用部件和少量专用部件组成，常用的通用部件有动力部件(动力头和动力滑台)、支撑部件(滑座、床身、立柱等)、输送部件(回轮台、机械手传送自动线、出料装置)等。动力头和动力滑台是组合机床最基本的组成部件，用以完成组合机床的切削运动和进给运动。能同时完成组合机床的切削运动和进给运动的动力部件称为动力头，只能完成进给运动的动力部件称为动力滑台。

动力滑台组成的组合机床比较灵活，可在滑台上安装单轴或多轴及各种形式的切削头，用以完成钻、扩、铰、镗、铣等各种加工工序，动力滑台被广泛用来配置卧式和立式组合机床。常用的动力滑台又分为机械动力滑台和液压动力滑台两种类型。动力部件是电气控制的主要对象，控制系统多用机械、液压、气动和电气相结合的控制方式。下面就机械动力滑台和组合机床的应用讨论组合机床的电气控制原理。

3.6.1　机械动力滑台控制电路

机械动力滑台采用电力驱动，由滑台、滑座及电动机传动装置三部分组成，机械动力滑台结构示意如图 3-13 所示，机械动力滑台用两台电动机分别实现动力滑台的快进与工步进给，可以实现多种自动工作循环控制。滑台的自动循环由机械传动及电气控制完成，在一次循环中，要实现速度差别很大的快进和工进，两者之比通常可达 300:1。快进、快退由快进电动机实现，工进由工进电动机实现，快进电动机和工进电动机同时工作时，工作台的运行速度为快进速度加上一个工进速度。设机械动力滑台一次工步进给的循环要求如图 3-14 所示，实现快进→工进→反向工进→快退工作循环要求的控制电路如图 3-15 所示。

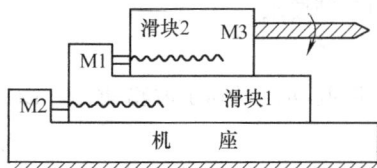

图 3-13　机械动力滑台结构示意图

图 3-14　循环要求示意图

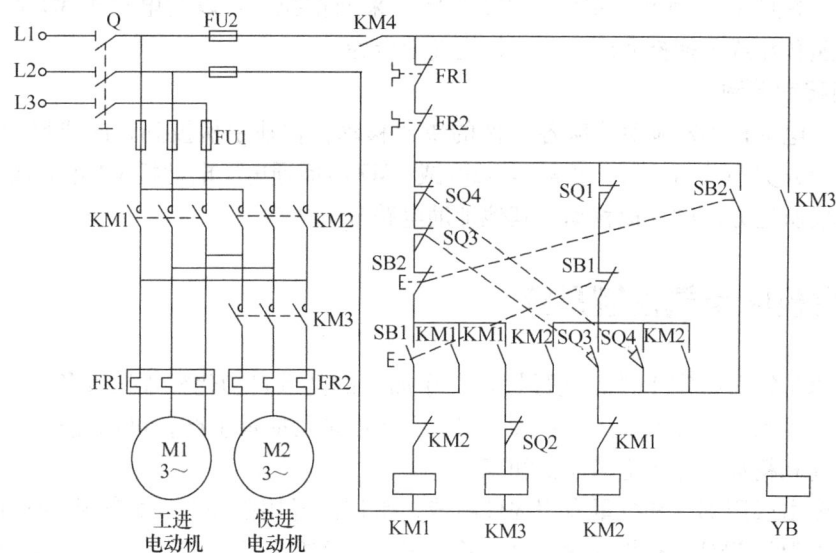

图 3-15　机械动力滑台控制电路

3.6.2　主电路原理分析

接触器 KM1、KM2 控制工步进给电动机 M1 的正反转。KM3 控制快进电动机 M2，M2 的转动方向与工进电动机相同，快进和快退速度为快进/快退的驱动速度加上一个工进速度。图 3-15 中，电磁铁 YB 为快速电动机 M2 断电制动电磁铁。

3.6.3　控制电路原理分析

1. 顺序控制

主轴电动机旋转与滑台进给运动的动作要求是先主轴起动，后滑台进给。本电路用主轴电动机控制接触器 KM4 的辅助触点实现顺序控制，主轴电动机转动时，KM4 常开触点闭合，滑台控制电路的 KM1、KM2、KM3、YB 线圈才可能通电工作。

2. 一次进给的自动循环控制

按动起动按钮 SB1,接触器 KM1 线圈通电吸合并自锁,接触器 KM3 线圈通电吸合,电磁铁 YB 线圈通电、快进电机 M2 制动松开,工进和快进电动机 M1、M2 同时正向起动,滑台向前快进,快进到长挡块压下行程开关 SQ2 时,KM3 线圈断电、YB 线圈断电、快进电动机 M2 制动,滑台向前工进,工进到压下行程开关 SQ3 时,KM1 线圈断电、KM2 线圈通电吸合并自锁,工进电动机 M1 反转,滑台反向工进,直到长挡块松开行程开关 SQ2,接触器 KM3 线圈通电,电磁铁 YB 线圈通电,快进电机 M2 制动松开,反向转动,机械滑台快退,压下终点位置开关 SQ1 时,接触器 KM2、KM3 线圈断电,电动机 M1、M2 停转,YB 断电 M2 快速制动,滑台停在原位。

行程开关 SQ4 用于向前极限位置的限位保护,当行程开关 SQ3 失效时,压下 SQ4,接触器 KM1 线圈断电,KM2 线圈通电自锁,从而使滑台反向退回。

控制按钮 SB2 是停止向前并反向后退的按钮。接触器 KM1、KM2 的辅助常闭触点用于工进电动机 M1 正、反转互锁控制。

3.6.4 组合机床控制

卧式双面扩孔组合机床有两个带有主轴旋转运动的 HY 型液压滑台和液压操纵固定式夹具,可完成半自动工作循环和调整工作,图 3-16 为其结构简图。组合机床由动力滑台提供进给运动,电动机拖动主轴箱的刀具旋转进行切削加工的主运动。两液压动力滑台对面布置,刀具电动机固定在滑台上,中间底座上装有工件定位夹紧装置。工作循环工步图和液压系统状态表如图 3-17 所示,工作时,工件装入夹具(定位夹紧装置),按动起动按钮开始工件的定位和夹紧,然后两面的动力滑台同时快速进给,刀具接近工件压下液压行程阀后,改为工步进给及加工,加工结束,快速退回到原位。液压装置通过三个液压缸分别驱动左、右

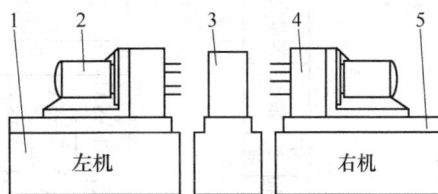

图 3-16 卧式双面扩孔组合机床示意图
1—侧底座 2—刀具电动机 3—工件及定位夹紧装置 4—主轴箱及钻头 5—动力滑台

动力滑台进给和工件的夹紧放松,液压缸的运动由相应电磁换向阀的电磁铁控制。这里省略了液压系统原理图,电气控制系统需要按照各循环工步下液压系统状态表的要求实施控制。(液压回路原理图未画出)

	YA1	YA2	YA3	YA4	YA5	YA6	SP
原位	-	-	-	-	-	+	-
夹紧	-	-	-	-	+	-	+
向前	+	-	+	-	-	-	+
向后	-	+	-	+	-	-	+
松开	-	-	-	-	-	+	-

图 3-17 循环工步图和液压系统状态表

图 3-18 为卧式双面扩孔组合机床的电气控制电路图,控制线路中,旋钮 SA1～SA3 为三台电动机的单独调整旋钮开关,用来选择左、右主轴电动机和液压电动机的调整工作,三台

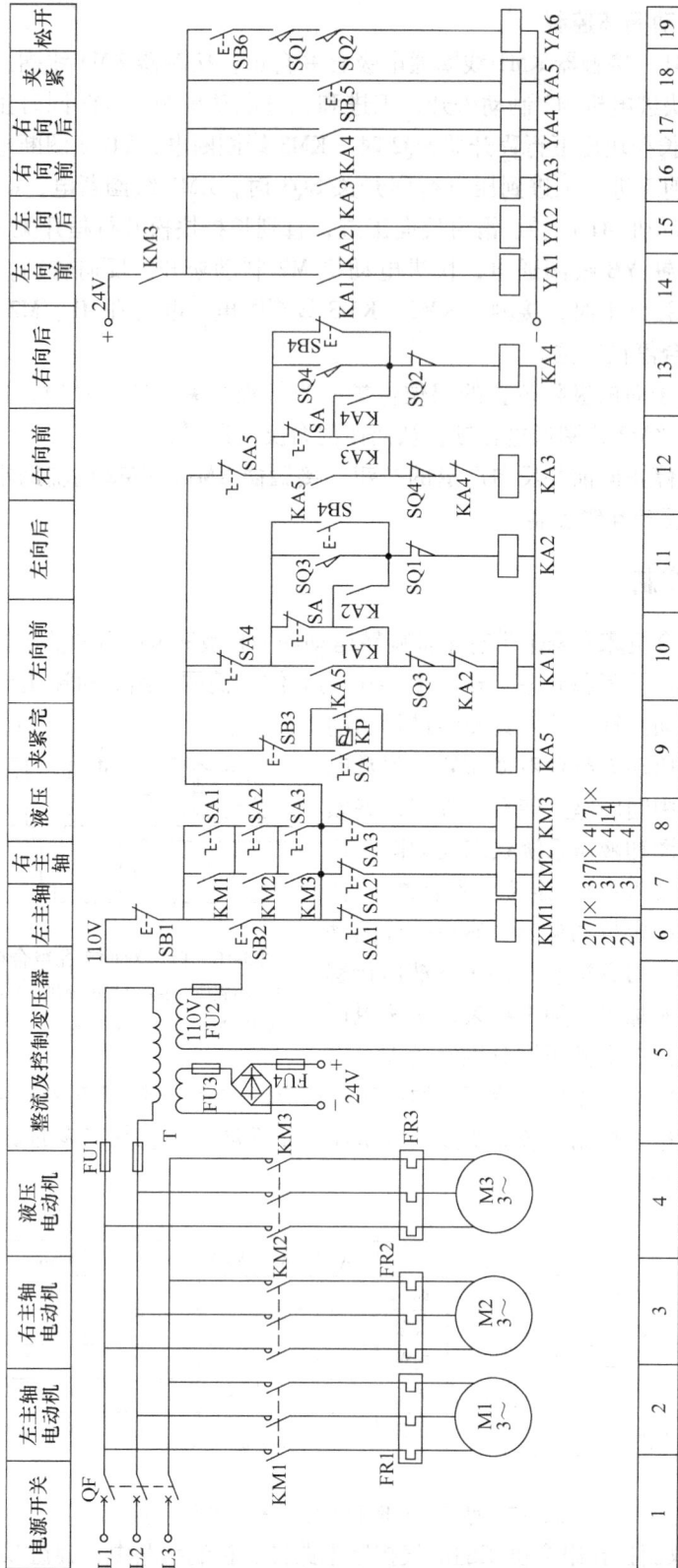

图 3-18 组合机床的电气控制电路原理

电动机既可以同时起动，又可以单独调整。例如单独调整液压系统时，不需要左、右主轴电动机工作，转动旋钮 SA1、SA2，其常闭点分开、常开点闭合，按动起动按钮 SB2，只有接触器 KM3 线圈通电自锁，液压泵电动机 M3 动作，从而达到单独调整的目的。

系统上电后，旋钮 SA1~SA3 在原位，三台电动机同时工作，按起动按钮 SB2，接触器 KM1、KM2、KM3 线圈通电吸合并且自锁，左、右主轴电动机和液压泵电动机 M1、M2、M3 起动工作。

卧式双面扩孔组合机床的自动循环过程分析如下：装上工件后，按夹紧按钮 SB5，夹紧电磁换向阀的电磁铁 YA5 通电，工件夹紧，夹紧后压力继电器 KP 常开触点闭合（松开按钮 SB5 时，电磁换向阀的电磁铁 YA5 线圈断电，工件仍保持在夹紧状态下）。在工件夹紧状态下，按动向前按钮 SB3，中间继电器 KA5 线圈通电吸合，KA1、KA3 线圈分别通电吸合并自锁，电磁换向阀的电磁铁 YA1 和 YA3 通电，左、右动力滑台同时向前快进，分别压下液压行程阀门后转为工进，进行加工。当加工到终点，固定在滑台上的挡铁分别压下终点限位开关 SQ3、SQ4，使中间继电器 KA1、KA3 及电磁换向阀的电磁铁 YA1、YA3 线圈断电，工进过程结束。同时，中间继电器 KA2、KA4 线圈分别通电吸合并自锁，电磁换向阀的电磁铁 YA2、YA4 线圈通电，左、右滑台快速后退，退到各自原位后，原位挡铁分别压下行程开关 SQ1、SQ2，使中间继电器 KA2、KA4 线圈断电，电磁换向阀的电磁铁 YA2、YA4 线圈断电，左右滑台分别停在原位。

按钮 SB4 用于左、右动力滑台向后点动调整；按钮 SB6 用于工件夹紧装置的放松；选择开关 SA4、SA5 用于左、右滑台的进给选择。

习　题

3-1　电气原理图常用什么分析方法？简述机床电气原理图的分析步骤。

3-2　机床设备控制电路常用哪些的保护措施？

3-3　叙述 C650 车床反向起动过程和反转停车过程。

3-4　分析 Z3040 摇臂钻床摇臂升降的控制过程，并说明上刀制动原理。

3-5　叙述 T68 卧式镗床调速的方法和电路的控制过程。

3-6　结合图 3-18 组合机床的液压动力滑台自动循环控制电路，分析各个行程开关的控制作用。

第4章　可编程序控制器概述

可编程序控制器是在继电器控制和计算机技术的基础上，逐渐发展成以微处理器为核心，集微电子技术、自动化技术、计算机技术、通信技术为一体，以工业自动化控制为目标的新型控制装置，目前可编程序控制器已在工业、农业、交通运输、商业等领域得到广泛应用。本章介绍可编程序控制器的产生、特点、分类及应用。

4.1　可编程序控制器的产生

可编程序控制器问世于 20 世纪 60 年代末期。当时美国的汽车制造业非常发达，竞争也十分激烈。各生产厂家为适应市场需求，不断更新汽车型号，相应的加工生产线必然随之改变，整个生产线的控制系统也就必须重新设计和配置。这样不但造成设备的极大浪费，而且新系统的接线也费时费力。在这种情况下，传统的继电-接触器控制系统就显示出很多不足。1968 年美国通用汽车公司（GM）为了适应产品品种的不断更新，减少更换控制系统的费用与周期，要求制造商为其装配线提供一种新型的通用程序控制器，并提出以下 10 项指标：

1）编程简单，可在现场修改和调试程序；

2）维护方便，采用插入式模块结构；

3）可靠性高于继电器控制系统；

4）体积小于继电器控制柜；

5）能与管理中心计算机系统进行通信；

6）成本可与继电器控制系统相竞争；

7）输入量是 115V 交流电压（美国电网电压是 110V）；

8）输出量为 115V 交流电压，输出电流在 2A 以上，能直接驱动电磁阀；

9）系统扩展时，原系统只需作很小改动；

10）用户程序存储器容量至少 4KB。

1969 年，美国数字设备公司（DEC）首先研制出第一台符合要求的控制器，即可编程逻辑控制器，在美国 GM 公司的汽车自动装配上试用并获得成功。此后，这项研究技术迅速发展，从美国、日本、欧洲普及到全世界。我国从 1974 年开始研制，1977 年应用于工业。目前世界上已有数百家厂商生产型号的 PLC，品种多达数百种。

早期的可编程序控制器主要用于顺序控制，虽然也采用了计算机的设计思想，但当时只能进行逻辑运算，故称为可编程逻辑控制器，简称 PLC（Programmable Logic Controller）。

20 世纪 70 年代初期诞生的微处理器和微型计算机，经过不断地开发和改进，软、硬件资源和技术已经十分完善，价格也很低廉，因而渗透到各个领域。可编程序控制器的设计和制造者及时吸收了微型计算机的优点，引入了微处理器和其他大规模集成电路，从而诞生了新一代的可编程序控制器。70 年代后期，随着微电子技术和计算机技术的迅猛发展，使 PLC 从开关量的逻辑控制扩展到模拟控制及过程控制领域，真正成为一种电子计算机工业控制装置，故称为可编程序控制器，简称 PC(Programmable Controller)。但由于 PC 容易和个人计算机(Personal Computer)相混淆，故人们仍习惯用 PLC 作为可编程序控制器的缩写。

1987 年 2 月，国际电工委员会(IEC)颁布了可编程序控制器标准草案第三稿，其中对可编程逻辑控制器的定义如下：

"可编程序控制器是一种数字运算的电子系统，专为工业环境下应用而设计。它采用可编程序的存储器，用来在内部存储执行逻辑运算、顺序控制、定时、计数和算术运算等操作的指令，并通过数字式、模拟式的输入和输出，控制各种类型的机械或生产过程。可编程序控制器及其有关设备，都应按易于与工业控制系统联成一个整体，易于扩充的原则设计。"

可编程序控制器是在继电器控制和计算机技术的基础上开发出来，并逐渐发展成以微处理器为核心，集计算机技术、自动控制技术及通信技术于一体的一种新型工业控制装置。它是一种面向生产过程控制的数字电子装置，不仅可以取代传统的继电-接触器控制系统，还可构成复杂的工业过程控制网络。作为一种先进而又成熟的技术，目前 PLC 被广泛地应用到机械、冶金、化工、电力、轻纺等各个领域，产品遍及世界各地。这种新型的电气控制装置极大地提高了劳动生产率和自动化程度。可编程序控制器将传统继电器控制技术和现代计算机信息处理技术两者的优点结合起来，成为工业自动化领域中最重要、应用最多的控制设备，并已跃居工业生产自动化三大支柱(即 PLC、机器人和 CAD/CAM)的首位。

4.2 可编程序控制器的控制功能及主要特点

4.2.1 可编程序控制器的控制功能

近年来，随着计算机技术、通信技术的发展，可编程序控制器的功能越来越强大，早已超出了逻辑控制的范畴。PLC 能完成以下控制功能：

(1) 逻辑控制 PLC 设置有与(AND)、或(OR)、非(NOT)等逻辑指令，能够描述继电器接点的串联、并联、串并联、并串联等各种连接关系。因此，它可以代替继电器进行组合逻辑与顺序逻辑控制。

(2) 定时控制 PLC 为用户提供了若干个计时器(定时器)，并设置了计时指令。计时器的计时值可以由用户在编程时设定，并可以在运行中被读出或修改，使用灵活，操作方便。

(3) 计数控制 PLC 为用户提供了若干个计数器，并设置了计数指令。计数器的计数值可以由用户在编程时设定，并可以在运行中被读出或修改，使用灵活，操作方便。程序投入运行后，PLC 将根据用户设定的计数值对某个输入信号计数，并对某个操作进行计数控制，以满足生产工艺的要求。

(4) 步进控制 PLC 能完成步进控制功能。步进控制是指在一道工序完成以后，再进行下一步工序，即顺序控制。PLC 为用户提供了若干个移位寄存器，或者直接有步进指令，编程和使用极为方便。

(5) A/D、D/A 转换 有些 PLC 还具有"模数转换"(A/D)和"数模转换"(D/A)功能，能完成对模拟量的控制和调节。

(6) 数据处理 有些 PLC 具有数据处理功能，它具有并行运算指令，能进行数据并行传送、比较和逻辑运算等操作，还可以进行数据检索、数制转换等操作。

（7）通信联网 有些 PLC 采用了通信技术，可以进行远程的 I/O 控制，多台 PLC 之间可以进行通信链接，PLC 还可以与上位计算机进行链接，接受计算机的命令，并将执行结果上传计算机。由一台计算机和若干台 PLC 可以构成"集中管理，分散控制"的分布式控制系统，用以完成较大规模的复杂控制。

（8）监控 PLC 配置了较强的监控功能。PLC 能存储某些异常情况，或在发生异常情况时自动中止运行。在控制系统中，操作人员通过监控命令可以监视有关部分的运行状态，可以调整计时、计数等设定值，因而调试和维护都很方便。

4.2.2 可编程序控制器的主要特点

（1）可靠性高 可靠性指的是可编程序控制器平均无故障工作时间。可靠性既反映了用户的要求，又是可编程序控制器生产厂家着力追求的技术指标。目前各生产厂家的 PLC 平均无故障安全运行时间都远大于国际电工委员会(IEC)规定的 10 万小时的标准。

可编程序控制器在设计、制作、元器件的选取上，采用了精选、高度集成化和冗余量大等一系列措施，通过延长元器件的使用寿命，来提高系统的可靠性。在抗干扰性上，采取了软、硬件多重抗干扰措施，使其能安全工作在恶劣的工业环境中。国际大公司制造工艺的先进性，也进一步提高了可编程序控制器的可靠性。

（2）控制功能强 可编程序控制器不但具有对开关量和模拟量的控制能力，还具有数值运算、PID 调节、数据通信、中断处理等功能。PLC 具有扩展灵活的特点，还具有功能的可组合性，如运动控制模块可以对伺服电动机和步进电动机速度与位置进行控制，实现对数控机床和工业机器人的控制。

（3）组成灵活 可编程序控制器品种很多。小型 PLC 为整体结构，并可外接 I/O 扩展机箱构成 PLC 控制系统。中大型 PLC 采用分体模块式结构，设有各种专用功能模块(开关量、模拟量输入输出模块，位控模块，伺服、步进驱动模块等)供选用和组合，由各种模块组成大小和要求不同的控制系统。PLC 外部控制电路虽然仍为硬接线系统，但当受控对象的控制要求改变时，可以在线使用编程器修改用户程序来满足新的控制要求，极大限度地缩短了工艺更新所需要的时间。

（4）操作方便 PLC 提供了多种面向用户的语言，如常用的梯形图 LAD(Ladder Diagram)，指令语句表 STL(Statement List)，控制系统流程图 CSF(Control System Flowchart)等。PLC 的最大优点之一就是采用易学易懂的梯形图语言，它是以计算机软件技术构成人们惯用的继电器控制逻辑，直观易懂，极易被现场电气工程技术工作人员掌握，为可编程序控制器的推广应用创造了有利条件。

现在的 PLC 编程器大都采用个人计算机或手持式编程器两种形式。手持式编程器有键盘、显示功能，通过电缆线与 PLC 相连，具有体积小，重量轻，便于携带，易于现场调试等优点。用户也可以用个人计算机对 PLC 编程，进行系统仿真调试，监控运行。目前在国内，各厂家都编辑出版了适用于个人计算机使用的编程软件，编程软件的汉化界面，非常有利于 PLC 的学习和推广应用。同时，CRT 的梯形图显示，使程序输入及运行的动态监视更方便、直观。PC 机程序的键盘输入和打印、存储设备，更是极大地丰富了 PLC 编程器的硬件资源。PLC 的结构紧凑，坚固耐用。又具有较强的环境适应性和较高的抗干扰能力，因此是实现机电一体化的理想控制设备。

4.2.3 可编程序控制器的分类

目前，可编程序控制器产品种类很多，型号和规格也不统一。通常只能按照其用途、功能、结构和点数等进行分类。

1. 按点数和功能分类

可编程序控制器用以对外部设备的控制，外部信号的输入及 PLC 运算结果的输出都要通过 PLC 输入、输出端子来进行接线，输入、输出端子的数目之和被称作 PLC 的输入、输出点数，简称 I/O 点数。

为满足不同控制系统处理信息量的要求，PLC 具有不同的 I/O 点数、用户程序存储量和功能。由 I/O 点数的多少可将 PLC 分成小型(含微型)、中型和大型(或称作高、中、低档机)。

小型(微型)PLC 的 I/O 点数小于 256 点，以开关量控制为主，具有体积小、价格低的优点。适用于小型设备的控制。

中型 PLC 的 I/O 点数在 256～1024 之间，功能比较丰富，兼有开关量和模拟量的控制能力和功能，适用于较复杂系统的逻辑控制和闭环过程控制。

大型 PLC 的 I/O 点数在 1024 点以上。用于大规模过程控制，集散式控制和工厂自动化网络。

各厂家可编程序控制器产品自我定义的大、中、小各有不同。如有的厂家建议小型 PLC 为 512 点以下，中型 PLC 为 512～2048 点，大型 PLC 为 2048 点以上。

2. 按结构形式分类

根据结构形式不同，可编程序控制器可分为整体式结构和模块式结构两大类。

小型 PLC 一般采用整体式结构(即将所有电路于一个箱内)为基本单元，另外，可以通过并行接口电路连接 I/O 扩展单元。

中型以上 PLC 多采用模块式，不同功能的模块，可以组成不同用途的 PLC，适用于不同要求的控制系统。

3. 按用途分类

根据可编程序控制器的用途，PLC 可分为通用型和专用型两大类。

通用型 PLC 作为标准装置，可供各类工业控制系统选用。

专用型 PLC 是专门为某类控制系统设计的，由于其专用性，结构设计更为合理，控制性能更完善。

随着可编程序控制器应用的逐步普及，专为家庭自动化设计的超小型 PLC 也正在形成家用微型系列。

4.3 可编程序控制器的应用与发展前景

目前，PLC 在国内外都已得到了广泛的应用。利用 PLC 最基本的逻辑运算、定时、计数等功能进行逻辑控制，可以取代传统的继电器控制系统，广泛用于机床、印刷机、装配生产线、电动流水线及电梯等的控制。

较高档次的 PLC 具有位置控制模块，特别适用于机床控制。大、中型 PLC 具有多路模拟量输入输出和 PID 控制，可构成模拟量输入输出的闭环控制系统，用于过程控制。

随着计算机控制技术的发展，国外近几年兴起自动化网络系统，PLC 与 PLC 之间，PLC 与上位机之间连成网络，通过光缆传送信息，构成大型的多级分布式控制系统（集散控制系统）。

我国使用较多的 PLC 产品有德国西门子的 S7 系列，日本 OMRON 公司的 C 系列、三菱公司的 FX 系列、美国 GE 公司的 GE 系列等。各大公司生产的可编程序控制器都已形成由小型到大型的系列产品，而且随着技术不断进步，产品更新换代很快。通过技术引进、合资生产，近年来，我国的 PLC 产品有了一定的发展，生产厂家也达 30 多家，为可编程序控制器国产化奠定了基础。

从可编程序控制器的发展来看，有小型化和大型化两个趋势。小型 PLC 有两个发展方向，即小（微）型化和专业化。随着数字电路集成度的提高、元器件体积减小、质量提高，可编程序控制器结构更加紧凑，设计制造水平在不断进步。微型化的 PLC 不仅体积小，功能也大有提高。过去一些大中型 PLC 才有的功能，如模拟量的处理、通信，PID 调节运算等，均可以被移植到小型机上。同时 PLC 的价格不断下降，将真正成为继电-接触器控制系统的替代产品。

大型化指的是大中型 PLC 向着大容量、智能化和网络化发展，使之能与计算机组成集成控制系统，对大规模、复杂系统进行综合性的自动控制。

习　题

4-1　什么是可编程序控制器？它有哪些主要特点？其发展方向如何？

4-2　PLC 具有可靠性高、抗干扰能力强的主要原因是什么？

4-3　PLC 按结构可分为哪几类？

第5章　可编程序控制器的基本组成及工作原理

可编程序控制器是以微处理器为核心的工业自动控制装置。可编程序控制器的产品很多，不同厂家生产的 PLC 以及同一厂家生产的不同型号的 PLC，其结构各不相同。但是作为一种程序控制装置，可编程序控制器在结构和控制原理上又有其共性。本章介绍可编程序控制器的一般结构、工作原理及编程语言等。

5.1　可编程序控制器的基本组成

可编程序控制器是以微处理器为核心的结构，其功能的实现不仅基于硬件的作用，更要靠软件的支持。实际上可编程序控制器就是一种新型的工业控制计算机。

可编程序控制器硬件系统的基本结构框图如图 5-1 所示。在图 5-1 中，PLC 的主机由微处理器（CPU）、存储器（EPROM、RAM）、输入/输出模块、外设 I/O 接口、通信接口及电源组成。对于整体式的 PLC，这些部件都在同一个机壳内。而对于模块式结构的 PLC，各部件独立封装，称为模块，各模块通过机架和电缆连接在一起。主机内的各个部分均通过电源总线、控制总线、地址总线和数据总线连接。根据实际控制对象的需要配备一定的外部设备，可构成

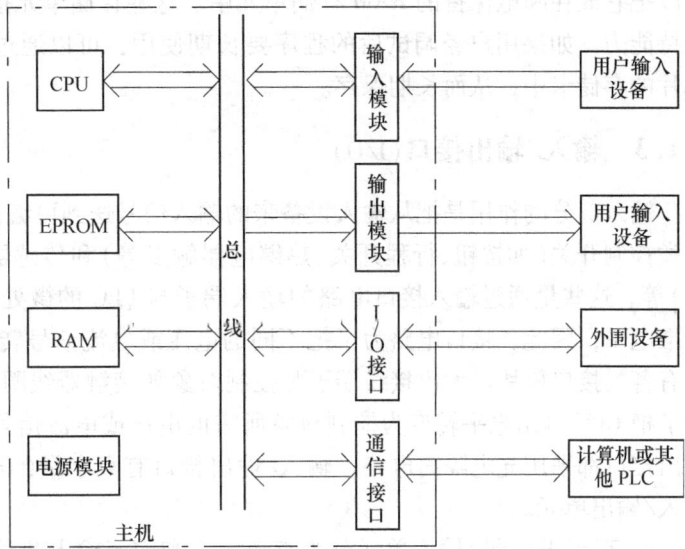

图 5-1　PLC 硬件系统结构框图

不同的 PLC 控制系统。常用的外部设备有编程器、打印机、EPROM 写入器等。PLC 可以配置通信模块与上位机及其他的 PLC 进行通信，构成 PLC 的分布式控制系统。

下面分别介绍 PLC 各组成部分及其作用，以便进一步了解 PLC 的控制原理和工作过程。

5.1.1　微处理器（CPU）

微处理器又称中央处理器，简称 CPU，它是 PLC 的核心。CPU 的作用是按照生产厂家预先编制的系统程序接收并存储编程器输入的用户程序和数据，采用扫描工作方式接收现场输入信号，从存储器逐条读取并执行用户程序，根据运算结果实现输出控制。可编程序控制器中所采用的 CPU 随机型不同而不同，通常有三种：通用微处理器（如 8086、80286、80386

等)、单片机、位片式微处理器。小型 PLC 大多采用 8 位、16 位微处理器或单片机作 CPU，如 Z80A、8031、M68000 等，这些芯片具有价格低、通用性好等优点。对于中型的 PLC，大多采用 16 位、32 位微处理器或单片机作为 CPU，如 8086、8096 系列单片机，具有集成度高、运算速度快、可靠性高等优点。对于大型 PLC，大多数采用高速位片式微处理器，具有灵活性强、速度快、效率高等优点。CPU 的性能直接影响 PLC 的性能。目前，针对 PLC 的特点，一些专业生产 PLC 的厂家均采用自己开发的 CPU 芯片来提高 PLC 的控制性能。

5.1.2 存储器

存储器用来存放系统程序、用户程序、逻辑变量和其他信息。PLC 使用的存储器有只读存储器 ROM、读写存储器 RAM 和用户固化程序存储器 E^2PROM。ROM 存放 PLC 制造厂家编写的系统程序，具有开机自检、工作方式选择、信息传递和对用户程序的解释翻译功能。ROM 存放的信息是永远留驻的。RAM 一般存放用户程序和逻辑变量。用户程序在设计和调试过程中要不断进行读写操作。读出时，RAM 中内容保持不变。写入时，新写入的信息将覆盖原来的信息。若 PLC 失电，RAM 存放的内容会丢失。如果有些内容失电后不容许丢失，可以把它放在断电保持的 RAM 存储单元中。这些存储单元接上备用锂电池供电，具有断电保持能力。如果用户经调试后的程序要长期使用，可以通过 PLC 将程序写入带有 E^2PROM 芯片的存储卡中，从而长期保存。

5.1.3 输入／输出接口(I/O)

输入部分的作用是把从输入设备来的输入信号送到可编程序控制器。输入设备一般包括各类控制开关(如按钮、行程开关、热继电器触点等)和传感器(如各类数字式或模拟式传感器)等，这些量通过输入接口电路的输入端子与 PLC 的微处理器 CPU 相连。CPU 处理的是标准电平，因此，接口电路为了把不同的电压或电流信号转变为 CPU 所能接收的电平，需要有各类接口模块。输出接线端子与控制对象如接触器线圈、电磁阀线圈、指示灯等连接。为了把 CPU 输出电平转变为控制对象所需的电压或电流信号，需要有输出接口电路。输入输出接口都采用光电隔离电路。输入／输出接口有数字量(开关量)输入／输出单元，模拟量输入／输出单元。

数字量(开关量)输入单元分为直流输入和交流输入两种类型，常用的输入电路有干接点式、直流输入式和交流输入式三种，电路原理如图 5-2 所示。

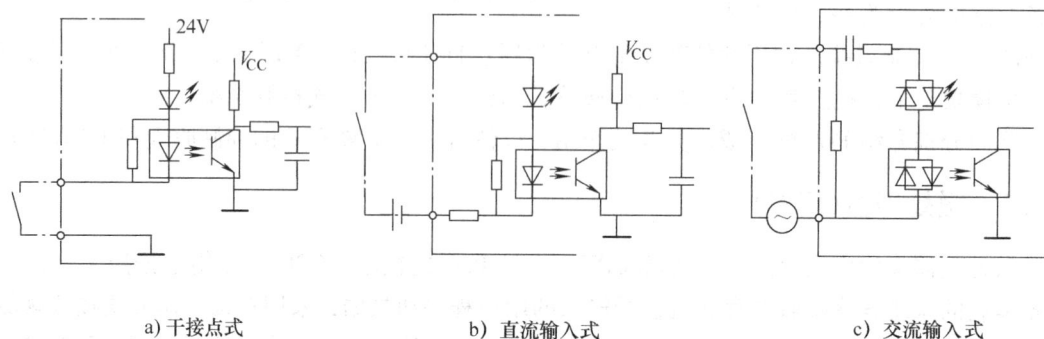

| a) 干接点式 | b) 直流输入式 | c) 交流输入式 |

图 5-2　可编程序控制器输入电路原理图

数字量(开关量)输出单元又分为继电器输出、晶体管输出和晶闸管输出三种形式。继电器输出可接交流负载或直流负载，晶体管输出只能接直流负载，晶闸管输出只能接交流负载，输出负载必须外接电源。三种输出电路的原理如图 5-3 所示。

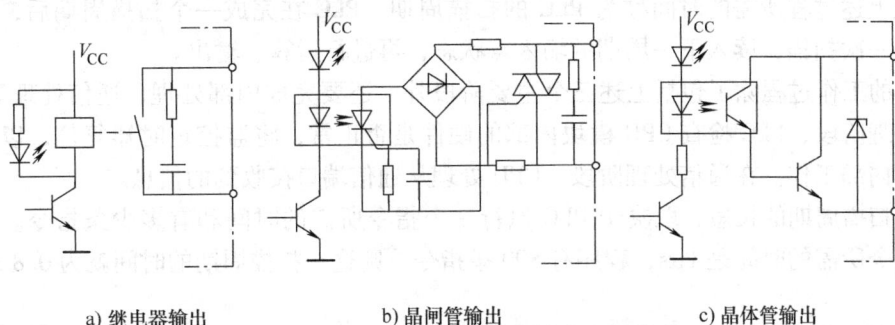

a) 继电器输出　　　　b) 晶闸管输出　　　　c) 晶体管输出

图 5-3　可编程序控制器输出电路原理图

5.1.4　外围设备

PLC 的外围设备有手持编程器、便携式图形编程器及通过专用编程软件实现图形编程的个人计算机。这些外围设备都通过专用的接口与 PLC 主机相连。

5.1.5　电源

PLC 的电源是将交流电压变成 CPU、存储器、输入输出接口电路等所需电压的电源部件。该电源部件对供电电源采用了较多的滤波环节，对电网的电压波动具有过压和欠压保护，并采用屏蔽措施防止和消除工业环境中的空间电磁干扰。

综上所述，PLC 由以上五部分组成，相当于一台工业用微机。它通过外围设备可以进行主机与生产机械之间、主机与人之间的信息交换，实现对工业生产过程以及对某些工艺参数的自动控制。

5.2　可编程序控制器的工作原理

PLC 是依靠执行用户程序来实现控制要求的。我们把使 PLC 进行逻辑运算、数据处理、输入和输出步骤的助记符称为指令，把实现某一控制要求的指令的集合称为程序。PLC 在执行程序时，首先逐条执行程序命令，把输入端的状态值(接通为 1,断开为 0)存放于输入映像寄存器中，在执行程序过程中把每次运行结果的状态存放于输出映像寄存器中。

PLC 执行程序是以循环扫描方式进行的。每一扫描过程主要分为三个阶段：输入采样阶段、程序执行阶段和输出刷新阶段。

1. 输入采样阶段　在每一个扫描周期开始时，PLC 顺序读取全部输入端信号，把输入端的通断状态存放于输入映像寄存器中。

2. 程序执行阶段　PLC 按梯形图从左向右、从上向下逐条对指令进行扫描，并从输入映像寄存器和内部元件读入其状态，进行逻辑运算。运算的结果送入输出映像寄存器中。每个输出映像寄存器的内容将随着程序扫描过程而作相应变化。但在此阶段中，如输入端子状态发生改变，输入映像寄存器的状态也不会改变（它的新状态会在下一次扫描中才被读入）。

3. 输出刷新阶段　当第二阶段完成之后，输出映像寄存器中各输出点的通断状态将通过输出部分送到输出锁存器，去驱动输出继电器线圈，执行相应的输出动作。

完成上述过程所需的时间称为 PLC 的扫描周期。PLC 在完成一个扫描周期后，又返回去进行下一次扫描，读入下一周期的输入点状态，再进行运算、输出。

PLC 的工作过程除了包括上述三个主要阶段外，还要完成内部处理、通信处理等工作。在内部处理阶段，PLC 检查 CPU 模块内部的硬件是否正常，将监控定时器复位，以及完成一些别的内部工作。在通信处理阶段，CPU 处理从通信端口接收到的信息。

PLC 扫描周期的长短，取决于 PLC 执行一个指令所需的时间和有多少条指令。如果执行每条指令所需的时间是 $1\mu s$，程序有 800 条指令，则这一扫描周期的时间就为 0.8ms。

5.3　PLC 控制与继电器控制的区别

传统的继电-接触器控制系统，是由输入设备（按钮、开关等）、控制线路（由各类继电器、接触器、导线连接而成，执行某种逻辑功能的线路）和输出设备（接触器线圈、指示灯等）三部分组成。这是一种由物理器件连接而成的控制系统。

PLC 的梯形图虽与继电-接触器控制电路相类似，但其控制元器件和工作方式是不一样的，主要区别有以下几个方面。

（1）元器件不同　继电-接触器控制电路是由各种硬件低压电器组成，而 PLC 梯形图中输入继电器、输出继电器、辅助继电器、定时器、计数器等软继电器是由软件来实现，不是真实的硬件继电器。

（2）工作方式不同　继电-接触器控制电路工作时，电路中硬件继电器都处于受控状态，凡符合条件吸合的硬件继电器都同时处于吸合状态，受各种约束条件不应吸合的硬件继电器都同时处于断开状态。PLC 梯形图中软件继电器都处于周期性循环扫描工作状态，受同一条件制约的各个软继电器的动作顺序取决于程序扫描顺序。

（3）元件触点数量不同　硬件继电器的触点数量有限，一般只有 4~8 对，而 PLC 梯形图中软继电器的触点数量在编程时可无限制使用，可常开又可常闭。

（4）控制电路实施方式不同　继电-接触器控制电路是通过各种硬件继电器之间接线来实施，控制功能固定，当要修改控制功能时必须重新接线。PLC 控制电路由软件编程来实施，可以灵活变化和在线修改。

5.4　PLC 的编程语言

PLC 的控制功能是由程序实现的。目前 PLC 程序常用的表达方式有：梯形图、语句表和功能块图。这里仅作简单介绍。详细的编程指令将在以后的章节中予以说明。

5.4.1　梯形图

梯形图是按照原继电器控制设计思想开发的一种编程语言，它与继电-接触器控制电路图相类似，对从事电气专业人员来说，简单、直观、易学、易懂。它是 PLC 的主要编程语言，使用非常广泛。图 5-4 所示是用梯形图表示的 PLC 程序实例。

5.4.2　语句表

语句表是一种类似于计算机中汇编语言的助记符指令编程语言。指令语句由地址(或步序)、助记符、数据三部分组成。指令语句表亦是 PLC 的常用编程语言，尤其是采用简易编程器进行 PLC 编程、调试、监控时，必须将梯形图转化成指令语句表，然后通过简易编程器输入 PLC 进行编程、调试、监控。图 5-5 是用语句表表示的 PLC 程序实例。

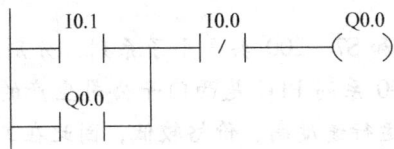

LD	I0.1
O	Q0.0
AN	I 0.0
=	Q0.0

图 5-4　用梯形图表示的 PLC 程序实例　　　　图 5-5　用语句表表示的 PLC 程序实例

5.4.3　功能块图

功能块图编程是一种在数字逻辑电路设计基础上开发的一种图形编程语言。逻辑功能清晰、输入输出关系明确，适用于熟悉数字电路系统设计人员采用智能型编程器(专用图形编程器或计算机软件编程)编程。用功能块图表示的 PLC 程序如图 5-6 所示。

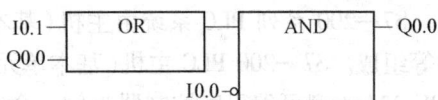

图 5-6　用功能块图表示的 PLC 程序实例

随着 PLC 技术发展，大型(超大型)、高档 PLC 应用越来越多，这些 PLC 具有很强的运算与数据处理等功能，为了方便用户编程，许多高档 PLC 都配备了顺控流程图语言和高级语言编程等工具。关于这方面的内容可参考相关的 PLC 编程手册。

习　　题

5-1　PLC 由哪几部分组成？

5-2　PLC 的输入/输出接口电路分别有哪几种形式？

5-3　PLC 执行程序时的一个扫描周期分为哪几个阶段？

5-4　PLC 程序常用的表达方式有哪几种？

第6章 S7—200 系列 PLC

西门子公司生产的可编程序控制器主要有 SIMATIC S5 和 SIMATIC S7 两大系列。目前，早期的 S5 系列 PLC 产品已被新研制生产的 S7 系列所替代。S7 系列具有结构紧凑、可靠性高、功能全等优点，在自动控制领域占有重要地位。

SIMATIC S7 系列 PLC 又分为 S7—400、S7—300 和 S7—200 共 3 个子系列，分别为 S7 系列的大、中、小(微)型 PLC 系统。SIMATIC S7—200 系列 PLC 是西门子公司生产的具有高性价比的小型可编程序控制器，由于它结构小巧、运行速度高、价格较低，因此在工业生产中得到广泛应用。本章以 S7—200 系列 PLC 为例，介绍小型 PLC 系统的构成，内部元器件，寻址方式，I/O 扩展，技术规范等 PLC 应用的基础知识。

6.1 S7—200 系列 PLC 系统的构成

S7—200 系列 PLC 系统由主机(基本单元)、I/O 扩展单元、功能单元(模块)和外部设备等组成。S7—200 PLC 主机(基本单元)的结构形式为整体式结构。下面以 S7—200 系列的 CPU 224 小型可编程序控制器为例，介绍 S7—200 系列 PLC 系统的构成。

6.1.1 CPU 224 型 PLC 的结构

主机(基本单元)是 PLC 系统的控制核心，也是一个最简单的 PLC 控制系统。S7—200 系列的主机型号都是以 CPU 开头的。S7—200 系列 PLC 有 CPU 21X 和 CPU 22X 两代产品，其中 CPU 22X 型 PLC 有 CPU 221，CPU 222，CPU 224 和 CPU 226 4 种基本型号。本节以 CPU 224 型 PLC 为重点，分析小型 PLC 的结构特点。

1. 整体式 PLC 的结构分析

CPU 224 主机的结构外形如图 6-1 所示。

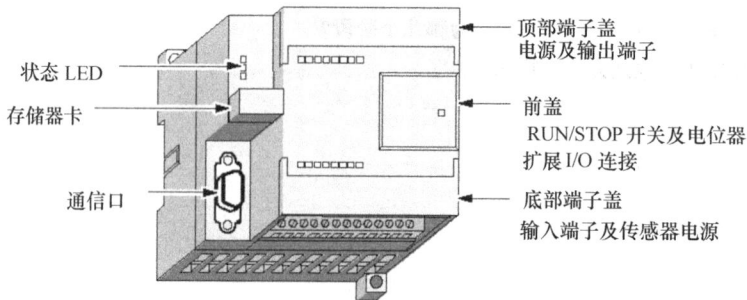

图 6-1 S7—200 系列 CPU 结构

CPU 224 主机可独立工作，完成简单的控制功能。主机箱内部有以微处理器为核心的 PLC 主板，具有完全意义的控制、运算、存储功能。另外，外部设有 RS-485 通信接口，用以连接编程器(手持式或 PC)、文本/图形显示器、PLC 网络等外部设备；还设有工作方式开关，模拟电位器，I/O 扩展接口，工作状态指示和用户程序存储卡，I/O 接线端子排及发光指示等。

2. CPU 224 型 PLC 的结构特点

（1）基本单元 I/O　CPU 22X 型 PLC，具有两种不同的供电电源电压，输出电路分为继电器输出和晶体管 DC 输出两大类。CPU 22X 系列 PLC 可提供 4 个不同型号的多种基本单元供用户选用，其类型及参数如表 6-1 所示。

表 6-1　CPU 22X 系列 PLC 的类型及参数

	类　　型	电源电压/V	输入电压/V	输出电压/V	输出电流
CPU 221	DC 输入 DC 输出	DC 24	DC 24	DC 24	0.75A， 晶体管
	DC 输入 继电器输出	AC 85 ~ 264	DC 24	DC 24 AC 24 ~ 230	2A，继电器
CPU 222 CPU 224 CPU 226 CPU 226XM	DC 输入 DC 输出	DC 24	DC 24	DC 24	0.75A， 晶体管
	DC 输入 继电器输出	AC 85 ~ 264	DC 24	DC 24 AC 24 ~ 230	2A，继电器

CPU 22X 主机的输入点为 DC 24V 双向光耦输入电路，输出有继电器和 DC(MOS 型)两种类型(CPU 21X 系列输入点为 DC 24V 单向光耦输入电路，输出有继电器、DC 和 AC 3 种类型)。并且，具有 30kHz 高速计数器，20kHz 高速脉冲输出，RS-485 通信/编程口，PPI、MPI 通信协议和自由口通信能力。CPU 222 及以上 CPU 还具有 PID 控制和扩展的功能，内部资源及指令系统更加丰富，功能更强大。

CPU 224 主机共有 I0.0 ~ I1.5 等 14 个输入点和 Q0.0 ~ Q1.1 等 10 个输出点。CPU 224 输入电路采用了双向光耦合器，DC 24V 极性可任意选择，系统设置 1M 为 I0 字节输入端子的公共端，2M 为 I1 字节输入端子的公共端。在晶体管输出电路中采用了 MOSFET 功率驱动器件，并将数字量输出分为两组，每组有一个独立公共端，共有 1L、2L 两个公共端，可接入不同的负载电源。CPU 224 外部电路原理如图 6-2 所示。

S7—200 系列 PLC 的 I/O 接线端子排分为固定式和可拆卸式两种结构。可拆卸式端子排能在不改变外部电路硬件接线的前提下，方便地拆装，为 PLC 的维护提供了便利。

（2）高速反应性　CPU 22X PLC 可以处理和输出高速脉冲，可以处理普通 I/O 端口无法处理的高速信号，这使 PLC 系统的功能大大加强。CPU 224 PLC 有 6 个高速计数脉冲输入端(I0.0 ~ I0.5)，其最高频率为 30kHz，用于捕捉比 CPU 扫描周期更快的脉冲信号。CPU 224 PLC 有 2 个高速脉冲输出端(Q0.0、Q0.1)，输出脉冲频率可达 20kHz。用于 PTO(高速脉冲束)和 PWM(脉冲宽度调制)高速脉冲输出。

（3）存储系统　S7—200 CPU 存储器系统由 RAM 和 EEPROM 两种存储器构成，用以存储用户程序、CPU 组态(配置)、程序数据等。当执行程序下载操作时，用户程序、CPU 组态(配置)、程序数据等由编程器送入 RAM 存储器区，并自动复制到 E^2PROM 区，永久保存。

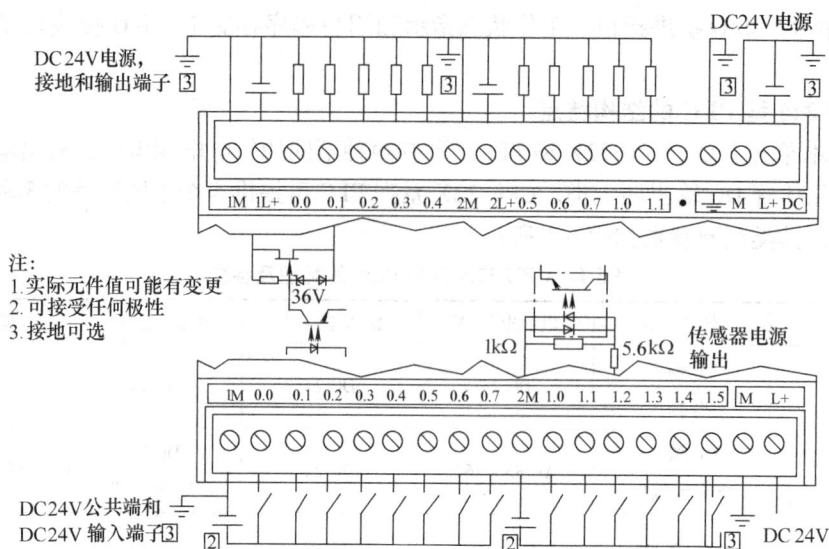

图 6-2　CPU 224 AC/DC/继电器连接器端子图

系统还具有完善的数据保护功能。系统掉电时，系统自动将 RAM 中 M 存储器的内容保存到 E^2PROM 存储器。上电恢复时，用户程序及 CPU 组态（配置）自动从 EEPROM 的永久保存区读取到 RAM 中，如果 V 和 M 存储区内容丢失时，E^2PROM 永久保存区的数据会复制到 RAM 中去。

（4）模拟电位器　模拟电位器用来改变特殊寄存器（SM32、SM33）中的数值，以改变程序运行时的参数，如定时、计数器的预置值，过程量的控制参数等。

（5）存储卡　CPU 224 PLC 还支持外扩存储卡，存储卡是用来扩展 PLC 的数据存储资源的器件，也称扩展卡。扩展卡有 E^2PROM 存储卡、电池和时钟卡等模块。E^2PROM 存储模块，用于用户程序的复制。电池模块，用于长时间保存数据，使用 CPU 224 内部存储电容数据存储时间达 190h，而使用电池模块数据存储时间可达 200d。

6.1.2　S7—200 系列 PLC 的主要技术指标和性能

技术性能指标是选用 PLC 的依据，S7—200 系列 PLC 产品的 CPU 的主要技术指标见表 6-2。

表 6-2　CPU 22X 主要技术指标

特　　性	CPU 221	CPU 222	CPU 224	CPU 226
外形尺寸/mm	$90 \times 80 \times 62$	$90 \times 80 \times 62$	$120.5 \times 80 \times 62$	$190 \times 80 \times 62$
存储器				
程序/字	2048	1024	4096	4096
用户数据/字	1024	1024	2560	2560
用户存储器类型	E^2PROM	E^2PROM	E^2PROM	E^2PROM

（续）

特　　性	CPU 221	CPU 222	CPU 224	CPU 226
数据后备（超级电容）典型值/h	50	50	190	190
输入输出				
本机 I/O	6 入/4 出	8 入/6 出	14 入/10 出	24 入/16 出
扩展模块数量	无	2 个模块	7 个模块	7 个模块
数字量 I/O 映像区大小	256	256	256	256
模拟量 I/O 映像区大小	无	16 入/16 出	32 入/32 出	32 入/32 出
指令				
33MHz 下布尔指令执行速度/（μs/指令）	0.37	0.37	0.37	0.37
I/O 映像寄存器	128I 和 128Q	128I 和 128Q	128I 和 128Q	128I 和 128Q
内部继电器	256	256	256	256
计数器/定时器	256/256	256/256	256/256	256/256
字入/字出	无	16/16	32/32	32/32
顺序控制继电器	256	256	256	256
For/NEXT 循环	有	有	有	有
增数运算	有	有	有	有
实数运算	有	有	有	有
附加功能				
内置高速计数器	4H/W（20kHz）	4H/W（20kHz）	6H/W（20kHz）	6H/W（20kHz）
模拟量调节电位器	1	1	2	2
脉冲输出	2（20kHz,DC）	2（20kHz,DC）	2（20kHz,DC）	2（20kHz,DC）
通信中断	1 发送器 2 接收器	1 发送器 2 接收器	1 发送器 2 接收器	2 发送器 4 接收器
定时中断	2（1~255ms）	2（1~255ms）	2（1~255ms）	2（1~255ms）
硬件输入中断	4，输入滤波器	4，输入滤波器	4，输入滤波器	4，输入滤波器
实时时钟	有（时钟卡）	有（时钟卡）	有（内置）	有（内置）
口令保护	有	有	有	有
通信				
通信口数量	1（RS-485）	1（RS-485）	1（RS-485）	1（RS-485）
支持协议 0 号口： 1 号口	PPI, DP/T, 自由口 N/A	PPI, DP/T, 自由口 N/A	PPI, DP/T, 自由口 N/A	PPI, DP/T, 自由口 PPI, DP/T, 自由口
PROFIBUS 点到点	NETR/NETW	NETR/NETW	NETR/NETW	NETR/NETW

6.2 S7—200 系列 PLC 的内部元器件

6.2.1 PLC 的内部元器件

PLC 是以微处理器为核心的电子设备。PLC 内部设计了编程使用的各种元器件，PLC 与继电器控制的根本区别在于 PLC 采用的是软器件，以程序实现各器件之间的连接。

下面从元器件的功能、存储空间、存储方式、寻址方式等角度，叙述各种元器件的使用方法。

1. 内部元件的功能

CPU 22X 系列 PLC 内部的元器件有很多，它们在功能是相互独立的。在数据存储区为每一种元器件分配一个存储区域。每一种元器件用一组字母表示器件类型，字母加数字表示数据的存储地址。如 I 表示输入映像寄存器（又称输入继电器）；Q 表示输出映像寄存器（输出继电器）；M 表示内部标志位存储器；SM 表示特殊标志位存储器；S 表示顺序控制存储器（又称状态元件）；V 表示变量存储器；L 表示局部存储器；T 表示定时器；C 表示计数器；AI 表示模拟量输入映像寄存器，AQ 表示模拟量输出映像寄存器；AC 表示累加器；HC 表示高速计数器等。下面分别介绍这些内部器件的定义、功能和使用方法。

（1）输入/输出映像寄存器（I/Q）　输入/输出映像寄存器包括输入映像寄存器 I 和输出映像寄存器 Q。输入/输出映像寄存器都是以字节为单位的寄存器，可以按位操作，它们的每 1 位对应一个数字量输入/输出接点。不同型号主机的输入/输出映像寄存器区域大小和 I/O 点数参考主机技术性能指标。扩展后的实际 I/O 点数不能超过 I/O 映像寄存器区域的大小，I/O 映像寄存器区域未用的部分可当作内部标志位 M 或数据存储器（以字节为单位）使用。

输入映像寄存器（输入继电器）的等效电路如图 6-3 所示，输入继电器线圈只能由外部信号驱动，不能用程序指令驱动，常开触点和常闭触点供用户编程使用。外部信号传感器（如按钮、行程开关、现场设备、热电偶等）用来检测外部信号的变化。它们与 PLC 或输入模块的输入端相连。

在输出映像寄存器（输出继电器）等效电路图 6-4 中，输出继电器是用来将 PLC 的输出信号传递给负载，只能用程序指令驱动。

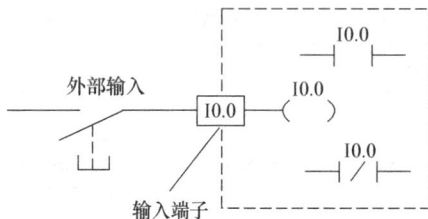

图 6-3　输入映像寄存器　　　　　　　图 6-4　输出映像寄存器
（输入继电器）的等效电路图　　　　　（输出继电器）的等效电路图

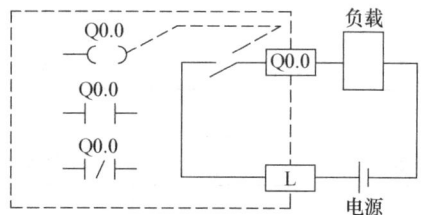

程序控制能量流从输出继电器 Q0.0 线圈左端流入时，Q0.0 线圈通电（存储器位置 1），

带动输出触点动作，使负载工作。

负载又称执行器(如接触器,电磁阀,LED 显示器等)，连接到 PLC 输出模块的输出接线端子，由 PLC 控制执行器的启动和关闭。

输入/输出映像寄存器可以按位、字节、字或双字等方式编址。S7—200 CPU 输入映像寄存器区域有 I0 ~ I15 等 16B 存储单元，能存储 128 点信息。CPU 224 主机有 I0.0 ~ I0.7,I1.0 ~ I1.5 共 14 个数字量输入接点，其余输入映像寄存器可用于扩展或其他用途。输出映像寄存器区域共有 Q0 ~ Q15 等 16B 存储单元，能存储 128 点信息。CPU 224 主机有 Q0.0 ~ Q0.7、Q1.0、Q1.1 共 10 个数字量输出端点，其余输出映像寄存器可用于扩展或其他用途。

(2) 内部标志位(M)　内部标志位(M)可以按位使用，作为控制继电器(又称中间继电器)，用来存储中间操作数或其他控制信息。也可以按字节、字或双字来存取存储区的数据。编址范围 M0.0 ~ M31.7。

(3) 顺序控制继电器(S)　顺序控制继电器 S 又称状态元件，用来组织机器操作或进入等效程序段，以实现顺序控制和步进控制。可以按位、字节、字或双字来存取存储区的数据。编址范围 S0.0 ~ S31.7。

(4) 变量存储器(V)　变量存储器 V 用以存储运算的中间结果，也可以用来保存工序或任务相关的其它数据，如模拟量控制，数据运算，设置参数等。变量存储器可按位使用，也可按字节、字或双字使用。变量存储器存储空间较大，CPU 224 和 CPU 226 有 VB0.0 ~ VB5119.7 共 5KB 的存储空间。

(5) 局部存储器(L)　局部存储器(L)和变量存储器(V)很相似，主要区别在于局部存储器(L)是局部有效的，变量存储器(V)则是全局有效。全局有效是指同一个存储器可以被任何程序(如主程序,中断程序或子程序)存取，局部有效是指存储区和特定的程序相关联。

S7—200 有 64B 的局部存储器，编址范围 LB0.0 ~ LB63.7。其中 60B 可以用作暂时存储器或者给子程序传递参数，最后 4B 为系统保留字节。S7—200 PLC 根据需要分配局部存储器。当主程序执行时，64B 的局部存储器分配给主程序；当中断或调用子程序时，将局部存储器重新分配给相应程序。局部存储器在分配时，PLC 不进行初始化，初始值是任意的。

可以用直接寻址方式按字节、字或双字来访问局部存储器，也可以把局部存储器作为间接寻址的指针，但不能作为间接寻址的存储区域。

(6) 定时器(T)　PLC 中定时器相当于时间继电器，用于延时控制。S7—200 CPU 中的定时器是对内部时钟累计时间增量的设备。

定时器用符号 T 和地址编号表示，编址范围 T0 ~ T255(22X)；T0 ~ T127(21X)。定时器的主要参数有定时器预置值，当前计时值和状态位。

1) 时间预置值。时间预置值为 16 位符号整数，由程序指令给定，详见第 5 章指令系统。

2) 当前计时值。在 S7—200 定时器中有一个 16 位的当前值寄存器用以存放当前计时值(16 位符号整数)，当定时器输入条件满足时，当前值从零开始增加，每隔 1 个时间基准增 1。时间基准又称定时精度，S7—200 共有 3 个时基等级(1ms、10ms、100ms)。定时器按地址编号的不同，分属各个不同的时基等级。

3) 状态位。每个定时器除有预置值和当前值外，还有 1 位状态位。定时器的当前值增加到大于等于预置值后，状态位为 1，梯形图中代表状态位读操作的常开触点闭合。

定时器的编址(如 T3)可以用来访问定时器的状态位,也可用来访问当前值,存取定时数据举例见图 6-5。

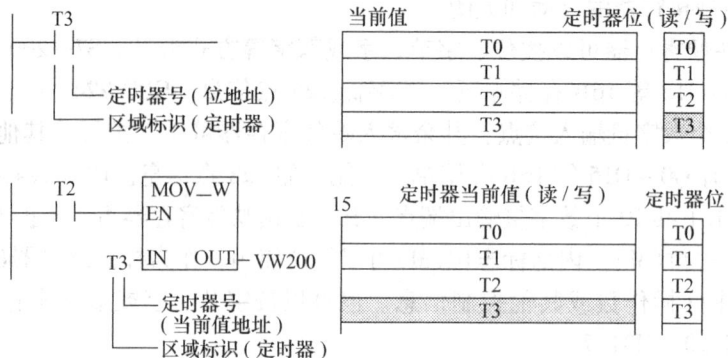

图 6-5　存取定时器数据

(7) 计数器(C)　计数器主要用来累计输入脉冲个数。其结构与定时器相似,其设定值(预置值)在程序中赋予,有 1 个 16 位的当前值寄存器和 1 位状态位。当前值寄存器用以累计脉冲个数,计数器当前值大于或等于预置值时,状态位置 1。

S7—200 CPU 提供有 3 种类型的计数器,一种增计数;一种减计数;另一种增/减计数。计数器用符号 C 和地址编号表示。计数器数据存取操作与定时器相似,可参考图 6-5 理解。

(8) 模拟量输入/输出映像寄存器(AI/AQ)　S7—200 的模拟量输入电路将外部输入的模拟量(如温度、电压)等转换成 1 个字长(16 位)的数字量,存入模拟量输入映像寄存器区域,可以用区域标志符(AI)、数据长度(W)及字节的起始地址来存取这些值。因为模拟量为 1 个字长,起始地址定义为偶数字节地址,如 AIW0,AIW2,……AIW62,共有 32 个模拟量输入点。存取模拟量输入值操作如图 6-6 所示。模拟量输入值为只读数据。

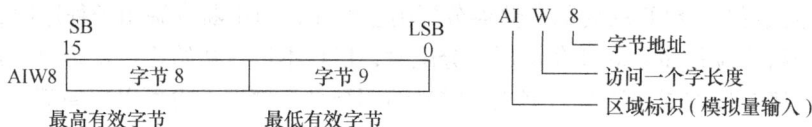

图 6-6　存取模拟量输入值

S7—200 模拟量输出电路将模拟量输出映像寄存器区域的 1 个字长(16 位)数字值转换为模拟电流或电压输出。可以用标识符(AQ)、数据长度(W)及起始字节地址来设置。

因为模拟量输出数据长度为 16 位,起始地址也采用偶数字节地址,如 AQW0,AQW2,……AQW62,共有 32 个模拟量输出点。存取模拟量输出值操作如图 6-7 所示。用户程序只能给输出映像寄存器区域置数,而不能读取。

图 6-7　存取模拟量输出值

（9）累加器（AC） 累加器是用来暂存数据的寄存器，可以同子程序之间传递参数，以及存储计算结果的中间值。S7—200 CPU 中提供了 4 个 32 位累加器 AC0 ~ AC3。累加器支持以字节、字和双字的存取。按字节或字为单位存取时，累加器只使用低 8 位或低 16 位，数据存储长度由所用指令决定。累加器操作见图 6-8。

（10）高速计数器（HC） CPU 22X PLC 提供了 6 个高速计数器（每个计数器最高频率为 30kHz）用来累计比 CPU 扫描速率更快的事件。高速计数器的当前值为双字长的符号整数，且为只读值。高速计数器的地址由符号 HC 和编号组成，如 HC0、HC1……HC5。

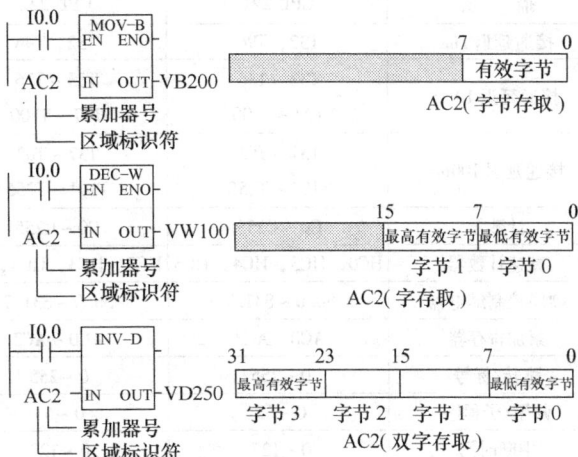

图 6-8 累加器操作

（11）特殊标志位存储器（SM）

SM 存储器提供了 CPU 与用户程序之间信息传递的方法，用户可以使用这些特殊标志位提供的信息，SM 控制 S7—200 CPU 的一些特殊功能。特殊标志位可以分为只读区和读/写区两大部分。CPU 224 的 SM 编址范围为 SM0.0 ~ SM179.7 共 180B，CPU 214 为 SM0.0 ~ SM85.7 共 86B。其中 SM0.0 ~ SM29.7 的 30B 为只读型区域。

2. 各种元件的编程范围 可编程序控制器的硬件结构是软件编程的基础，S7—200 PLC 各编程元器件及操作数的有效编程范围如表 6-3 和表 6-4 所示。

表 6-3 S7—200 CPU 编程元器件的有效范围和特性一览表

描 述	CPU 221	CPU 222	CPU 224	CPU 226
用户程序/KB	2	2	4	4
用户数据/KW	1	1	2.5	2.5
输入映像寄存器	I0.0 ~ I15.7	I0.0 ~ I15.7	I0.0 ~ I15.7	I0.0 ~ I15.7
输出映像寄存器	Q0.0 ~ Q15.7	Q0.0 ~ Q15.7	Q0.0 ~ Q15.7	Q0.0 ~ Q15.7
模拟量输入（只读）	—	AIW0 ~ AIW30	AIW0 ~ AIW62	AIW0 ~ AIW62
模拟量输出（只写）	—	AQW0 ~ AQW30	AQW0 ~ AQW62	AQW0 ~ AQW62
变量存储器（V）	VB0.0 ~ VB2047.7	VB0.0 ~ VB2047.7	VB0.0 ~ VB5119.7	VB0.0 ~ VB5119.7
局部存储器（L）	LB0.0 ~ LB63.7	LB0.0 ~ LB63.7	LB0.0 ~ LB63.7	LB0.0 ~ LB63.7
位存储器（M）	M0.0 ~ M31.7	M0.0 ~ M31.7	M0.0 ~ M31.7	M0.0 ~ M31.7
特殊存储器（SM）只读	SM0.0 ~ SM179.7 SM0.0 ~ SM29.7	SM0.0 ~ SM179.7 SM0.0 ~ SM29.7	SM0.0 ~ SM179.7 SM0.0 ~ SM29.7	SM0.0 ~ SM179.7 SM0.0 ~ SM29.7
定时器范围	T0 ~ T255	T0 ~ T255	T0 ~ T255	T0 ~ T255
记忆延迟 1ms	T0, T64	T0, T64	T0, T64	T0, T64
记忆延迟 10ms	T1 ~ T4, T65 ~ T68	T1 ~ T4, T65 ~ T68	T1 ~ T4, T65 ~ T68	T1 ~ T4, T65 ~ T68
记忆延迟 100ms	T5 ~ T31 T69 ~ T95	T5 ~ T31 T69 ~ T95	T5 ~ T31 T69 ~ T95	T5 ~ T31 T69 ~ T95

（续）

描　　述	CPU 221	CPU 222	CPU 224	CPU 226
接通延迟 1ms	T32，T96	T32，T96	T32，T96	T32，T96
接通延迟 10ms	T33～T36 T97～T100	T33～T36 T97～T100	T33～T36 T97～T100	T33～T36 T97～T100
接通延迟 100ms	T37～T63 T101～T255	T37～T63 T101～T255	T37～T63 T101～T255	T37～T63 T101～T255
计数器	C0～C255	C0～C255	C0～C255	C0～C255
高速计数器	HC0，HC3，HC4，HC5	HC0，HC3，HC4，HC5	HC0～HC5	HC0～HC5
顺序控制继电器	S0.0～S31.7	S0.0～S31.7	S0.0～S31.7	S0.0～S31.7
累加寄存器	AC0～AC3	AC0～AC3	AC0～AC3	AC0～AC3
跳转/标号	0～255	0～255	0～255	0～255
调用/子程序	0～63	0～63	0～63	0～63
中断时间	0～127	0～127	0～127	0～127
PID 回路	0～7	0～7	0～7	0～7
通信端口	0	0	0	0，1

表 6-4　S7—200 CPU 操作数有效范围

存 取 方 式	CPU 221		CPU 222		CPU 224、CPU 226	
位存取（字节、位）	V	0.0～2047.7	V	0.0～2047.7	V	0.0～5119.7
	I	0.0～15.7	I	0.0～15.7	I	0.0～15.7
	Q	0.0～15.7	Q	0.0～15.7	Q	0.0～15.7
	M	0.0～31.7	M	0.0～31.7	M	0.0～31.7
	SM	0.0～179.7	SM	0.0～179.7	SM	0.0～179.7
	S	0.0～31.7	S	0.0～31.7	S	0.0～31.7
	T	0～255	T	0～255	T	0～255
	C	0～255	C	0～255	C	0～255
	L	0.0～63.7	L	0.0～63.7	L	0.0～63.7
字节存取	VB	0～2047	VB	0～2047	VB	0～5119
	IB	0～15	IB	0～15	IB	0～15
	QB	0～15	QB	0～15	QB	0～15
	MB	0～31	MB	0～31	MB	0～31
	SMB	0～179	SMB	0～179	SMB	0～179
	SB	0～31	SB	0～31	SB	0～31
	LB	0～63	LB	0～63	LB	0～63
	AC	0～3	AC	0～3	AC	0～3
	常数		常数		常数	
字存取	VW	0～2046	VW	0～2046	VW	0～5118
	IW	0～14	IW	0～14	IW	0～14
	QW	0～14	QW	0～14	QW	0～14
	MW	0～30	MW	0～30	MW	0～30
	SMW	0～178	SMW	0～178	SMW	0～178
	SW	0～30	SW	0～30	SW	0～30
	T	0～255	T	0～255	T	0～255
	C	0～255	C	0～255	C	0～255
	LW	0～62	LW	0～62	LW	0～62
	AC	0～3	AW	0～3	AW	0～3
	常数		常数		常数	

（续）

存 取 方 式	CPU 221		CPU 222		CPU 224、CPU 226	
双字存取	VD	0 ~ 2044	VD	0 ~ 2044	VD	0 ~ 5116
	ID	0 ~ 12	ID	0 ~ 12	ID	0 ~ 12
	QD	0 ~ 12	QD	0 ~ 12	QD	0 ~ 12
	MD	0 ~ 28	MD	0 ~ 28	MD	0 ~ 28
	SMD	0 ~ 176	SMD	0 ~ 176	SMD	0 ~ 176
	SWD	0 ~ 28	SWD	0 ~ 28	SWD	0 ~ 28
	LD	0 ~ 60	LD	0 ~ 60	LD	0 ~ 60
	AC	0 ~ 3	AC	0 ~ 3	AC	0 ~ 3
	HC	0, 3, 4, 5	HC	0, 3, 4, 5	HC	0 ~ 5
	常数		常数		常数	

6.2.2　PLC 的数据存储

PLC 具有强大的数据存储能力，数据存储区为每一种元器件分配一个存储区域。

1. 数据存储器的分配

S7—200 按元器件的种类将数据存储器分成若干个存储区域，每个区域的存储单元按字节编址，每个字节由 8 位组成。可以进行位操作的存储单元，每 1 位都可以看成是有 0、1 状态的逻辑器件。

2. 数值表示方式

（1）数值类型及范围　　S7—200 系列在存储单元所存放的数据类型有布尔型（BOOL）、整数型（INT）和实数型（REAL）3 种。表 6-5 给出了不同长度数值所能表示的整数范围。

表 6-5　数据大小范围及相关整数范围

数 据 大 小	无符号整数		符 号 整 数	
	十进制	十六进制	十进制	十六进制
B（字节）8 位值	0 ~ 255	0 ~ FF	- 128 ~ 127	80 ~ 7F
W（字）16 位值	0 ~ 65535	0 ~ FFFF	- 32768 ~ 32767	8000 ~ 7FFF
D（双字）32 位值	0 ~ 4294967295	0 ~ FFFFFFFF	- 2147483648 ~ 2147843647	80000000 ~ 7FFFFFFF

布尔型数据指字节型无符号整数。常用的整型数据包括单字长（16 位）和双字长（32 位）符号整数两类。实数（浮点数）采用 32 位单精度数表示，数据范围是正数：$+1.175495E-38$ 到 $+3.402823E+38$；负数：$-1.175495E-38$ 到 $-3.042823E-38$。

（2）常数　　在 S7—200 的许多指令中使用常数，常数值的长度可以是字节、字或双字。CPU 以二进制方式存储常数，可以采用十进制，十六进制，ASCII 码或浮点数形式书写常数。下面是上述常用格式书写常数的例子：

十进制常数：　　　25623

十六进制常数：　　4E5H

ASCII 码常数：　　"Adress"

实数或浮点格式：　$+1.175495E-38$（正数）

$$-1.175495E - 38(负数)$$

二进制格式：　　1010 _ 0101B

6.2.3　寻址方式

S7—200 将信息存于不同的存储单元，每个单元有一个惟一的地址，系统允许用户以字节、字、双字为单位存、取信息。提供参与操作的数据地址的方法，称为寻址方式。S7—200 数据寻址方式有立即寻址方式、直接寻址和间接寻址三大类。立即寻址的数据在指令中以常数形式出现，直接寻址和间接寻址方式有位、字节、字和双字 4 种寻址格式，下面对直接寻址和间接寻址方式加以说明。

1. 直接寻址方式

直接寻址方式是指在指令中直接使用存储器或寄存器的元件名称和地址编号，直接查找数据。数据直接寻址指的是，在指令中明确指出了存取数据的存储器地址，允许用户程序直接存取信息。数据直接地址表示方法如图 6-9 所示。

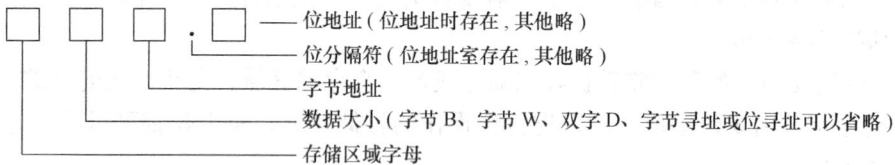

图 6-9　数据地址格式

数据的直接地址包括内存区域标志符，数据大小及该字节的地址或字、双字的起始地址，以及位分隔符和位。其中有些参数可以省略，详见图中说明。

位寻址举例如图 6-10 所示，图中 I7.4 表示数据地址为输入映像寄存器的第 7 字节第 4 位的位地址。可以根据 I7.4 地址对该位进行读写操作。

可以进行位操作的元器件有：输入映像寄存器（I），输出映像寄存器（Q），内部标志位（M），特殊标志位（SM），局部变量存储器（L），变量存储器（V），状态元件（S）等。其中特殊标志位（SM）的含义是固定的，用户可以使用，不能改变。例如 SM0.0 位始终为 1；SM0.1 位仅在

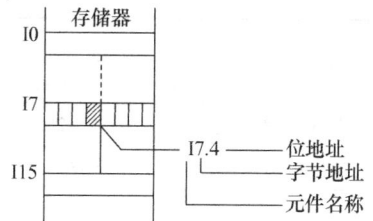

图 6-10　位寻址

运行后的第一个扫描周期为 1，可用于调用初始化子程序；SM0.4 为用户提供一个周期为 1min 的时钟脉冲；SM0.5 为用户提供一个周期为 1s 的时钟脉冲；SM1.0 ~ SM1.7 为用户提供指令执行或运算中出现的错误提示，如结果溢出、为 0、除数为 0 等。各种型号 PLC 的内部资源符号用法基本相同，但数量不同。

字节、字、双字操作，直接访问字节（8bit）、字（16bit）、双字（32bit）数据时，必须指明数据存储区、数据长度及起始地址。当数据长度为字或双字时，最高有效字节为起始地址字节。对变量存储器 V 的数据操作如图 6-11 所示。

可按字节 B（Byte）操作的元器件有：I、Q、M、SM、S、V、L、AC（只用低 8 位）、常数。可按字 W（Word）操作的元器件有：I、Q、M、SM、S、T、C、V、L、AC（只用低 16 位）、常数。可按双字 D（Double Word）操作的元器件有：I、Q、M、SM、S、V、L、AC（32

位全用)、HC、常数。

2. 间接寻址方式 间接寻址是指使用地址指针来存取存储器中的数据。使用前,首先将数据所在单元的内存地址放入地址指针寄存器中,然后根据此地址存取数据。S7—200 CPU 中允许使用指针进行间接寻址的存储区域有 I、Q、V、M、S、T、C。

建立内存地址的指针为双字长度(32 位),故可以使用 V、L、AC 作为地址指针。必须采用双字传送指令
(MOVD)将内存的某个地址移入到指针当中,以生成地址指针。指令中的操作数(内存地址)必须使用"&"符号表示内存某一位置的地址(32 位)。

图 6-11 字节、字、双字寻址方式

例如:MOVD & VB200,AC1∥将 VB200 的地址值送 AC1。VB200 是直接地址编号,& 为地址符号,将本指令中 &VB200 改为 &VW200 或 VD200,指令功能不变。

间接寻址(用指针存取数据):在使用指针存取数据的指令中,操作数前加有"＊"时表示该操作数为地址指针。

例如:MOVW ＊ AC1,AC0∥将 AC1 作为内存地址指针,W 规定了传送数据长度,本指令把以 AC1 中内容为起始地址的内存单元的 16 位数据送到累加器 AC0 中,操作过程如图 6-12 所示。

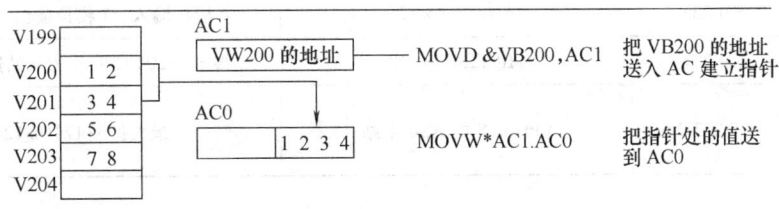

图 6-12 使用指针间接寻址

6.3 S7—200 系列 PLC 的输入、输出及扩展

S7—200 系列 PLC 主机基本单元的最大输入输出点数为 40(CPU 226 为 24 输入,16 输出)。PLC 内部映像寄存器资源的最大数字量 I/O 映像区的输入点 I0 ~ I15 为 16B,输出点 Q0 ~ Q15 也为 16B,共 32B,256 点(32 × 8)。最大模拟量 I/O 为 64 点,AIW0 ~ AIW62 共 32 个输入点,AQW0 ~ AQW62 共 32 个输出点(偶数递增)。S7—200 系统最多可扩展 7 个模块。

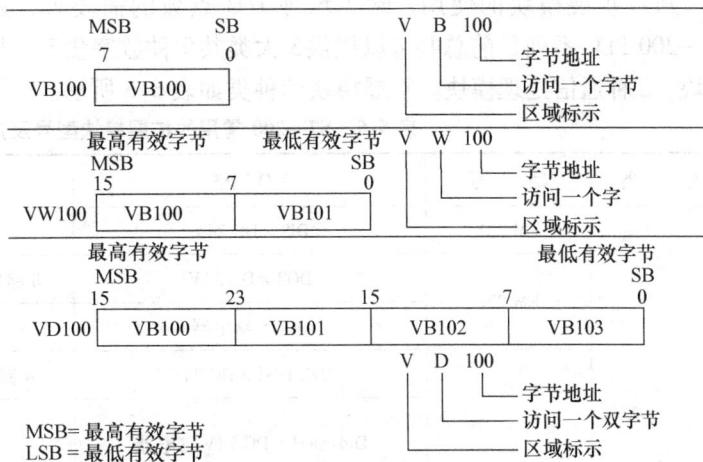

PLC 扩展模块的使用，除了增加 I/O 点数的需要外，还增加了 PLC 许多控制功能。S7—200 PLC 系列目前总共可以提供 3 大类共 9 种数字量 I/O 模块；3 大类共 5 种模拟量 I/O 模块，2 种通信处理模块。扩展模块的种类如表 6-6 所示。

表 6-6　S7—200 常用的扩展模块型号及用途

分　类	型　号	I/O 规格	功能及用途
数字量扩展模块	EM 221	DI8 × DC 24V	8 路数字量 DC 24V 输入
	EM 222	DO8 × DC 24V	8 路数字量 DC 24V 输出（固态 MOSFET）
		DO8 × 继电器	8 路数字量继电器输出
	EM 223	DI4/DO4 × DC 24V	4 路数字量 DC 24V 输入、输出（固态）
		DI4/DO4 × DC 24V 继电器	4 路数字量 DC 24V 输入 4 路数字量继电器输出
		DI8/DO8 × DC 24V	8 路数字量 DC 24V 输入、输出（固态）
		DI8/DO8 × DC 24V 继电器	8 路数字量 DC 24V 输入 8 路数字量继电器输出
		DI16/DO16 × DC 24V	16 路数字量 DC 24V 输入、输出（固态）
		DI16/DO16 × DC 24V 继电器	16 路数字量 DC 24V 输入 16 路数字量继电器输出
模拟量扩展模块	EM 231	AI4 × 12 位	4 路模拟输入，12 位 A/D 转换
		AI4 × 热电偶	4 路热电偶模拟输入
		AI4 × RTD	4 路热电阻模拟输入
	EM 232	AQ2 × 12 位	2 路模拟输出
	EM 235	AI4/AQ1 × 12	4 模拟输入，1 模拟输出，12 位转换
通信模块	EM 227	PROFIBUS—DP	将 S7—200 CPU 作为从站连接到网络
现场设备接口模块	CP 243-2	CPU 22X 的 AS-I 主站	最大扩展 124DI/124DO

6.3.1　本机及扩展 I/O 编址

CPU 本机的 I/O 点具有固定的 I/O 地址，可以把扩展的 I/O 模块接至主机右侧来增加 I/O 点数，扩展模块 I/O 地址由扩展模块在 I/O 链中的位置决定。输入与输出模块的地址不会冲突，模拟量控制模块地址也不会影响数字量控制模块。例如以 CPU 224 为主机，扩展五块数字、模拟 I/O 模块，其 I/O 链的控制连接如图 6-13 所示。

图 6-13 中 I/O 链中各模块对应 I/O 地址如表 6-7 所示。

图 6-13　主机和扩展模块的连接链示意图

表 6-7 模块编址表

主 机		模块 0	模块 1	模块 2		模块 3		模块 4	
I0.0	Q0.0	I2.0	Q2.0	AIW0	AQW0	I3.0	Q3.0	AIW8	AQW4
I0.1	Q0.1	I2.1	Q2.1	AIW2		I3.1	Q3.1	AIW10	
I0.2	Q0.2	I2.2	Q2.2	AIW4		I3.2	Q3.2	AIW12	
I0.3	Q0.3	I2.3	Q2.3	AIW6		I3.3	Q3.3	AIW14	
I0.4	Q0.4	I2.4	Q2.4						
I0.5	Q0.5	I2.5	Q2.5						
I0.6	Q0.6	I2.6	Q2.6						
I0.7	Q0.7	I2.7	Q2.7						
I1.0	Q1.0								
I1.1	Q1.1								
I1.2									
I1.3									
I1.4									
I1.5									

如果 I/O 物理点与映像寄存器字节内的位数不对应，映像寄存器字节剩余位就不会再分配给 I/O 链中的后续模块。

输出映像寄存器的多余位和输入映像寄存器的多余字节可以作为内部存储器标志位使用。输入模块在每次输入更新时都把保留字节的未用位清零。因此，输入映像寄存器已用字节的多余位，不能作为内部存储器标志位。

模拟量控制模块总是以 2B 递增方式来分配空间。缺省的模拟量I/O点不分配模拟量 I/O 映像存储空间，所以，后续模拟量 I/O 控制模块无法使用未用的模拟量 I/O 点。

6.3.2 扩展模块的安装与连接

S7—200 系列 PLC 扩展模块具有与基本单元相同的设计特点，固定方式与 CPU 主机相同，主机及 I/O 扩展模块有导轨安装和直接安装两种方法，典型安装方式如图 6-14 所示。

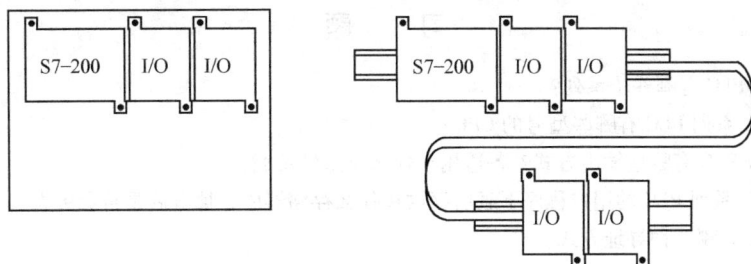

图 6-14 S7—200 PLC 的安装方式

导轨安装方式是在 DIN 标准导轨上的安装，I/O 扩展模块装在紧靠 CPU 右侧的导轨上，具有安装方便、拆卸灵活等优点。

直接安装是将螺钉通过安装固定螺孔将模块固定在配电盘上，具有安装可靠，防震性好的特点。当需要扩展的模块较多时，可以使用扩展连接电缆重叠排布(分行安装)。

扩展模块除了自身需要 24V 供电电源外，还要从 I/O 总线上产生 DC +5V 的电源损耗，必要时，需参照表 6-8 校验主机 DC +5V 的电流驱动能力。

表 6-8　S7—200 CPU 所提供的电流

CPU 22X 为扩展 I/O 提供的 DC 5V 电流/mA		扩展模块 DC 5V 电流消耗/mA	
CPU 222	340	EM 221 DI8 × DC 24V	30
CPU 224	600	EM 222 DO8 × DC 24V	50
CPU 226	1000	EM 222 DO8 × 继电器	40
		EM 223 DI4/DO4 × DC 24V	40
		EM 223 DI4/DO4 × DC 24V/继电器	40
		EM 223 DI8/DO8 × DC 24V	80
		EM 223 DI8/DO8 × DC 24V/继电器	80
		EM 223 DI16/DO16 × DC 24V	160
		EM 223 DI16/DO16 × DC 24V/继电器	150
		EM 231 AI4 × 12 位	20
		EM 231 AI4 × 热电偶	60
		EM 231 AI4 × RTD	60
		EM 231 AQ4 × 12 位	20
		EM 231 AI41/AQ1 × 12 位	30
		EM 277 PROFIBUS-DP	150

6.3.3　S7—200 系统块配置

系统块是 PLC 系统模块的简称，系统模块可以通过软件设置其功能。如对数字量和模拟量输入信号的滤波，脉冲截取（捕捉），输出表配置等。另外还有通信口，保存范围，背景时间及密码等设置。系统模块的设置在编程软件 STEP7-Micro/WIN 中完成。

习　题

6-1　S7 系列 PLC 有哪些子系列？

6-2　S7—22X 系列 PLC 有哪些型号的 CPU？

6-3　S7—200 PLC 有哪些输出方式？各适用于什么类型的负载？

6-4　S7—22X 系列 PLC 的用户程序下载后存放在什么存储器中，掉电后是否会丢失？

6-5　S7—200 有哪三种寻址方式？

6-6　S7—200 PLC 有哪些内部元器件？各元器件地址分配和操作数范围怎么确定？

6-7　S7—200 有哪几类扩展模块？最大可扩展的 I/O 地址范围是多大？

第7章　S7—200系列PLC基本指令

S7—200系列PLC具有丰富的指令集，按功能可分为基本逻辑指令、算术与逻辑运算指令、数据处理指令、程序控制指令以及集成功能指令5部分。其中前4部分是编写PLC基本应用程序经常用到的，称为基本指令；最后一部分是PLC完成复杂的功能控制所需要的，称为功能指令。本章将介绍各种基本指令的梯形图符号、指令表达方式、功能和用法，并附有相应的指令应用实例。

7.1　基本逻辑指令

基本逻辑指令是指构成基本逻辑运算功能指令的集合，包括基本位操作、置位/复位、边沿触发、定时、计数、比较等逻辑指令。

7.1.1　基本位操作指令

位操作指令是PLC常用的基本指令，梯形图指令有触点和线圈两大类，触点又分为常开和常闭两种形式；语句表指令有与、或以及输出等逻辑关系，位操作指令能够实现基本的位逻辑运算和控制。基本位操作指令操作数寻址范围：I，Q，M，SM，T，C，V，S，L等。基本位操作指令格式如表7-1所示。

表7-1　基本位操作指令格式

LAD	STL	功　能
"bit"　　"BIT"　　┤├　┤/├　　　　bit　┤( )??	LD　BIT　LDN　BIT A　BIT　AN　BIT O　BIT　ON　BIT =　BIT	用于网络段起始的常开/常闭触点 常开/常闭触点串联，逻辑与/与非指令 常开/常闭触点并联，逻辑或/或非指令 线圈输出，逻辑置位指令

梯形图的触点符号代表CPU对存储器的读操作。CPU运行扫描到触点符号时，到触点位地址指定的存储器位访问，读取相应的逻辑值参与程序的逻辑运算。

梯形图的线圈符号代表CPU对存储器的写操作。线圈左侧触点组成逻辑运算关系，逻辑运算结果为1时，能量流可以到达线圈，使线圈通电，CPU将线圈位地址指定的存储器相应位置1，逻辑运算结果为0时，线圈不通电，存储器相应位置0（复位）。梯形图利用线圈通、断电描述存储器位的置位、复位操作。

综上所述，得出以下两个结论：梯形图的触点代表CPU对存储器的读操作，由于计算机系统读操作的次数不受限制，所以以用户程序中，常开、常闭触点使用的次数不受限制。梯形图的线圈符号代表CPU对存储器的写操作，由于PLC采用自上而下的扫描方式工作，在用户程序中，每个线圈只能使用一次，使用次数（存储器写入次数）多于一次时，其状态以最后一次为准。

基本逻辑指令的语句表由指令助记符和操作数两部分组成，操作数由可以进行位操作的寄存器元件及地址组成。常用位操作指令助记符的定义如下所述：

1) LD(Load)：装载指令，对应梯形图从左侧母线开始，连接常开触点。

2) LDN(Load Not)：装载指令，对应梯形图从左侧母线开始，连接常闭触点。

3) A(And)：与操作指令，用于常开触点的串联。

4) AN(And Not)：与操作指令，用于常闭触点的串联。

5) O(Or)：或操作指令，用于常开触点的并联。

6) ON(Or Not)：或操作指令，用于常闭触点的并联。

7) =(Out)：置位指令，线圈输出。

[例 7-1] 位操作指令应用程序，相应的梯形图和指令表示如图 7-1 所示。

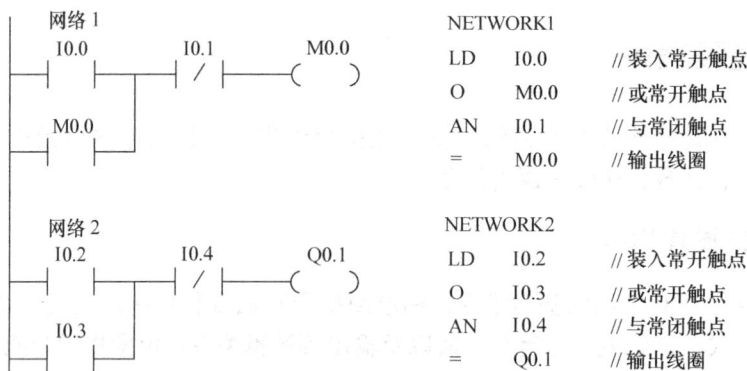

```
网络 1                              NETWORK1
 I0.0      I0.1       M0.0          LD    I0.0      //装入常开触点
──┤├──────┤/├───────( )            O     M0.0      //或常开触点
                                    AN    I0.1      //与常闭触点
 M0.0                               =     M0.0      //输出线圈
──┤├──

网络 2                              NETWORK2
 I0.2      I0.4       Q0.1          LD    I0.2      //装入常开触点
──┤├──────┤/├───────( )            O     I0.3      //或常开触点
                                    AN    I0.4      //与常闭触点
 I0.3                               =     Q0.1      //输出线圈
──┤├──
```

图 7-1　位操作指令的应用

7.1.2　块操作和堆栈指令

1. 块操作指令

1) OLD(块或)：用于两个以上触点串联的支路与前面支路并联连接。

2) ALD(块与)：用于并联电路块与前面接点电路或并联电路块的串联

两个以上触点串联的电路称为串联电路块。串联电路块并联连接时，在每支路始端用 LD 或 LDN 指令，在支路终端用 OLD 指令。OLD 是独立指令，它不带任何器件编号。多个电路块的并联可采用多重并联或集中并联方式编程。采用多重并联方式时，每重并联的电路块分别用 OLD 指令，并联支路数不受限制；采用集中并联方式时，将各串联电路块相继编写，最后集中使用 OLD 指令，但 OLD 指令最多只能出现 8 次。

两个以上触点并联的电路称为并联电路块。并联电路块与前一个并联电路串联时，用 LD 或 LDN 指令作并联电路块各分支电路的始端；分支电路的并联电路块完成后，用 ALD 指令再完成同前一电路的串联。ALD 也是独立指令，不带器件编号。串联方法也有两种，说明与 OLD 类同。

[例 7-2] 块"或"操作示例，其程序如图 7-2 所示。

[例 7-3] 块"与"操作示例，其程序如图 7-3 所示。

2. 栈操作指令

1) LPS(逻辑压栈)：将该时刻逻辑运算的中间结果压入栈存储器，先前存入的数据依

```
网络1        网络题目（单行）              NETWORK1
   I0.0         I0.2        M0.0        LD    I0.0    //装入常开触点
 ──┤├─────────┤├──────────（  ）       A     I0.2    //与常开触点
                                        LD    M0.0    //装入常开触点
   M0.0         I0.3                    AN    I0.3    //与常闭触点
 ──┤├─────────┤/├                      OLD           //块或操作
                                        =     M0.0    //输出线圈
```

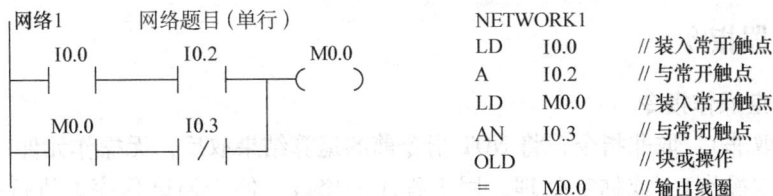

图 7-2 OLD 指令的应用

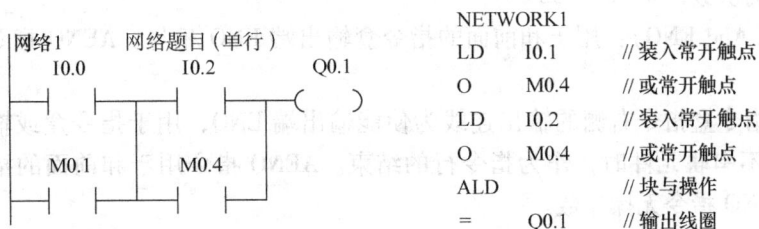

```
网络1        网络题目（单行）              NETWORK1
   I0.0         I0.2        Q0.1        LD    I0.1    //装入常开触点
 ──┤├─────────┤├──────────（  ）       O     M0.4    //或常开触点
                                        LD    I0.2    //装入常开触点
   M0.1         M0.4                    O     M0.4    //或常开触点
 ──┤├─────────┤├                       ALD           //块与操作
                                        =     Q0.1    //输出线圈
```

图 7-3 ALD 指令的应用

次向栈的下一级推移。

2）LRD（逻辑读栈）：将栈存储器的最上级的数据读出，栈内数据不发生移动。

3）LPP（逻辑弹栈）：将栈存储器的最上级的数据弹出，栈内其他数据依次向上移动一位。

S7—200 系列 PLC 中有一个 9 层堆栈，用于处理所有逻辑操作，称为逻辑堆栈。压栈 LPS 指令就是将运算中间结果存入栈存储器，使用一次 LPS 指令，该时刻的运算结果就压入栈存储器的第一级，再使用一次 LPS 指令时，当前的运算结果压入栈的第一级，先压入的数据依次向栈的下一级推移。

使用弹栈指令 LPP 就是将存入栈存储器的各数据依次上移，最上级数据读出后就从栈内消失。读栈指令 LRD 是读出存入栈存储器的最上级的数据，栈内的数据不发生上、下移。

逻辑堆栈指令（LPS）可以嵌套使用，最多为 9 层。为保证程序地址指针不发生错误，堆栈和弹栈指令必须成对使用，最后一次读栈操作应使用弹栈指令。

[例 7-4] 栈操作指令应用程序，梯形图及对应的栈操作语句表如图 7-4 所示。

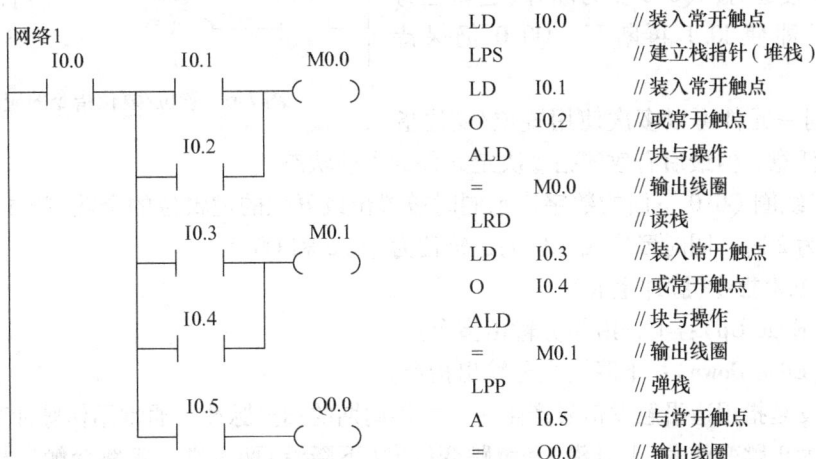

```
网络1                                   LD    I0.0    //装入常开触点
   I0.0        I0.1        M0.0         LPS           //建立栈指针（堆栈）
 ──┤├────────┤├──────────（  ）        LD    I0.1    //装入常开触点
                                        O     I0.2    //或常开触点
                I0.2                    ALD           //块与操作
             ──┤├                       =     M0.0    //输出线圈
                                        LRD           //读栈
   I0.3        M0.1                     LD    I0.3    //装入常开触点
             ──┤├──────────（  ）       O     I0.4    //或常开触点
                                        ALD           //块与操作
   I0.4                                 =     M0.1    //输出线圈
 ──┤├                                   LPP           //弹栈
                                        A     I0.5    //与常开触点
   I0.5        Q0.0                     =     Q0.0    //输出线圈
 ──┤├──────────（  ）
```

图 7-4 栈操作指令的应用

7.1.3 触发器指令

1. 取非和空操作指令

1) NOT(取非)：取非指令，将 NOT 指令前的运算结果取反，无操作元件。

2) NOP(空操作)：或称空处理，用于程序的修改，便于调试程序。执行空操作指令，将稍微延长扫描周期长度，不影响用户程序的执行，不会使能流输出断开。操作数 N 为执行空操作指令的次数，N = 0 ~ 255。

3) AENO(And ENO)：用于和前面的指令盒输出端 ENO 相与。AENO 指令只能在语句表中使用。

梯形图的指令盒指令右侧的输出连线为使能输出端 ENO，用于指令盒或输出线圈的串联(与逻辑)，不串联元件时，作为指令行的结束。AENO 指令用于和前面的指令盒输出端 ENO 相与，AENO 指令无操作数。

[**例 7-5**]　取非指令和空操作指令应用举例，其程序如图 7-5 所示。

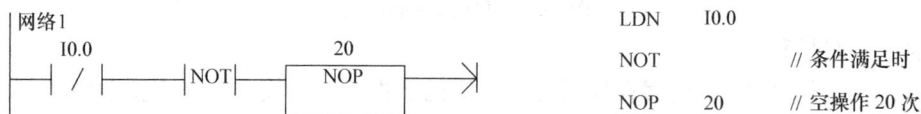

图 7-5　取非指令和空操作指令的应用

2. 置位/复位指令

1) S(置位)：将从操作数的直接位地址(Bit)开始的 N 个逻辑位置 1。

2) R(复位)：将从操作数的直接位地址(Bit)开始的 N 个逻辑位置 0。

[**例 7-6**]　置位/复位指令的应用实例，如图 7-6 所示。

结合上面的图示，对置位/复位指令的使用作几点说明：

① I0.0 接通时，I0.0 变为接通(逻辑位为"1")，即使 I0.0 再断开，Q0.0 仍保持接通。

② I0.1 接通时，Q0.0 变为断开(逻辑位为"0")，此后即使 I0.1 再断开，Q0.0 仍保持断开。

③ 对同一元件可以多次使用置位/复位指令，顺序可任意，但最后有效的指令决定元件的当前状态。

图 7-6　置位/复位指令的应用

④ 输出线圈 Q0.0 下面的数字表示同时被置位或复位的逻辑位的个数(顺序排列)。例如当此数字为 2 时，同时置位或复位的逻辑位为 Q0.0 和 Q0.1。

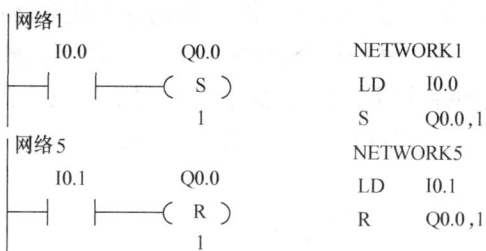

3. 边沿触发指令(脉冲生成)

1) EU(Edge Up)：上升沿微分输出指令。

2) ED(Edge Down)：下降沿微分输出指令。

边沿触发是指用边沿触发信号产生一个机器周期的扫描脉冲，通常用作脉冲整形。边沿触发指令分为正跳变触发(上升沿)和负跳变触发(下降沿)两大类。正跳变触发指输入脉冲的上升沿，使触点 ON 一个扫描周期。负跳变出发指输入脉冲的下降沿，使触点 ON 一个扫描周期。边沿触发指令格式见表 7-2。

表 7-2　边沿触发(脉冲形成)指令格式

LAD	STL	功能、注释
─┤ P ├─	EU(Edge Up)	正跳变,无操作元件
─┤ N ├─	ED(Edge Down)	负跳变,无操作元件

[例 7-7]　边沿触发程序示例,程序如图 7-7 所示。

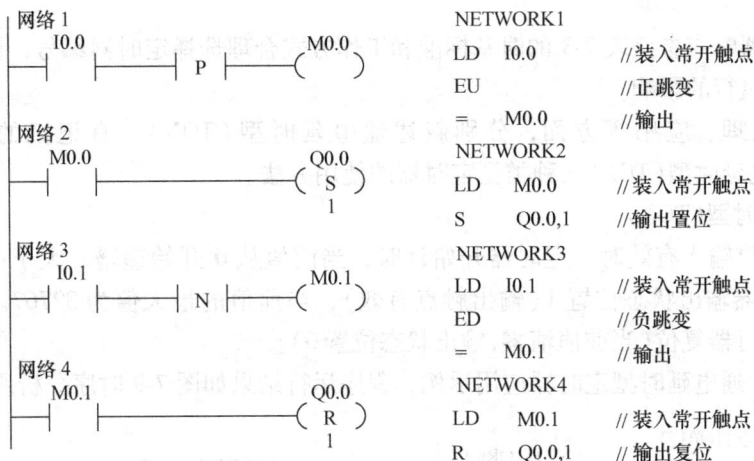

```
网络 1                                NETWORK1
  I0.0                    M0.0         LD    I0.0      //装入常开触点
──┤  ├──────┤ P ├──────( )            EU              //正跳变
                                      =     M0.0      //输出

网络 2                                NETWORK2
  M0.0                    Q0.0         LD    M0.0      //装入常开触点
──┤  ├────────────────( S )           S     Q0.0,1    //输出置位
                         1

网络 3                                NETWORK3
  I0.1                    M0.1         LD    I0.1      //装入常开触点
──┤  ├──────┤ N ├──────( )            ED              //负跳变
                                      =     M0.1      //输出

网络 4                                NETWORK4
  M0.1                    Q0.0         LD    M0.1      //装入常开触点
──┤  ├────────────────( R )           R     Q0.0,1    //输出复位
                         1
```

图 7-7　边沿触发指令的应用

运行结果分析如下:

1) I0.0 的上升沿:触点(EU)产生一个扫描周期的时钟脉冲,M0.0 线圈通电一个扫描周期,M0.0常开触点闭合一个扫描周期,使输出线圈 Q0.0 置位有效(输出线圈 Q0.0 = 1),并保持。

2) I0.1 下降沿:触点(EU)产生一个扫描周期的时钟脉冲,驱动输出线圈 M0.1 通电一个扫描周期,M0.1 常开触点闭合(一个扫描周期),使输出线圈 Q0.0 复位有效(Q0.0 = 0),并保持。时序分析见图 7-8。

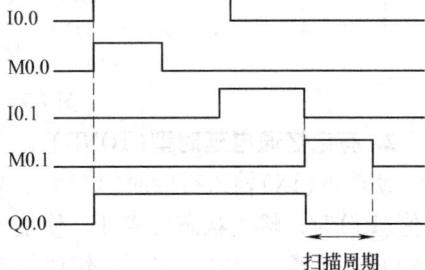

图 7-8　边沿触发时序分析

7.1.4　定时器指令

S7—200 PLC 的定时器为增量型定时器,用于实现时间控制,按照工作方式,定时器可分为通电延时型(TON)、有记忆的通电延时型(保持型)(TONR)、断电延时型(TOF)三种类型;按照时基标准,定时器可分为 1ms、10ms、100ms 三种类型。

CPU 22X 系列 PLC 的 256 个定时器分属 TON(TOF)和 TONR 工作方式,以及三种时基标准,TOF 与 TON 共享同一组定时器,不能重复使用。详细分类方法及定时范围见表 7-3。

表 7-3 定时器工作方式及类型

工作方式	分辨力/ms	最大当前值/s	定 时 器 号
TONR	1	32.767	T0，T64
	10	327.67	T1～T4，T65～T68
	100	3276.7	T5～T31，T69～T95
TON/TOF	1	32.767	T32，T96
	10	327.67	T33～T36，T97～T100
	100	3276.7	T37～T63，T101～T255

使用定时器时应参照表 7-3 的时基标准和工作方式合理选择定时器编号，同时要考虑刷新方式对程序执行的影响。

下面从原理、应用等方面，分别叙述通电延时型(TON)、有记忆的通电延时型(TONR)、断电延时型(TOF)三种类型定时器的使用方法。

1. 通电延时型(TON)

使能端(IN)输入有效时，定时器开始计时，当前值从 0 开始递增，大于或等于预置值(PT)时，定时器输出状态位置 1(输出触点有效)，当前值的最大值为 32767。使能端无效(断开)时，定时器复位(当前值清零,输出状态位置 0)。

[例 7-8] 通电延时型定时器应用示例，程序运行结果如图 7-9 时序分析所示。

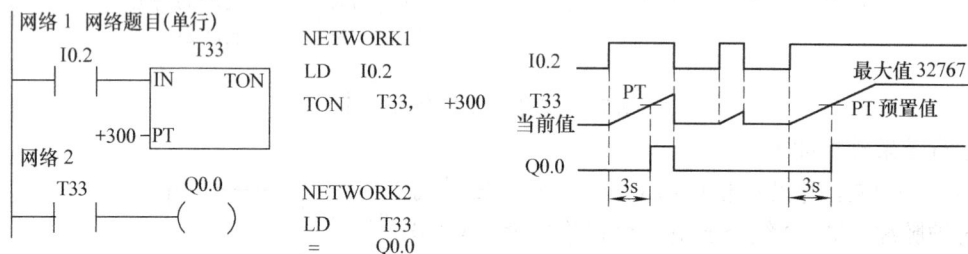

图 7-9 通电延时型定时器的应用

2. 有记忆通电延时型(TONR)

使能端(IN)输入有效时(接通)，定时器开始计时，当前值递增，当前值大于或等于预置值(PT)时，输出状态位置 1。使能端输入无效(断开)时，当前值保持(记忆)，使能端(IN)再次接通有效时，在原记忆值的基础上递增计时。有记忆通电延时型(TONR)定时器采用线圈的复位指令(R)进行复位操作，当复位线圈有效时，定时器当前值清零，输出状态位置 0。

[例 7-9] 有记忆通电延时型定时器应用示例，程序运行结果如图 7-10 时序分析所示。

3. 断电延时型(TOF)

使能端(IN)输入有效时，定时器输出状态位立即置 1，当前值复位(为 0)。使能端(IN)断开时，开始计时，当前值从 0 递增，当前值达到预置值时，定时器状态位复位置 0，并停止计时，当前值保持。

[例 7-10] 断电延时型定时器应用示例，程序运行结果如图 7-11 时序分析所示。

应当注意，对于 S7—200 系列 PLC 的定时器，时基分别为 1ms、10ms、100ms 定时器的

网络 1　网络题目(单行)

```
   I0.0      T65
   ┤├──────┤  ┌──────────┐
                │IN    TONR│
                │          │
          +500──┤PT        │
                └──────────┘
```

NETWORK1
LD　　I0.0
TONR　T65,+500

网络 2

```
   I0.1         T65
   ┤├──────────( R )
                  1
```

NETWORK2
LD　　I0.1
R　　　T65，1

网络 3

```
   T65          Q0.0
   ┤├──────────(   )
```

NETWORK3
LD　　T65
=　　　Q0.0

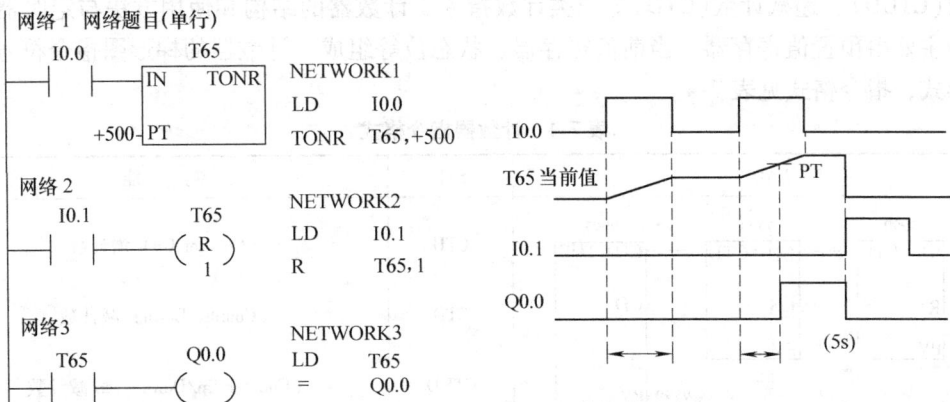

图 7-10　有记忆通电延时型定时器的应用

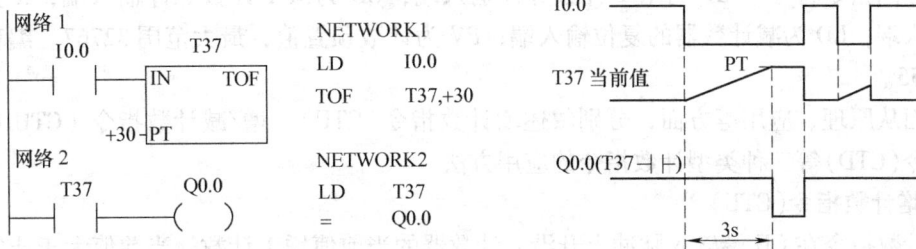

网络 1

```
   I0.0      T37
   ┤├──────┤  ┌──────────┐
                │IN    TOF │
                │          │
           +30──┤PT        │
                └──────────┘
```

NETWORK1
LD　　I0.0
TOF　　T37,+30

网络 2

```
   T37          Q0.0
   ┤├──────────(   )
```

NETWORK2
LD　　T37
=　　　Q0.0

图 7-11　断电延时型定时器应用程序段

刷新方式是不同的。1ms 时基定时器,每隔 1ms 定时器刷新一次当前值,与扫描周期和程序处理无关,扫描周期较长时,定时器在一个周期内可能多次被刷新,其当前值在一个周期内不一定保持一致;10ms 定时器,在每个扫描周期开始时刷新,在每个扫描周期内,当前值不变;100ms 定时器在该定时器指令执行时被刷新。

对于如图 7-12 所示的程序,使用定时器本身的常闭触点作激励输入,希望经过延时产生一个机器扫描周期的时钟脉冲输出。图中,T32 为 1ms 时基定时器,由于定时器刷新机制的原因,不能保证得到理想的运行结果。若将图 7-12 改成图 7-13,无论何种时基都能正常工作。

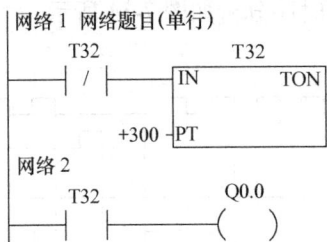

网络 1　网络题目(单行)

```
   T32                T32
   ┤/├──────────┐  ┌──────────┐
                     │IN    TON │
                     │          │
              +300───┤PT        │
                     └──────────┘
```

网络 2

```
   T32          Q0.0
   ┤├──────────(   )
```

图 7-12　自身激励输入

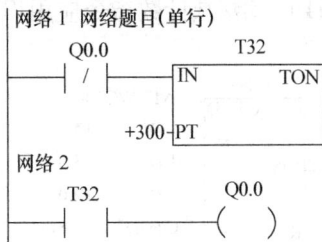

网络 1　网络题目(单行)

```
   Q0.0               T32
   ┤/├──────────┐  ┌──────────┐
                     │IN    TON │
                     │          │
              +300───┤PT        │
                     └──────────┘
```

网络 2

```
   T32          Q0.0
   ┤├──────────(   )
```

图 7-13　非自身激励输入

7.1.5　计数器指令

计数器利用输入脉冲上升沿累计脉冲个数,S7—200 系列 PLC 有递增计数(CTU)、增/

减计数(CTUD)、递减计数(CTD)等三类计数指令。计数器的结构和使用方法与定时器基本相同，主要由预置值寄存器、当前值寄存器、状态位等组成。计数器的梯形图指令符号为指令盒形式，指令格式见表7-4。

表7-4　计数器指令格式

LAD			STL	功　能
???? CU CTU ─R ????─PV	???? CD CTD ─LD ????─PV	???? CU CTUD ─CD ─R ????─PV	CTU	（Counter Up）增计数
			CTD	（Counter Down）减计数
			CTUD	（Counter Up/Down）增/减计数

梯形图指令符号中 CU 为增 1 计数脉冲输入端；CD 为减 1 计数脉冲输入端；R 为复位脉冲输入端；LD 为减计数器的复位输入端；PV 为计数预置值，最大范围32767。编程范围C0～C255。

下面从原理、应用等方面，分别叙述增计数指令(CTU)、增/减计数指令（CTUD）、减计数指令(CTD)等三种类型计数指令的应用方法。

1. 增计数指令(CTU)

增计数指令在 CU 端输入脉冲上升沿，计数器的当前值增 1 计数。当前值大于或等于预置值(PV)时，计数器状态位置 1。当前值累加的最大值为 32767。复位输入(R)有效时，计数器状态位复位(置 0)，当前计数值清零。增计数指令的应用可以参考图 7-14 理解。

2. 增/减计数指令(CTUD)

增/减计数器有两个脉冲输入端，其中 CU 端用于递增计数，CD 端用于递减计数，执行增/减计数指令时，CU/CD 端的计数脉冲上升沿增1/减1 计数。当前值大于或等于计数器预置值(PV)时，计数器状态位置位。复位输入(R)有效或执行复位指令时，计数器状态位复位，当前值清零。达到计数器最大值(32767)后，下一个 CU 输入上升沿将使计数值变为最小值(-32678)。同样达到最小值(-32678)后，下一个 CD 输入上升沿将使计数值变为最大值(32767)。

[**例7-11**]　增/减计数指令应用程序，程序及运行时序分析如图 7-14 所示。

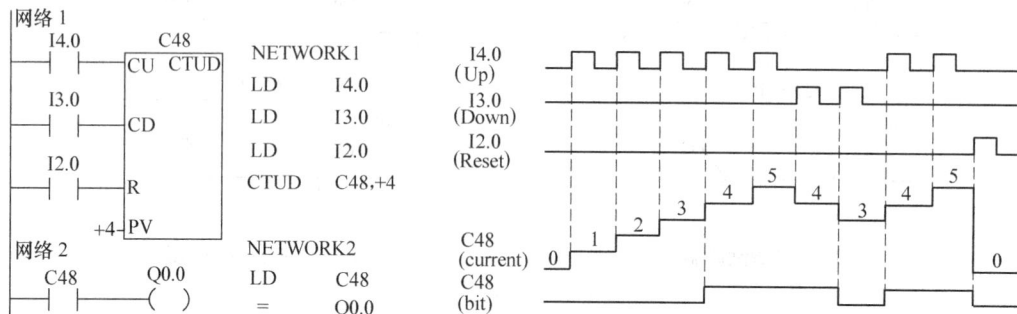

网络1
```
      I4.0        C48
──┤ ├──────CU CTUD
      I3.0
──┤ ├──────CD
      I2.0
──┤ ├──────R
               +4─PV
```
网络2
```
      C48        Q0.0
──┤ ├──────( )
```

NETWORK1
```
LD    I4.0
LD    I3.0
LD    I2.0
CTUD  C48,+4
```
NETWORK2
```
LD    C48
=     Q0.0
```

图 7-14　增/减计数应用程序段及时序

3. 减计数指令(CTD)

复位输入(LD)有效时,计数器把预置值(PV)装入当前值存储器,计数器状态位复位(置0)。CD 端每一个输入脉冲上升沿,减计数器的当前值从预置值开始递减计数,当前值等于 0 时,计数器状态位置位(置1),停止计数。

[**例 7-12**]　减计数指令应用程序,程序及运行时序分析如图 7-15 所示。

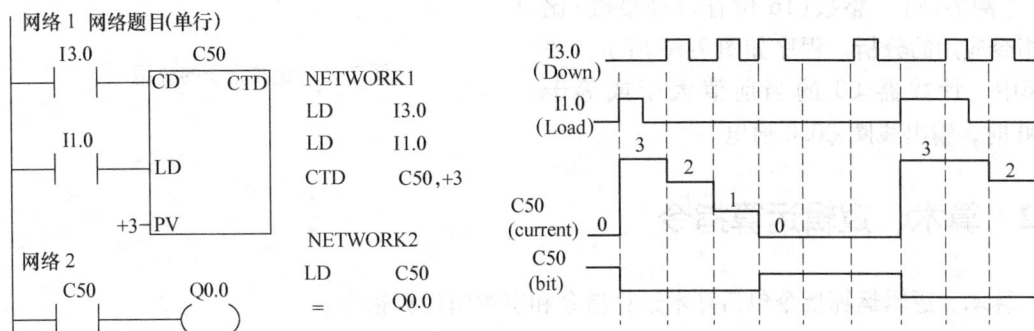

图 7-15　减计数程序段及时序

程序运行分析:减计数器在计数脉冲 I3.0 的上升沿减 1 计数,当前值从预置值开始减,直至为 0 时,定时器输出状态位置 1,Q0.0 通电(置1)。复位脉冲 I1.0 的上升沿,定时器状态位置 0(复位),当前值等于预置值,为下次计数工作做好准备。

7.1.6　比较指令

比较指令用于将两个操作数按一定条件进行比较操作。操作数可以是整数,也可以是实数(浮点数)。在梯形图中用带参数和运算符的触点表示比较指令,比较条件满足时,触点闭合,否则打开。梯形图程序中,比较触点可以装入,也可以串、并联。

比较指令有整数和实数两种数据类型的比较。整数类型的比较指令包括无符号数的字节比较,有符号数的整数比较、双字比较。整数比较的数据范围为 8000H ~ 7FFFH,双字比较的数据范围为 80000000H ~ 7FFFFFFFH。实数(32 位浮点数)比较的数据范围:负实数范围为 − 1.175495E − 38 ~ − 3.402823E + 38,正实数范围为 + 1.175495E − 38 ~ + 3.402823E + 38。比较指令格式如表 7-5 所示。

表 7-5　比较指令格式举例

LAD	STL	功　能
IN1 —┤ ==B ├— IN2	LDB = 　IN1,IN2 AB = 　IN1,IN2 OB = 　IN1,IN2	操作数 IN1 和 IN2(整数)比较

表中给出了梯形图字节相等比较的符号,比较指令其他比较关系和操作数类型说明如下。

比较运算符:==、<=、>=、<、>、<>

操作数类型:字节比较 B(Byte);(无符号整数)

整数比较 I(Int)/W(Word);(有符号整数)

双字比较 D(Double Int/ Word)；（有符号整数）

实数比较 R(Real)；（有符号双字浮点数）

不同的操作数类型和比较运算关系，可分别构成各种字节、字、双字和实数比较运算指令。

[例 7-13] 整数(16 位有符号整数)比较指令应用的分析，程序如图 7-16 所示。图 7-16 中，计数器 C0 的当前值大于或等于 1000 时，输出线圈 Q0.0 通电。

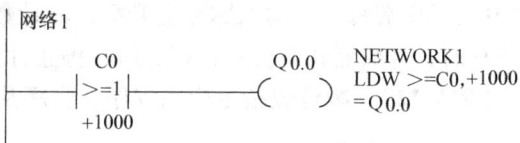

```
网络1
         C0              Q0.0        NETWORK1
       ->=1|-----------( )          LDW >=C0,+1000
       +1000                        =Q0.0
```

图 7-16　比较指令的应用

7.2　算术、逻辑运算指令

算术、逻辑运算指令包括算术运算指令和字逻辑运算指令。

7.2.1　算术运算指令

算术运算指令包括加/减运算、乘/除运算、数学函数变换指令、增 1/减 1 指令等。本节将从指令的梯形图符号、指令表表示，并通过实际举例，讲述指令的用法。

1. 加/减运算

加/减运算指令是对符号数的加/减运算操作。包括整数加/减、双整数加/减运算和实数加/减运算。加/减运算指令梯形图采用指令盒格式，指令盒由指令类型，使能端 EN，操作数(IN1、IN2)输入端，运算结果输出 OUT，逻辑结果输出端 ENO 等组成。

（1）加/减运算指令格式　加/减运算指令的梯形图指令格式如表 7-6 所示。

表 7-6　加/减运算指令格式及功能

LD			功　能
ADD_I EN　ENO ????-IN1　OUT-???? ????-IN2	ADD_DI EN　ENO ????-IN1　OUT-???? ????-IN2	ADD_R EN　ENO ????-IN1　OUT-???? ????-IN2	IN1 + IN2 = OUT
SUB_I EN　ENO ????-IN1　OUT-???? ????-IN2	SUB_DI EN　ENO ????-IN1　OUT-???? ????-IN2	SUB_R EN　ENO ????-IN1　OUT-???? ????-IN2	IN1 − IN2 = OUT

加/减运算指令操作数类型：INT、DINT、REAL。

（2）指令类型和运算关系

1）整数加/减运算(ADD I/SUB I)。使能 EN 输入有效时，将两个单字长(16 位)符号整数(IN1 和 IN2)相加/减，然后将运算结果送 OUT 指定的存储器单元输出。

STL 运算指令及运算结果：

整数加法：MOVW　IN1, OUT　//IN1　→　OUT

　　　　　　+I　　IN2, OUT　//OUT + IN2 = OUT

整数减法：MOVW　IN1，OUT　//IN1　　→　　OUT

　　　　　　　－Ⅰ　IN2，OUT　//OUT － IN2 = OUT

从 STL 运算指令可以看出，IN1、IN2 和 OUT 操作数的地址不相同时，语句表指令将 LAD 的加/减运算分别用两条指令描述。

IN1 或 IN2 = OUT 时，加法指令节省一条数据传送指令，本规律适用于所有算术运算指令。

2）双整数加/减运算。（ADD DI/SUB DI）使能 EN 输入有效时，将两个字长（32 位）符号整数（IN1 和 IN2）相加/减，运算结果送 OUT 指定的存储器单元输出。

STL 运算指令及运算结果：

双整数加法：MOVD　IN1，OUT　//IN1　　→　　OUT

　　　　　　　＋D　IN2，OUT　//OUT + IN2 = OUT

双整数减法：MOVD　IN1，OUT　//IN1　　→　　OUT

　　　　　　　－D　IN2，OUT　//OUT － IN2 = OUT

3）实数加/减运算。（ADD R/SUB R）使能输入 EN 有效时，将两个字长（32 位）的有符号实数 IN1 和 IN2 相加/减，运算结果送 OUT 指定的存储器单元输出。

STL 运算指令及运算结果：

实数加法：MOVR　IN1，OUT　//IN1　　→　　OUT

　　　　　　　＋R　IN2，OUT　//OUT + IN2 = OUT

实数减法：MOVR　IN1，OUT　//IN1　　→　　OUT

　　　　　　　－R　IN2，OUT　//OUT － IN2 = OUT

（3）对标志位的影响　算术运算指令影响特殊标志的算术状态位 SM1.0 ~ SM1.3，并建立指令盒能量流输出 ENO。

1）算术状态位（特殊标志位）。SM1.0（零），SM1.1（溢出），SM1.2（负）。

SM1.1 用来指示溢出错误和非法值。如果 SM1.1 置位，SM1.0 和 SM1.2 的状态无效，原始操作数不变。如果 SM1.1 不置位，SM1.0 和 SM1.2 的状态反映算术运算的结果。

2）ENO（能量流输出位）。使能输入 EN 有效时，若运算的结果无错，ENO = 1，否则 ENO = 0（出错或无效）。使能量流输出 ENO 断开的出错条件：SM1.1（溢出），SM4.3（运行时间），0006（间接寻址）。

[例 7-14]　求 2000 加 100 的和，2000 在数据存储器 VW100 中，结果存入 VW200。编写程序如图 7-17 所示。

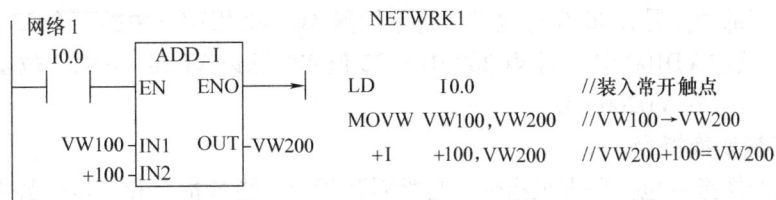

```
网络1                          NETWRK1
  I0.0      ADD_I
──┤├──   EN    ENO ──►      LD       I0.0          //装入常开触点
                             MOVW  VW100,VW200   //VW100→VW200
  VW100─IN1  OUT─VW200        +I     +100,VW200   //VW200+100=VW200
  +100 ─IN2
```

图 7-17　加法运算程序

2. 乘/除运算

乘/除运算是对符号数的乘法运算和除法运算。乘/除运算指令格式及功能见表 7-7。

（1）指令格式 乘/除运算指令采用同加减运算相类似的指令盒指令格式。指令分为 MUL I/DIV I 整数乘/除运算，MUL DI/DIV DI 双整数乘/除运算，MUL/DVI 整数乘/除双整数输出，MUL R/DCI R 实数乘/除运算等八种类型。

LAD 指令执行的结果：乘法 IN1 * IN2 = OUT

除法 IN1/IN2 = OUT

表 7-7 乘/除运算指令格式及功能

LAD				功　能
MUL＿I EN　ENO ????–IN1　OUT–???? ????–IN2	MUL＿DI EN　ENO ????–IN1　OUT–???? ????–IN2	MUL EN　ENO ????–IN1　OUT–???? ????–IN2	MUL＿R EN　ENO ????–IN1　OUT–???? ????–IN2	乘法运算
DIV＿I EN　ENO ????–IN1　OUT–???? ????–IN2	DIV＿DI EN　ENO ????–IN1　OUT–???? ????–IN2	DIV EN　ENO ????–IN1　OUT–???? ????–IN2	DIV＿R EN　ENO ????–IN1　OUT–???? ????–IN2	除法运算

（2）指令功能 使能（EN）输入有效时，将两个单字长（16 位）符号整数 IN1 和 IN2 相乘/除，产生一个单字长（16）位整数结果，从 OUT（积/商）指定的存储器单元输出。

整数乘法：MOVW　IN1，OUT　//IN1　→　OUT

I　IN2，OUT　//OUT IN2 = OUT

整数除法：MOVW　IN1，OUT　//IN1　→　OUT

/I　IN2，OUT　//OUT/IN2 = OUT

（3）乘/除运算对标志位的影响

1）算术状态位（特殊标志位）乘/除运算指令执行的结果影响特殊存储器位：SM1.0（零），SM1.1（溢出），SM1.2（负），SM1.3（被 0 除）。

乘法运算过程中 SM1.1（溢出）被置位，就不写输出，并且所有其他的算术状态位值为 0（整数乘法（MUL）产生双整数指令输出不会产生溢出）。

如果除法运算过程中 SM1.3 置位（被 0 除），其他的算术状态位保留不变，原始输入操作数不变。SM1.3 不被置位，所有有关的算术状态位都是算术操作的有效状态。

2）使能流输出 ENO = 0 断开的出错条件是：SM1.1（溢出），SM4.3（运行时间），0006（间接寻址）。

[例 7-15] 乘/除法指令的应用实例，如图 7-18 所示。

解：该程序的功能是在 I0.0 有效时，将累加器 AC1 和 VD100 中的两个 32 位实数相乘，得到 32 位乘积放在 VD100 中，用 VD200 中的 32 位实数除以 VD10 中的 32 位实数，结果也为 32 位实数，被放在 VD200 中。

3. 数学函数变换指令

数学函数变换指令包括平方根指令、自然对数指令、指数指令和三角函数指令。

（1）平方根/自然对数/指数指令 平方根/自然对数/指数指令格式及功能如表 7-8 所示。

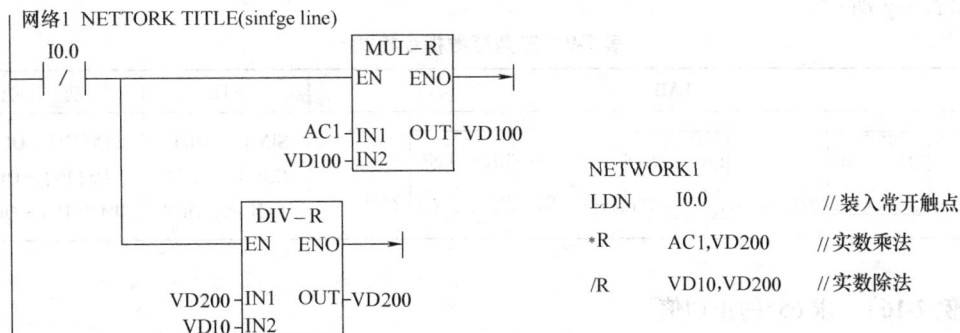

图7-18 乘/除法应用程序

表7-8 平方根/自然对数/指数指令格式及功能

LAD	STL	功　能
SQRT EN ENO ????-IN OUT-????	SQRT IN, OUT	求平方根 SQRT(IN) = OUT
LN EN ENO ????-IN OUT-????	LN IN, OUT	求(IN)的自然对数 LN(IN) = OUT
EXP EN ENO ????-IN OUT-????	EXP IN, OUT	求(IN)的指数 EXP(IN) = OUT

1) 平方根指令(SQRT)。平方根指令是把一个双字长(32位)的实数(IN)开方,得到32位的实数运算结果,通过(OUT)指定的存储器单元输出。

2) 自然对数(LN)。自然对数指令将输入的一个双字长(32位)实数 IN 的值取自然对数,得到32位的实数运算结果,通过(OUT)指定的存储器单元输出。

当求解以10为底的常用对数时,用实数除法指令将自然对数除以2.302585即可。($\ln 10 \approx 2.302585$)

3) 指数指令(EXP)。指数指令将一个双字长(32位)实数 IN 的值取以 e 为底的指数,得到32位的实数运算结果,通过(OUT)指定的存储器单元输出。

该指令可与自然对数指令相配合,完成以任意数为底,任意数为指数的计算。可以利用指数函数求解任意函数的 x 次方($y^x = e^{x\ln y}$)。

例如:　　7的4次方 $= \mathrm{EXP}(4 * \mathrm{LN}(7)) = 2401$

　　　　　8的3次方根 $= 8^{(1/3)} = \mathrm{EXP}(\mathrm{LN}(8) * 1/3) = 2$

(2) 三角函数　三角函数运算指令包括正弦(SIN)、余弦(COS)和正切(TAN)等三角函数指令。三角函数指令运行时把一个双字长(32位)的实数弧度值(IN)分别取正弦、余弦、正切,得到32位的实数运算结果,通过(OUT)指定的存储器单元输出。三角函数运算指令格式如表 7-9 所示。

表 7-9　三角函数指令格式

LAD	STL	功　能
SIN EN ENO ????-IN OUT-????　COS EN ENO ????-IN OUT-????　TAN EN ENO ????-IN OUT-????	SIN IN，OUT COS IN，OUT TAN IN，OUT	SIN(IN) = OUT COS(IN) = OUT TAN(IN) = OUT

[例 7-16]　求 65°的正切值。

解：其程序如图 7-19 所示。

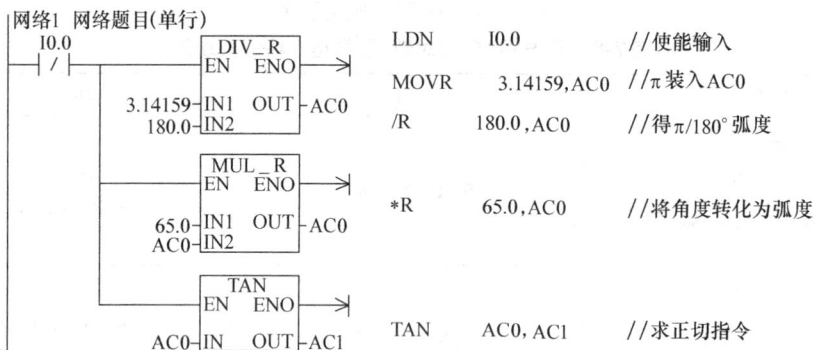

```
网络1 网络题目(单行)
   I0.0          DIV_R
───┤ / ├────────EN  ENO───           LDN      I0.0        //使能输入
                                      MOVR     3.14159,AC0 //π装入AC0
        3.14159─IN1 OUT─AC0
          180.0─IN2                   /R       180.0,AC0   //得π/180°弧度
                 MUL_R
                EN  ENO───
                                      *R       65.0,AC0    //将角度转化为弧度
          65.0─IN1 OUT─AC0
           AC0─IN2
                  TAN
                EN  ENO───
                                      TAN      AC0,AC1     //求正切指令
          AC0─IN   OUT─AC1
```

图 7-19　三角函数指令的应用

（3）数学函数变换指令对标志位的影响及操作数的寻址范围

1）平方根/自然对数/指数/三角函数运算指令执行的结果影响特殊存储器位：SM1.0（零），SM1.1（溢出），SM1.2（负），SM1.3（被 0 除）。

2）使能流输出 ENO = 0 的错误条件是：SM1.1（溢出），SM4.3（运行时间），0006（间接寻址）。

3）IN、OUT 操作数的数据类型为 REAL，寻址范围见附录 B。

4. 增 1/减 1 指令

增 1/减 1 计数器用于自增、自减操作，以实现累加计数和循环控制等程序的编制。梯形图为指令盒格式，增 1/减 1 指令操作数长度可以是字节（无符号数）、字或双字（有符号数）。IN 和 OUT 操作数寻址范围见附录 B。指令格式如表 7-10 所示。

表 7-10　增 1/减 1 计数指令（字节操作）

LAD	功　能
INC_B EN ENO ????-IN OUT-????　INC_W EN ENO ????-IN OUT-????　INC_DW EN ENO ????-IN OUT-???? DEC_B EN ENO ????-IN OUT-????　DEC_W EN ENO ????-IN OUT-????　DEC_DW EN ENO ????-IN OUT-????	字节、字、双字增1 字节、字、双字减1 OUT ± 1 = OUT

（1）字节增 1/减 1（INC B/DEC B）　字节增 1 指令（INC B），用于使能输入有效时，把一个字节的无符号输入数（IN）加 1，得到一个字节的运算结果，通过 OUT 指定的存储器单元输出。

字节减指令（DEC B），用于使能输入有效时，把一个字节的无符号输入数（IN）减 1，得到一个字节的运算结果，通过 OUT 指定的存储器单元输出。

（2）字增 1/减 1（INC W/DEC W）　字增 1（INC W）/减 1（DEC W）指令，用于使能输入有效时，将单字长符号输入数（IN 端）加 1/减 1，得到一个字节的运算结果，通过 OUT 指定的存储器单元输出。

（3）双字节增 1/减 1（INC D/DEC D）　双字节增 1/减 1（INC D/DEC D）指令用于使能输入有效时，将双字长符号输入数（IN 端）加 1/减 1，得到双字节的运算结果，通过 OUT 指定的存储器单元输出。IN、OUT 操作数的数据类型 DINT，寻址方式见附录 B。

7.2.2　字逻辑运算指令

字逻辑操作是对无符号数进行的逻辑处理，主要包括逻辑与、逻辑或、逻辑异或和取反等运算指令。按操作数长度可分为字节、字和双字三种逻辑操作。对字节操作逻辑操作指令格式见表 7-11。

表 7-11　逻辑操作指令格式（字节操作）

LAD	功　能
WAND_B EN ENO ???? IN1 OUT ???? ???? IN2　WOR_B EN ENO ???? IN1 OUT ???? ???? IN2　WXOR_B EN ENO ???? IN1 OUT ???? ???? IN2　INV_B EN ENO ???? IN OUT ????	与、或、异或、取反

（1）逻辑与指令（WAND）　逻辑与指令包括字节（B）、字（W）、双字（DW）等三种数据长度的与操作指令。指令功能是使能输入有效时，把两个输入逻辑数按位相与，得到的逻辑运算结果，送到 OUT 指定的存储器单元输出。

STL 指令格式分别为：

MOVB　IN1，OUT；　MOVW　IN1，OUT；　MOVD　IN1，OUT

ANDB　IN2，OUT；　ANDW　IN2，OUT；　ANDD　IN2，OUT

使 ENO =0 的错误条件是：SM4.3（运行时间），0006（间接寻址）。

这些指令影响下面的特殊存储器位：SM1.0（零）。

（2）逻辑或指令（WOR）　逻辑或指令包括字节（B）、字（W）、双字（DW）三种数据长度的或操作指令。指令的功能是使能输入有效时，把两个输入逻辑数按位相或，得到的逻辑运算结果，送到 OUT 指定的存储器单元输出。

STL 指令格式分别为：

MOVB　IN1，OUT；　MOVW　IN1，OUT；　MOVD　IN1，OUT

ORB　　IN2，OUT；　ORW　　IN2，OUT；　ORD　　IN2，OUT

使 ENO =0 的错误条件是：SM4.3（运行时间），0006（间接寻址）。

这些指令影响下面的特殊存储器位：SM1.0(零)。

（3）逻辑异或指令（WXOR） 逻辑异或指令数据长度和输入、输出运算处理方法与前两条指令相同，用来完成异或逻辑操作。

STL 指令格式分别为：

MOVB IN, OUT; MOVW IN, OUT; MOVD IN1, OUT

XORB IN2, OUT; XORW IN2, OUT; XORD IN2, OUT

使 ENO =0 的错误条件是：SM4.3(运行时间)，0006(间接寻址)。

这些指令影响下面的特殊存储器位：SM1.0(零)。

（4）取反指令（INV） 取反指令也包括字节（B）、字（W）、双字（DW）等三种数据长度。指令功能是在使能输入有效时，将逻辑数按位取反，得到的逻辑运算结果，送到 OUT 指定的存储器单元输出。

STL 指令格式分别为：

MOVB IN1, OUT; MOVW IN1, OUT; MOVD IN, OUT

INVB OUT; INVW OUT; INVD OUT

使 ENO =0 的错误条件是：SM4.3(运行时间)，0006(间接寻址)。

这些指令影响下面的特殊存储器位：SM1.0(零)。

[例 7-17] 字或、双字异或、字求反、字节与操作编程举例。

解：程序见图 7-20。

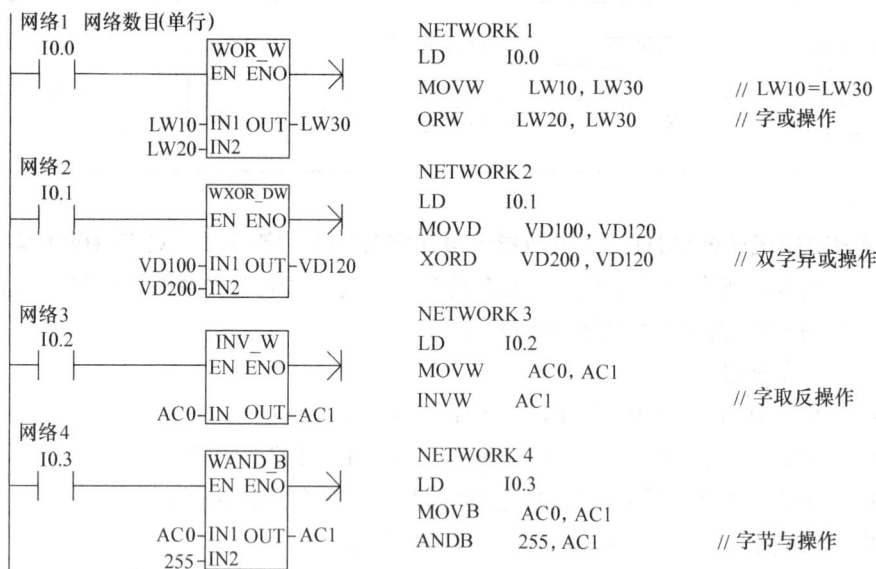

图 7-20 字逻辑运算指令的应用

7.3 数据处理指令

数据处理指令包括数据的传送指令，交换、填充指令以及移位循环指令。

7.3.1　数据传送

数据传送指令有字节、字、双字、和实数的单个传送指令，还有以字节、字、双字为单位的数据块的成组传送指令用来实现各存储器单元之间数据的传送和复制。

1. 单个数据传送

单个传送指令一次完成一个字节、字或双字的传送。指令格式参见表 7-12。

表 7-12　传送指令格式

LAD			STL	功　能
MOV_B EN　ENO ????－IN　OUT－????	MOV_W EN　ENO ????－IN　OUT－????	MOV_DW EN　ENO ????－IN　OUT－????	MOVIN, OUT	IN = OUT

指令功能是当 EN 有效时，把一个输入（IN）单字节无符号数、单字长或双字长符号数送到 OUT 指定的存储器单元输出。使能流输出 ENO 断开的出错条件是：SM4.3（运行时间）和 0006（间接寻址）。

2. 数据块传送

数据块传送指令一次可完成 N 个数据的成组传送。指令类型有字节、字、或双字等三种，如表 7-13 所示。

表 7-13　块传送指令格式

LAD			功　能
BLKMOV_B EN　ENO ????－IN　OUT－???? ????－N	BLKMOV_W EN　ENO ????－IN　OUT－???? ????－N	BLKMOV_D EN　ENO ????－IN　OUT－???? ????－N	字节、字和双字块传送

字节的数据块传送指令，使能输入（EN）有效时，把从输入（IN）字节开始的 N 个字节的数据传送到以输出字节（OUT）开始的 N 个字节中。

字的数据块传送指令，使能输入（EN）有效时，把从 IN 字开始的 N 个字的数据传送到以输出字节（OUT）开始的 N 个字的存储区中。N（BYTE）的数据范围 0 ~ 255。

使能流输出 ENO 断开的出错条件：SM4.3（运行时间），0006（间接寻址），0091（操作数超界）。

[**例 7-18**]　将变量存储器 VW100 中内容送到 VW200 中。

解：程序如图 7-21。

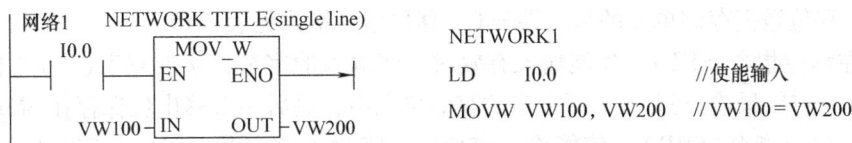

```
网络1    NETWORK TITLE(single line)        NETWORK1
 I0.0            MOV_W                    LD    I0.0           //使能输入
 ┤├─────────┤EN    ENO├────              MOVW  VW100, VW200   // VW100＝VW200

       VW100─┤IN    OUT├─VW200
```

图 7-21　数据传送指令的应用

7.3.2 字节交换/填充指令

字节交换/填充指令格式如表7-14所示。

表7-14 字节交换/填充指令格式及功能

LAD		STL	功 能
SWAP EN ENO ????—IN	FILL_N EN ENO ????—IN OUT—???? ????—N	SWAP IN FILL IN, N, OUT	字节交换 字填充

（1）字节交换指令（SWAP） 字节交换指令用来实现字的高、低字节内容交换的功能。使能输入有效时，将输入字（IN）的高，低字节交换的结果输出到（OUT）指定的存储器单元。IN、OUT 操作数的数据类型为 INT。

使能流输出 ENO =0 断开的出错条件是：SM4.3（运行时间）和0006（间接寻址）。

（2）字节填充指令（FILL） 字节填充指令用于存储区域的填充。使能输入（EN）有效时，用字节输入数据（IN）填充从输出（OUT）指定单元开始的 N 个字节存储单元。N（BYTE）的数据范围0～255。

[例7-19] 将从 VW100 开始的256个字节（128个字）的存储单元清零。

解：程序如图7-22。

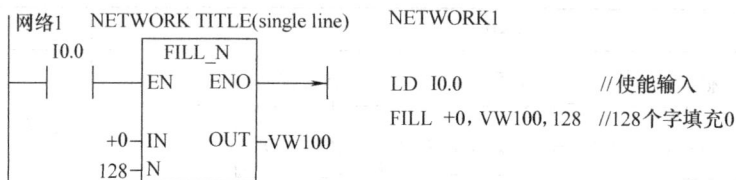

网络1 NETWORK TITLE(single line)
```
  I0.0          FILL_N
 —| |—————————EN    ENO—————
              +0—IN    OUT—VW100
             128—N
```
NETWORK1

LD I0.0   //使能输入
FILL +0, VW100, 128   //128个字填充0

图7-22 填充指令的应用

本条指令执行结果：从 VW100 开始的256个字节（VW100-VW354）的存储单元清零。

7.3.3 移位指令

移位指令分为左、右移位和循环左、右移位及寄存器移位指令三大类。前两类移位指令按移位数据长度又分为字节型、字型、双字型三种，移位指令最大移位位数 N≤数据类型（B、W、D）对应的位数。

1. 左、右移位指令

左、右移位数据存储单元与 SM1.1（溢出）端相连，溢出位被放到特殊标志存储器 SM1.1 位，移位数据存储单元的另一端补0，移位指令格式见表7-15。

（1）左移位指令（SHL） 使能输入有效时，将输入的字节、字或双字（IN）左移 N 位后（右端补0），将结果输出到 OUT 所指定的存储单元中，最后一次移出位保存在 SM1.1。

（2）右移位指令（SHR） 使能输入有效时，将输入的字节、字或双字（IN）右移 N 位后，将结果输出到 OUT 所指定的存储单元中，最后一次移出位保存在 SM1.1。

表 7-15　移位指令格式及功能

LAD			功　能
SHL_B EN ENO ????–IN OUT–???? ????–N	SHL_W EN ENO ????–IN OUT–???? ????–N	SHL_DW EN ENO ????–IN OUT–???? ????–N	字节、字、双字左移
SHR_B EN ENO ????–IN OUT–???? ????–N	SHR_W EN ENO ????–IN OUT–???? ????–N	SHR_DW EN ENO ????–IN OUT–???? ????–N	字节、字、双字右移

2. 循环左、右移位

循环移位将移位数据存储单元的首尾相连，同时又与溢出标志 SM1.1 连接，SM1.1 用来存放被溢出的位，指令格式见表 7-16。

表 7-16　循环移位指令格式及功能

LAD			功　能
ROL_B EN ENO ????–IN OUT–???? ????–N	ROL_W EN ENO ????–IN OUT–???? ????–N	ROL_DW EN ENO ????–IN OUT–???? ????–N	字节、字、双字循环左移位
ROR_B EN ENO ????–IN OUT–???? ????–N	ROR_W EN ENO ????–IN OUT–???? ????–N	ROR_DW EN ENO ????–IN OUT–???? ????–N	字节、字、双字循环右移位

（1）循环左移位指令（ROL）　使能输入有效时，字节、字或双字（IN）数据循环左移 N 位后，将结果输出到 OUT 所指定的存储单元中，并将最后一次移出位送 SM1.1。

（2）循环右移位指令（ROR）　使能输入有效时，字节、字或双字（IN）数据循环右移 N 位后，将结果输出到 OUT 所指定的存储单元中，并将最后一次移出位送 SM1.1。

左右移位及循环移位指令影响的特殊存储器位有 SM1.0（零）和 SM1.1（溢出）。如果移位操作使数据变为 0，则 SM1.0 置位。

使能流输出 ENO = 0 断开的出错条件是：SM4.3（运行时间），0006（间接寻址）。

N、IN、OUT 操作数的数据类型为 B、W、DW，寻址范围参见附录 B。

[例 7-20]　将 VD0 右移 2 位送 AC0。

解： 程序如图 7-23。

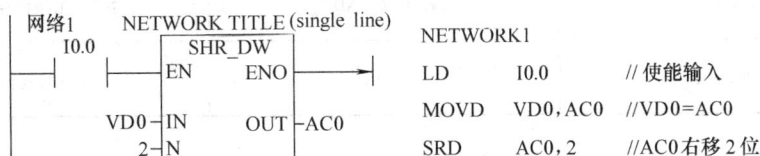

```
网络1    NETWORK TITLE (single line)      NETWORK1
I0.0           SHR_DW
─┤├───┬────┤EN    ENO├──►          LD    I0.0      // 使能输入
       │                            MOVD  VD0,AC0   //VD0=AC0
    VD0─┤IN   OUT├─AC0              SRD   AC0,2     //AC0右移2位
      2─┤N
```

图 7-23　移位指令的应用

3. 寄存器移位指令

寄存器移位指令是一个移位长度可指定的移位指令。寄存器移位格式示例见表 7-17。

表 7-17 寄存器移位指令示例

LAD	STL	功 能
SHRB EN ENO I1.1—DATA M1.1—S_BIT 10—N	SHRB I1.1, M1.0, +10	寄存器移位

梯形图中 DATA 为数值输入，指令执行时将该位的值移入移位寄存器。S-BIT 为寄存器的最低位。N 为位移寄存器的长度（1~64），N 为正值时左移位（由低到高位），DATA 值从 S-BIT 位移入，溢出位进入 SM1.1；N 为负值是右移位（由高位到低位），S-BIT 移出到 SM1.1，另一端补充 DATA 移入位的值。每次使能有效时，整个移位寄存器移动 1 位。最高位的计算方法：（N 的绝对值 − 1 + S-BIT 的位号）/8，余数即是最高位的位号，商与S-BIT的字节号之和即是最高位的字节号。

移位指令影响的特殊存储器位：SM1.1（溢出）。

使能流输出 ENO 断开的出错条件是：SM4.3（运行时间），0006（间接寻址），0009（操作数超界），0092（计数区错误）。

7.4 程序控制指令

程序控制类指令用于程序运行状态的控制，S7—200 系列 PLC 的程序控制类指令主要包括系统控制、跳转、循环、子程序调用、顺序控制等指令。

7.4.1 系统控制类指令

系统控制类指令主要包括暂停、结束、看门狗等指令，指令格式见表 7-18。

表 7-18 暂停、结束、看门狗复位指令

LAD	STL	功 能
—(STOP)	STOP	暂停指令
—(END)	END/MEND	条件/无条件结束指令
—(WDR)	WDR	看门狗复位指令

（1）暂停指令（STOP） STOP 指令在使能输入有效时，立即终止程序的执行，CPU 工作方式由 RUN 切换到 STOP 方式。如在中断程序中执行 STOP 指令，则该中断立即终止，并

且忽略所有挂起的中断，继续扫描程序的剩余部分，在本次扫描的最后，将 CPU 由 RUN 切换到 STOP。

（2）结束指令（END/MEND）　梯形图结束指令直接连在左侧电源的母线时，为无条件结束指令（MEND）；不连在左侧的母线时，为条件结束指令（END）。条件结束指令只在其使能输入有效时，终止用户程序的执行返回主程序的第一条指令执行（循环扫描工作方式）。无条件结束指令，无使能输入，直接连在左侧的母线，该指令在运行中立即终止主程序的执行，返回主程序的第一条指令。结束指令只能在主程序使用。不能用于子程序和中断服务程序。

STEP-Micro/WIN V3.1 以上版本的编程软在主程序的结尾自动生成无条件结束（MEND）指令，用户不得输入无条件结束指令，否则编译出错。

（3）看门狗复位指令（WDR）　看门狗定时器指令的功能是在其使能输入有效时，重新触发看门狗定时器 WDR，增加程序的本次扫描时间。一般在程序扫描周期超过 300ms 时使用。若 WDR 的使能输入无效，则看门狗定时器时间到时，程序必须终止当前指令，不能增加本次扫描时间，并返回到第一条指令重新启动 WDR 执行新的扫描周期。

使用 WDR 指令时，要防止过度延迟扫描完成时间，因为在终止本次扫描之前，许多操作过程不能执行，如通信（自由端口方式除外）、I/O 更新（立即 I/O 除外）、强制更新、SM 更新（SM0,SM5 ~ SM29 不能被更新）、运行时间诊断、中断程序中的 STOP 指令等。另外，如扫描时间超过 25s，10ms 和 100ms 定时器将不能正确计时。

使用 WDR 指令时要小心，因为如果你用循环指令去阻止扫描完成或过度的延迟扫描完成时间，那么在终止本次扫描之前，下列操作过程将被禁止：

① 通信（自由端口方式除外）；

② I/O 更新（立即 I/O 除外）；

③ 强制更新；

④ SM 位更新（SM0,SM5 ~ SM29 不能被更新）；

⑤ 运行时间诊断；

⑥ 由于扫描时间超过 25s，10ms 和 100ms 定时器将不会正确累计时间；

⑦ 在中断程序中的 STOP 指令。

[例 7-21]　暂停、条件结束、看门狗复位指令应用举例，如图 7-24 所示。

图 7-24　暂停、条件结束、看门狗复位指令的应用

7.4.2　跳转、循环、子程序调用指令

跳转、循环、子程序调用指令用于程序执行顺序的控制，指令格式见表 7-19。

表 7-19 跳转、循环指令格式

LAD	STL	功　能
"n" —(JMP) "n" —[LBL]	JMP　n LBL　n	跳转指令 跳转标号
FOR EN　　ENO ????—INDX ????—INIT ????—FINAL	FOR　IN1，IN2，IN3 NEXT	循环开始 循环返回
SBR0 EN —(RET)	CALL　SBR0 CRET RET	子程序调用 子程序条件返回 自动生成无条件返回

（1）程序跳转指令（JMP）　跳转指令（JMP）和跳转地址标号指令（LBL）配合使用，实现程序的跳转。使能输入有效时，使程序跳转到指定标号 n 处执行（在同一程序内），跳转标号 n = 0 ~ 255。使能输入有效时，程序顺序执行。

跳转和标号指令必须用在主程序、子程序或中断程序中。不能从主程序跳到子程序或中断程序，同样不能从子程序或中断程序跳出。

（2）循环控制指令（FOR）　程序循环结构，用于重复循环执行一段程序，由 FOR 和 NEXT 指令构成程序的循环体。FOR 指令标记循环的开始，NEXT 指令为循环体的结构指令。

FOR 指令为指令盒格式，EN 为使能输入，INIT 为循环次数初始值，INDX 为当前值计数，FINAL 为循环计数终值。

工作原理：使能输入（EN）有效，循环体开始执行，执行到 NEXT 指令时返回，每执行一次循环体，当前计数器（INDX）增1，达到终值（FINAL）时，循环结束。例如初始值 FINAL 为10，终值 FINAL 为20，当 EN 有效时执行循环体时 INDDX 从10开始计数，每执行一次，INDX 当前值就加1，INDX 计数到20时，循环结束。

使能输入无效时，循环体程序不执行。各参数在每次使能输入有效时自动复位。FOR/NEXT 指令必须成对使用，循环可以嵌套，最多为8层。

如果允许 FOR/NEXT 循环，除非在循环内部修改了终值，循环体就一直循环执行直到循环结束。当 FOR/NEXT 循环执行的过程中可以修改这些值。

当循环再次允许时，它把初始值拷贝到指针值中（当前循环次数）。当下一次允许时，FOR/NEXT 指令复位它自己。

（3）子程序调用指令（SBR）　通常将具有特定功能、并且多次使用的程序段作为子程序。子程序可以多次被调用，也可以嵌套（最多8层）还可以递归调用（自己调用）。

子程序有子程序调用和子程序返回两大类指令，子程序返回又分条件返回和无条件返回。子程序调用指令可用于主程序或其他调用子程序的程序中，子程序的无条件返回指令在子程序的最后网络段，梯形图指令系统能够自动生成子程序的无条件返回指令，用户无需输入。

建立子程序的方法：在编程软件的程序数据窗口的下方有主程序（OB1）、子程序（SUB0）、中断服务程序（INT0）的标签，点击子程序标签即可进入 SUB0 子程序显示区。也可以通过指令树的项目进入子程序 SUB0 显示区。添加一个子程序时，可以用编辑菜单的插入项增加一个子程序，子程序编号 N 从 0 开始自动向上生成。

[**例 7-22**] 循环、跳转及子程序调用指令应用程序，如图 7-25 所示。

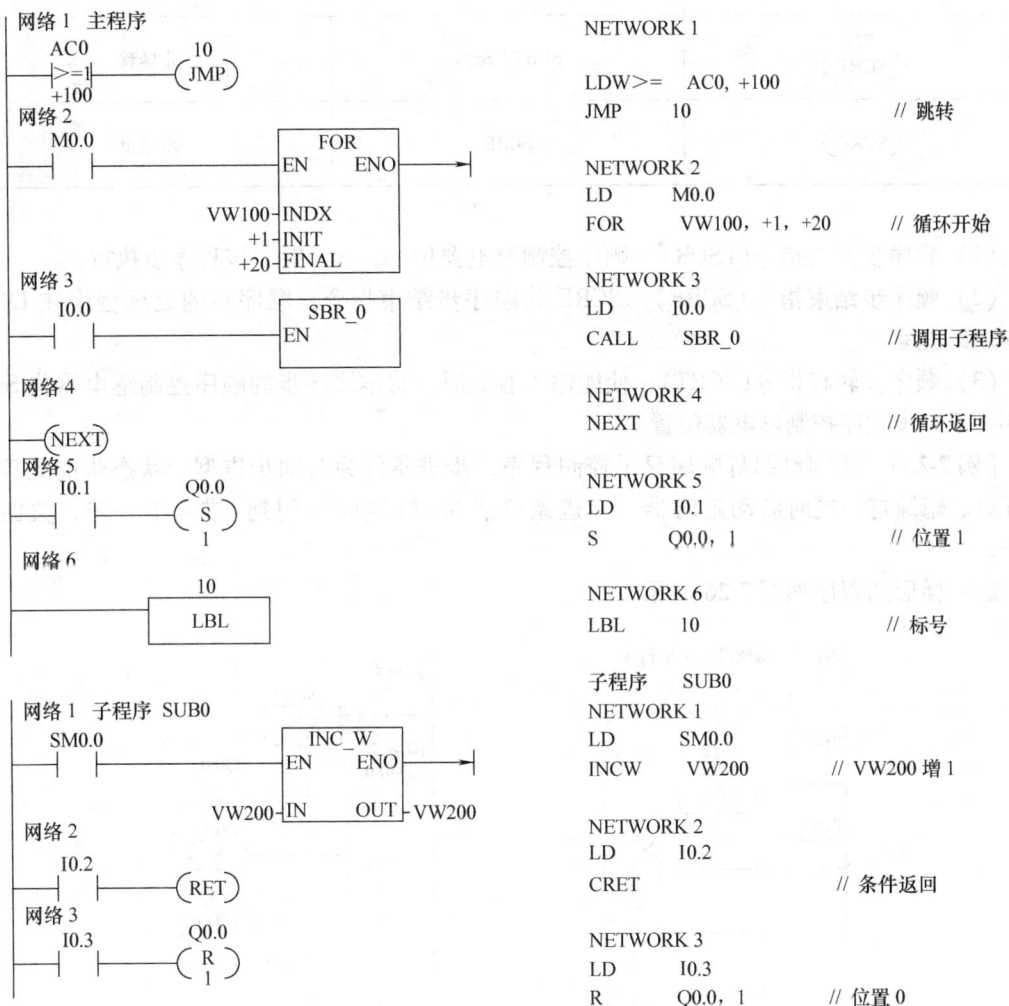

图 7-25　循环、跳转及子程序调用指令的应用

7.4.3　顺序控制指令

梯形图程序的设计思想和其他高级语言一样，应该首先用程序流程图来描述程序的设计思想，然后再用指令编写出符合程序设计思想的程序。梯形图程序常用的一种程序流程图叫

程序的功能流程图，使用功能流程图可以描述程序的顺序执行，循环，条件分支，程序的合并等功能流程概念。在功能流程图中，程序的执行分成各个程序步，每一步由进入条件，程序处理，转换条件和程序结束等四个部分组成。功能流图中常用顺序控制继电器 S0.0 ～ S31.7 代表程序的状态步，顺序控制指令可以将功能流图转换成梯形图程序。

顺序控制用三条指令描述程序的顺序控制步进状态，指令格式见表 7-20。

表 7-20 顺序控制指令格式

LAD	STL	功　能
??? SCR	LSCR　Sx. y	步开始
??? (SCRT)	SCRT　Sx. y	步转移
(SCRE)	SCRE	步结束

（1）顺序步开始指令（LSCR）　顺序控制继电器位 Sx. y = 1 时，该程序步执行。

（2）顺序步结束指令（SCRE）　 SCRE 为顺序步结束指令，顺序步的处理程序在 LSCR 和 SCRE 之间。

（3）顺序步转移指令（SCRT）　使能输入有效时，将本顺序步的顺序控制继电器位 Sx. y 清零，下一步顺序控制继电器位置 1。

[例 7-23]　编写红绿灯顺序显示控制程序，步进条件为时间步进型。状态步的处理为点红灯、熄绿灯，同时启动定时器，步进条件满足时（定时时间到）进入下一步，关断上一步。

解：梯形图程序如图 7-26 所示。

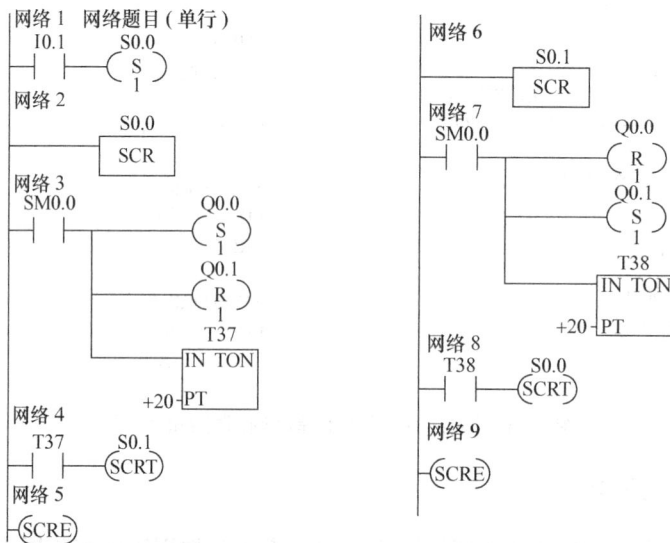

图 7-26　红绿灯顺序显示梯形图程序

工作原理分析：当 I0.1 输入有效时，启动 S0.0，执行程序的第一步，输出点 Q0.0 置 1（点亮红灯），Q0.1 置 0（熄灭绿灯），同时启动定时器 T37，经过 2s，步进转移指令使得 S0.1 置 1，S0.0 置 0，程序进入第二步，输出点 Q0.1 置 1（点亮绿灯），Q0.0 置 0（熄灭红灯），同时启动定时器 T38，经过 2s，步进转移指令使得 S0.0 置 1，S0.1 置 0，程序进入第一步执行。如此周而复始，循环工作。

习　　题

7-1　写出图 7-27 所示梯形图程序对应的语句表指令。

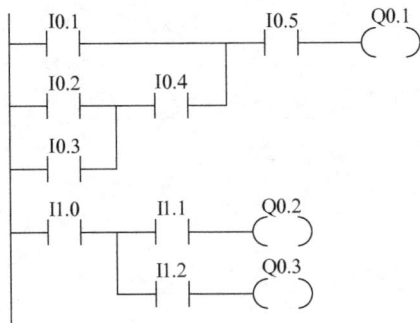

图 7-27　习题 7-1 图

7-2　根据下列语句表程序，写出梯形图程序。

LD	I0.0	A	I0.6
AN	I0.1	=	Q0.1
LD	I0.2	LPP	
A	I0.3	A	I0.7
O	I0.4	=	Q0.2
A	I0.5	A	I1.1
OLD		=	Q0.3
LPS			

7-3　使用置位、复位指令，编写两套电动机（两台）的控制程序，两套程序控制要求如下：

(1) 起动时，电动机 M1 先起动，才能起动电动机 M2，停止时，电动机 M1、M2 同时停止。

(2) 起动时，电动机 M1、M2 同时起动，停止时，只有在电动机 M2 停止时，电动机 M1 才能停止。

7-4　设计周期为 5s，占空比为 20% 的方波输出信号程序（输出点可以使用 Q0.0）。

7-5　编写断电延时 5s 后，M0.0 置位的程序。

7-6　运用算术运算指令完成下列算式的运算。

(1) $[(100+200)\times 10]/3$。

(2) 求 6^{78}。

(3) 求 $\sin 65°$ 的函数值。

7-7　用逻辑操作指令编写一段数据处理程序，将累加器 AC0 与 VW100 存储单元数据实现逻辑与操作，并将运算结果存入累加器 AC0。

7-8　编写一段程序，将 VB100 开始的 50 个字的数据传送到 VB1000 开始的存储区。

7-9　分析寄存器移位指令和左、右移位指令的区别。

7-10　编写一段程序，将 VB0 开始的 256 个字节存储单元清零。

7-11 编写出将 IB0 字节高 4 位和低 4 位进行数据交换，然后，将结果送入定时器 T37 作为定时器预置值的程序段。

7-12 写出能循环执行 5 次程序段的循环体梯形图。

7-13 使用顺序控制程序结构，编写出实现红、黄、绿三种颜色信号灯循环显示程序（要求循环间隔时间为 1s），并划出该程序设计的功能流程图。

第8章 S7—200系列PLC功能指令

PLC为了实现比较复杂的控制功能，除前面介绍过的基本操作指令外，还有功能指令。功能指令也叫应用指令，实质上就是一些功能不同的子程序，合理、正确地使用功能指令，对优化程序结构、提高应用系统的功能、简化对一些复杂问题的处理有着重要的作用。本章介绍表功能指令、转换指令、中断指令、高速处理指令、时钟指令、PID指令以及通信指令的格式和梯形图编程方法。

8.1 表功能指令

表功能指令用来建立和存取字类型的数据表。表中第一个数是最大填表数(TL)，第二个数是实际填表数(EC)，指出已填入表的数据个数。从第3个字节地址开始存放数据，新的数据填加在表中上一个数据的后面，一个表最多能存储100个数据。

表功能指令有填表指令、先进先出和后进先出指令及查表指令等。

8.1.1 填表指令

填表指令(ATT)用于把指定的字型数据添加到表格中。指令格式见表8-1，其在程序中的引用方式如图8-1所示。

表8-1 填表指令的指令格式

LAD	STL	功能描述
AD_T_TBL EN　　END ????-DATA ????-TBL	ATT　DATA, TBL	当使能端输入有效时，将DATA指定的数据添加到表格TBL中最后一个数据的后面

其具体说明如下。

1) 该指令在梯形图中有2个数据输入端：DATA为数据输入，指出被填表的字型数据或其地址；TBL为表格的首地址，用以指明被填表格的位置。

2) DATA、TBL为字型数据，操作数寻址方式见附录B。

3) 表存数时，新填入的数据添加在表中最后一个数据的后面，且实际填表数EC值自动加1。

4) 填表指令会影响特殊存储器标志位SM1.4。

5) 使能流输出ENO=0的出错条件：SM4.3(运行时间)，0006(间接寻址错误)，0091(操作数超界)。

[例8-1] 将数据(VW100)=1234填入表中，表的首地址为VW200。

指令执行后表中数据的变化结果如图8-2所示。

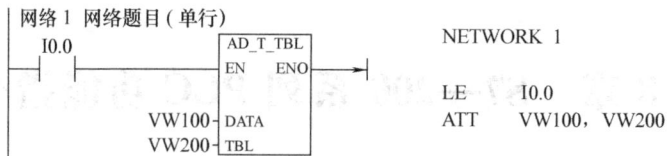

图 8-1 填表指令的应用

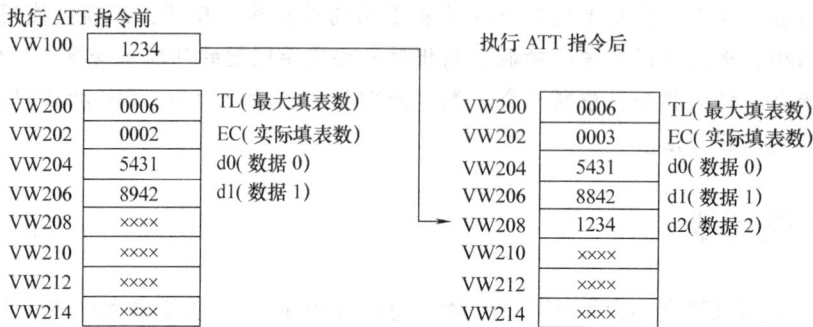

图 8-2 ATT 执行结果

8.1.2 先进先出和后进先出指令

从表中移出一个数据有先进先出(FIFO)和后进先出(LIFO)两种方式。一个数据从表中移出之后，表的实际填表数 EC 值自动减 1。两种表取数指令的格式见表 8-2。

表 8-2 FIFO、LIFO 指令格式

LAD	STL	功 能 描 述
FIFO EN ENO ????-TBL DATA-????	FIFO TBL, DATA	当功能端输入有效时，从 TBL 指明的表中移出第一个字型数据，并将该数据输出到 DATA，剩余数据依次上移一个位置
LIFO EN ENO ????-TBL DATA-????	LIFO TBL, DATA	当功能端输入有效时，从 TBL 指明的表中移走最后一个数据，剩余数据位置保持不变，并将此数据输出到 DATA

先进先出(FIFO)指令从表(TBL)中移走最先放进的第一个数据(数据 0)，并将它送入 DATA 指定的地址，表中剩下的各项数据依次向上移动一个位置。每次执行这个指令，表中的项数 EC 减 1，DATA 为 WORD 型，TABLE 为 INT 型。

后进先出(LIFO)指令从表(TBL)中移走最后放进的数据，并将它送入 DATA 指定的地址，表中剩下的各项数据依次向上移动一个位置。每次执行这个指令，表中的项数 EC 减 1，DATA 为 WORD 型，TABLE 为 INT 型。

使能流输出 ENO 断开的出错条件：SM4.3(运行时间)，0006(间接寻址)，0091(操作数超界)。

[例 8-2] 运用 FIFO 指令从例 8-1 所示的表中取数，并将数据分别输出到 VW400。

程序设计如图 8-3 所示。

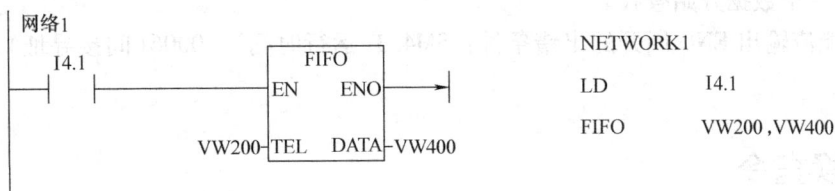

图 8-3　FIFO 指令的应用

解：指令执行后的结果如图 8-4 所示。

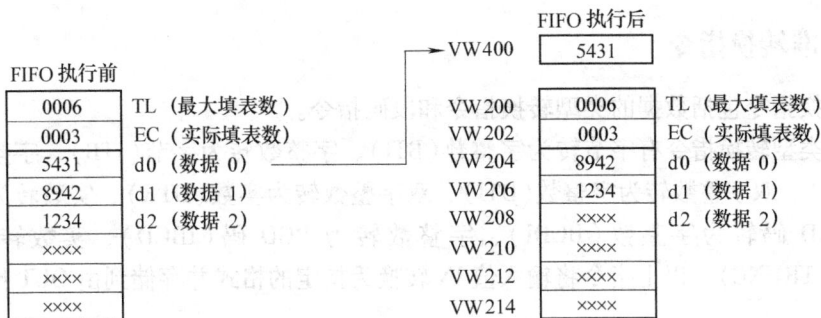

图 8-4　FIFO 指令执行后的结果

8.1.3　查表指令

表查找指令是从字型数据表中找出符合条件的数据在表中的地址编号，编号范围为 0 ~ 99。表查找指令的格式见表 8-3。

表 8-3　表查找指令格式

LAD	STL	功　能　描　述
TBL_FIND EN　ENO ???? - TBL ???? - PTN ???? - INDX ???? - CMD	FND =　TBL, PANRN, INDX FND < > TBL, PANRN, INDX FND <　TBL, PANRN, INDX FND >　TBL, PANRN, INDX	当使能输入有效时，从 INDX 开始搜索表 TBL，寻找符合条件 PTN 和 CMD 所决定的数据

指令使用说明如下。

1）在梯形图中 4 个数据输入端：TBL 为表格首地址，用以指明被访问的表格；PTN 是用来描述查表条件时进行比较的数据；CMD 是比较运算的编码，它是一个 1 ~ 4 的数值，分别代表运算符 =、〈〉、〈 、〉；INDX 用来指定表中符合查找条件的数据所在的位置。

2）TBL、PTN、INDX 为字型数据，CMD 为字节型数据，操作数寻址方式见附录 B。

3）表查找指令执行前，应先对 INDX 的内容清零。当使能输入有效时，从数据表的第 1 个数据开始查找符合条件的数据，若没有发现符合条件的数据，则 INDX 的值等于 EC；若找到一个符合条件的数据，则将该数据在表中的地址装入 INDX 中；若找到一个符合条件的数据后，想继续向下查找，必须先对 INDX 加 1，然后重新激活表查找指令，从表中符合条件数据的下一个数据开始查找。

4）使能流输出 ENO 断开的出错条件：SM4.3（运行时间），0006（间接寻址），0091（操作数超界）。

8.2 转换指令

转换指令是对操作数的类型进行转换，并输出到指定的目标地址中去。转换指令包括标准转换指令、ASCII 码转换指令、字符串转换指令以及编码和译码指令。

8.2.1 标准转换指令

标准转换指令包括数据的类型转换指令和段码指令。

数据的类型转换指令有字节转为字整数（BTI）、字整数转为字节（ITB）、字整数转为双字整数（ITD）、双字整数转为字整数（DTI）、双字整数转为实数（DTR）、实数转为双字整数（RTD）、BCD 码转为字整数（BCDI）、字整数转为 BCD 码（IBCD）、实数转为字整数（ROUND 和 TRUNC）。以上指令将输入值 IN 转换为指定的格式并存储到由 OUT 指定的输出值存储区中。

段码指令用来产生一个点阵码，可用于点亮七段码显示器的各个段。

1. BCD 码与字整数之间的转换

BCD 码与字整数间的类型转换是双向的。BCD 码与字整数类型转换的指令格式见表 8-4。

表 8-4　BCD 码与整数类型转换的指令格式

LAD	STL	功 能 描 述
BCD_I —EN　ENO— ????—IN　OUT—????	BCDI　OUT	使能输入有效时，将 BCD 码输入数据 IN 转换成字整数类型，并将结果送到 OUT 输出
I_BCD —EN　ENO— ????—IN　OUT—????	IBCD　OUT	使能输入有效时，将字整数输入数据 IN 转换成 BCD 码类型，并将结果送到 OUT 输出

指令使用说明如下。

1）梯形图中，IN 和 OUT 可指定同一元器件，以节省元器件。若 IN 和 OUT 操作数地址指的是不同元器件，在执行转换指令时，分成两条指令来操作：

$$\text{MOV}\quad\text{IN}\quad\text{OUT}$$
$$\text{BCDI}\quad\text{OUT}$$

2）若 IN 指定的源数据格式不正确，则 SM1.6 置 1。

3）IN 指定的源数据的范围是 0 ~ 9999。

2. 字节与字整数之间的转换

字节型数据是无符号数，字节型数据与字整数之间转换的指令格式见表 8-5。

表 8-5　字节型数据与字整数类型转换的指令格式

LAD	STL	功 能 描 述
I_B —EN　ENO— ????—IN　OUT—????	BTI　IN, OUT	使能输入有效时，将字节型输入数据 IN 转换成字整数类型，并将结果送到 OUT 输出
B_I —EN　ENO— ????—IN　OUT—????	ITB　IN, OUT	使能输入有效时，将字整数型输入数据 IN 转换成字节型，并将结果送到 OUT 输出

指令使用说明如下。

1）对整数转换为字节指令 ITB，输入数据的大小范围为 0~255，若超出这个范围，则会造成溢出，使 SM1.1 = 1。

2）使能流输出 ENO 断开的出错条件：SM4.3（运行时间），0006（间接寻址出错）。

3. 字型整数与双字整数之间的转换

字型整数与双字整数的类型转换指令格式见表 8-6。

表 8-6　字型整数与双字整数的类型转换指令格式

LAD	STL	功 能 描 述
DI_I —EN　ENO— ????—IN　OUT—????	DTI　IN, OUT	使能输入有效时，将双整数输入数据 IN 转换成整数类型，并将结果送到 OUT 输出
I_DI —EN　ENO— ????—IN　OUT—????	IDT　IN, OUT	使能输入有效时，将字整数输入数据 IN 转换成双整数类型，并将结果送到 OUT 输出

指令使用说明如下。

1）双整数转换为字整数时，输入数据超出范围则产生溢出。

2）使能流输出 ENO 断开的出错条件：SM4.3（运行时间），0006（间接寻址出错）。

4. 双字整数与实数之间的转换

双字整数与实数的类型转换指令格式见表 8-7。

表 8-7　双字整数与实数的类型转换指令格式

LAD	STL	功 能 描 述
ROUND —EN　ENO— ????—IN　OUT—????	ROUND　IN　OUT	使能输入有效时，将实数型输入数据 IN 转换成双字整数，并将结果送到 OUT
TRUNC —EN　ENO— ????—IN　OUT—????	TRUNC　IN　OUT	使能输入有效时，将 32 位实数转换成 32 位有符号整数输出，只有实数的整数部分被转换
DI_I —EN　ENO— ????—IN　OUT—????	DTR　IN　OUT	使能输入有效时，将双整数输入数据 IN 转换成实数型，并将结果送到 OUT 输出

指令使用说明如下。

1）ROUND 和 TRUNC 都能将实数转换成双字整数。但前者将小数部分四舍五入，转换为整数，而后者将小数部分直接舍去取整。

2）将实数转换成双字整数的过程中，会出现溢出现象。

3）使能流输出 ENO 断开的出错条件：SM1.1（溢出），SM4.3（运行时间），0006（间接寻址出错）。

[例8-3] 在控制系统中，有时需要进行单位互换，例如把英寸转换成厘米，C10 的值为当前的英寸计数值，1in = 2.54cm，（VD4）= 2.54。

解：转换示例程序如图8-5 所示。

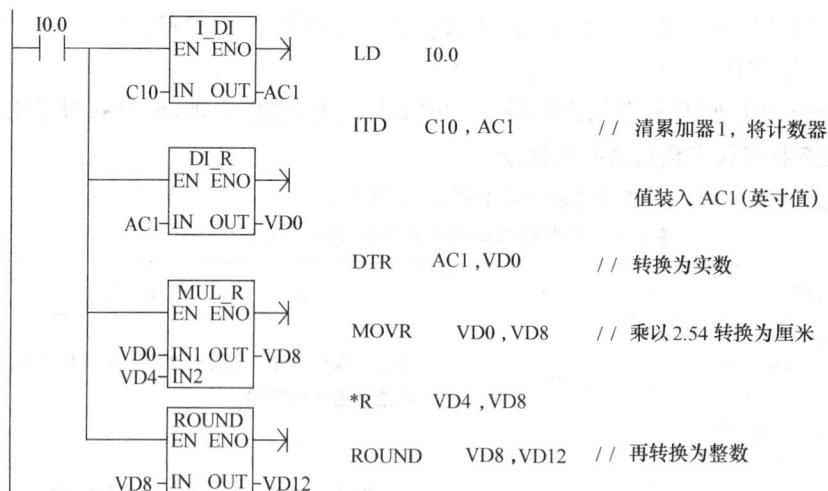

```
LD      I0.0

ITD     C10 , AC1      // 清累加器1，将计数器
                              值装入 AC1（英寸值）

DTR     AC1 , VD0      // 转换为实数

MOVR    VD0 , VD8      // 乘以2.54转换为厘米

*R      VD4 , VD8

ROUND   VD8 , VD12     // 再转换为整数
```

图8-5　转换指令的应用

5. 段码指令

段码指令的格式见表8-8。

表8-8　段码指令的格式

LAD	STL	功 能 描 述
SEG EN ENO ????-IN OUT-????	SEG IN, OUT	使能输入有效时，将字节型输入数据 IN 的低四位有效数字转换为相应的七段显示码，并将其输出到 OUT 指定的单元

指令使用说明如下。

1）七段显示数码管 g、f、e、d、c、b、a 的位置关系和数字 0~9、字母 A~F 与七段显示码的对应关系如图8-6 所示。

每段置1时亮，置0时暗。与其对应的8位编码（最高位补0）称为七段显示码。例如：要显示数据"0"时，七段数码管明暗规则依次为 0111 1111（g管暗，其余各管亮）将高位补0后为 0011 1111。即"0"译码为"3F"。

2）使能流输出 ENO 断开的出错条件：SM4.3（运行时间），0006（间接寻址错误）。

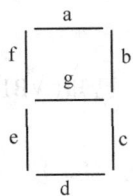

IN (LSD)	OUT	IN (LSD)	OUT	IN (LSD)	OUT	IN (LSD)	OUT
0	3F	4	66	8	7F	C	39
1	06	5	6D	9	6F	D	5E
2	5B	6	7D	A	77	E	79
3	4F	7	07	B	7C	F	71

图 8-6　七段显示码及对应代码

[例 8-4]　编写实现用七段码显示数字 5 段代码的程序。

解：程序实现见图 8-7。

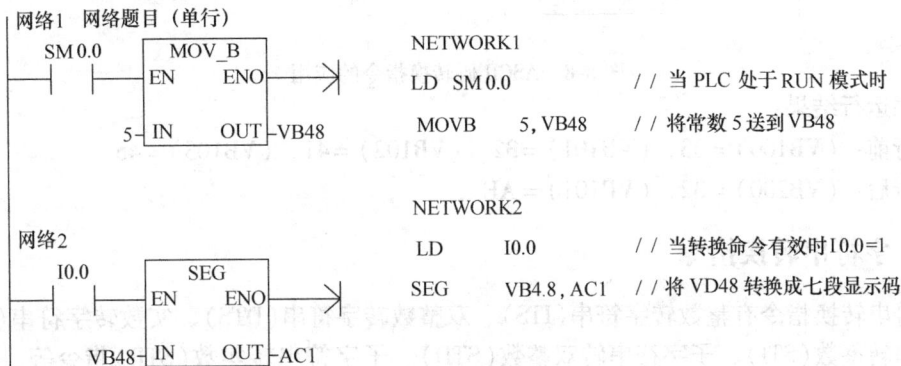

图 8-7　段码指令的应用

程序运行结果为（AC1）= 6D。

8.2.2　ASCII 码转换指令

ASCII 码转换指令是将标准字符编码 ASCII 码字符串与十六进制数、整数、双整数及实数之间进行转换。ASCII 码转换指令的格式见表 8-9。

表 8-9　字符串转换类的指令格式

LAD	STL	功　能　描　述
ATH EN ENO ????-IN OUT-???? ????-LEN	ATH　IN, OUT, LEN	使能输入有效时，把从 IN 字符开始，长度为 LEN 的 ASCII 码字符串转换成从 OUT 开始的十六进制数
HTA EN ENO ????-IN OUT-???? ????-LEN	HTA　IN, OUT, LEN	使能输入有效时，把从 IN 字符开始，长度为 LEN 的十六进制数转换成从 OUT 开始的 ASCII 码字符串
ITA EN ENO ????-IN OUT-???? ????-FMT	ITA　IN, OUT, FMT	使能输入有效时，把输入端 IN 的整数转换成一个 ASCII 码字符串
DTA EN ENO ????-IN OUT-???? ????-FMT	DTA　IN, OUT, FMT	使能输入有效时，把输入端 IN 的双字整数转换成一个 ASCII 码字符串
RTA EN ENO ????-IN OUT-???? ????-FMT	RTA　IN, OUT, FMT	使能输入有效时，把输入端 IN 的实数转换成一个 ASCII 码字符串

指令使用说明如下。

1) 可进行转换的 ASCII 码为 0~9 及 A~F 的编码。

2) 操作数寻址方式见附录 B。

[例 8-5] 编程将 VD100 中存储的 ASCII 代码转换成十六进制数。已知（VB100）= 33，（VB101）= 32，（VB102）= 41，（VB103）= 45。

解：程序设计如图 8-8 所示。

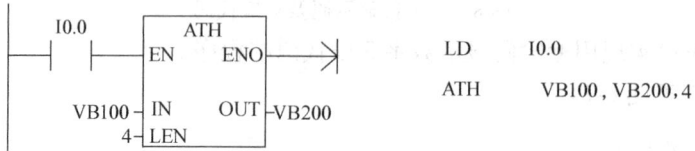

图 8-8　ASCII 码转换指令的应用

程序运行结果：

执行前：（VB100）= 33，（VB101）= 32，（VB102）= 41，（VB103）= 45。

执行后：（VB200）= 32，（VB101）= AE。

8.2.3　字符串转换指令

字符串转换指令有整数转字符串（ITS）、双整数转字符串（DTS）、实数转字符串（RTS）、子字符串转整数（STI）、子字符串转双整数（STD）、子字符串转实数（STR）指令等。字符串转换指令的格式见表 8-10。

表 8-10　字符串转换类的指令格式

LAD	STL	功能描述
I_S EN ENO ????-IN OUT-???? ????-FMT	ITS IN, OUT, FMT	使能输入有效时，将一个整数 IN 转换为 8 个字符长的 ASCII 码字符串，结果字符串被写入从 OUT 开始的 9 个连续字节中
DI_S EN ENO ????-IN OUT-???? ????-FMT	DTS IN, OUT, FMT	使能输入有效时，将一个双整数 IN 转换为 12 个字符长的 ASCII 码字符串，结果字符串被写入从 OUT 开始的 13 个连续字节中
R_S EN ENO ????-IN OUT-???? ????-FMT	RTS IN, OUT, FMT	使能输入有效时，将一个实数 IN 转换为一个 ASCII 码字符串，结果被写入从 OUT 开始的若干个连续字节中，字符串长度由格式操作数 FMT 给出
S_I EN ENO ????-IN OUT-???? ????-INDX	STI IN, INDX, OUT	使能输入有效时，将一个从 IN 开始的字符串中的子字符串转换为一个整数，结果被写入 OUT 中。INDX 指明从字符串的第几位开始转换
S_DI EN ENO ????-IN OUT-???? ????-INDX	STD IN, INDX, OUT	使能输入有效时，将一个从 IN 开始的字符串中的子字符串转换为一个双整数，结果被写入 OUT 中。INDX 指明从字符串的第几位开始转换
S_R EN ENO ????-IN OUT-???? ????-INDX	STR IN, INDX, OUT	使能输入有效时，将一个从 IN 开始的字符串中的子字符串转换为一个实数，结果被写入 OUT 中。INDX 指明从字符串的第几位开始转换

指令使用说明如下。

1）格式操作数 FMT 指定小数点右侧的转换精度和使用逗号还是点号作为小数点。输出缓冲区中小数点右侧的数字位数为 0 到 5。

2）操作数寻址方式见附录 B。

8.2.4 编码和译码指令

在可编程控制器中，字型数据可以是 16 位二进制数，也可用 4 位十六进制数来表示，编码过程就是把字型数据中最低有效位的位号进行编码，而译码过程是将执行数据所表示的位号对所指定单元的字型数据的对应位置 1。

1. 编码指令

编码指令的指令格式见表 8-11。

表 8-11 编码指令的指令格式

LAD	STL	功 能 描 述
ENCO EN ENO ????- IN OUT -????	ENCO IN，OUT	使能输入有效时，将字型输入数据 IN 的最低有效位（值为 1 的位）的位号输入到 OUT 所指定的字节单元的低 4 位

指令使用说明如下。

1）IN、OUT 的数据类型分别为 WORD、BYTE，操作数寻址方式见附录 B。

2）使能流输入 ENO 断开的出错条件：SM4.3（运行时间），0006（间接寻址错误）。

2. 译码指令

译码指令的指令格式见表 8-12。

表 8-12 译码指令的指令格式

LAD	STL	功 能 描 述
DECO EN ENO ????- IN OUT -????	DECO IN，OUT	使能输入有效时，将字节型输入数据 IN 的低四位所表示的位号对 OUT 所指定的字单元的对应位置 1，其他位复 0

指令使用说明如下。

1）IN、OUT 的数据类型分别为 BYTE、WORD，操作数寻址方式见附录 B。

2）使能流输出 ENO 断开的出错条件：SM4.3（运行时间），0006（间接寻址出错）。

8.3 中断指令

中断是计算机在实时处理和实时控制不可缺少的一项技术。所谓中断，指当控制系统执行正常程序时，对系统中出现的某些异常情况或特殊请求的紧急处理。这时系统暂时中断现行程序，转去对随机发生的更紧迫事件进行处理（进行中断服务程序），当该事件处理完毕后，系统自动回到原来被中断的程序继续执行。

8.3.1 中断源

中断源是能够向 PLC 发出中断请求的中断事件。S7—200 有 26 个中断源。每个中断源都分配一个编号用于识别，称为中断事件号。例如 I0.0 上升沿引起的中断被固定定义为事件 0，定时中断 0 被固定定义为中断事件 10 等。这些中断源大致分为三大类：通信中断、输入输出中断和时间中断。

（1）通信中断　可编程控制器在自由通信模式下，通信口的状态可由程序来控制。用户可以通过编程来设置通信协议、波特率和奇偶校验。

（2）I/O 中断　I/O 中断包括外部输入中断、高速计数器中断和脉冲串输出中断。外部输入中断是系统利用 I0.0 ~ I0.3 的上升或下降沿产生中断。这些输入点可被用作连接某些一旦发生必须引起注意的外部事件；高速计数器中断可以影响当前值，可以是由等于预设值、计数方向的改变、计数器外部复位等事件所引起；脉冲串输出中断可以用来响应给定数量的脉冲输出完成。

（3）时间中断　时间中断包括定时中断和定时器中断。定时器中断可用来支持一个周期性的活动。周期时间以 1ms 为单位，周期设定时间 5 ~ 255ms。对于定时中断 0，把周期时间值写入 SMB34；对定时中断 1，把周期时间值写入 SMB35。每当达到定时时间值，相关定时器溢出，执行中断处理程序。定时中断可以用来以固定的时间间隔作为采样周期，实现对模拟量输入采样，或执行一个回路的 PID 控制。定时器中断只能使用 1ms 通电和断电延时定时器 T32 和 T96。

8.3.2　中断优先级

在 PLC 应用系统中通常有多个中断源。当多个中断源同时向 CPU 申请中断时，要求 CPU 能将全部中断源按中断性质和处理的轻重缓急进行排队，并给予优先权。给中断源指定处理的次序就是给中断源确定中断优先级。

西门子公司 CPU 规定的中断优先级由高到低依次是：通信、I/O 中断、时基中断，每类中断的不同中断事件又有不同的优先权。具体内容请查阅 SIEMENS 公司的有关技术文件。

在 PLC 中，CPU 响应中断的顺序可以分为以下三种情况：

1）当不同的优先级的中断源同时申请中断时，CPU 响应中断请求的顺序为优先级高的中断源先处理，优先级低的中断源后处理。

2）当相同的优先级的中断源同时申请中断时，CPU 按先来先服务的原则响应中断请求。

3）当 CPU 正在处理某中断，又有新中断源提出中断请求时，新出现的中断请求按优先级排队等候处理，当前中断服务程序不会被其他甚至更高优先级的中断程序打断。任何时刻 CPU 只执行一个中断程序。

8.3.3　中断控制指令

经过中断优先级排序后，将优先级最高的中断请求送给 CPU，CPU 响应中断后自动保存逻辑堆栈、累加器和某些特殊标志寄存器位，即保护现场。中断处理完成后，又自动恢复这些单元保存的数据，即恢复现场。中断控制指令有 5 条，中断返回指令有 1 条，其指令格式见表 8-13。

表 8-13　中断指令的指令格式

LAD	STL	功能描述
 —(ENI)	ENI	开中断指令，使能输入有效时，全局地允许所有中断事件中断
 —(DISI)	DISI	关中断指令，使能输入有效时，全局地关闭所有被连接的中断事件
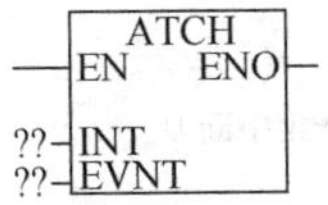 ATCH EN ENO ??-INT ??-EVNT	ATCH　INT EVENT	中断连接指令，使能输入有效时，把一个中断事件 EVENT 和一个中断程序 INT 联系起来，并允许中断
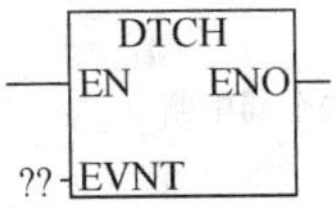 DTCH EN ENO ??-EVNT	DTCH　EVENT	中断分离指令，使能输入有效时，切断一个中断事件和中断程序的联系，并禁止该中断事件
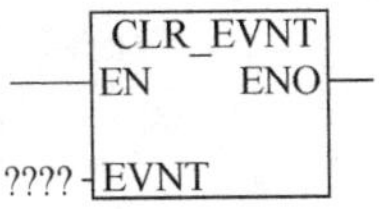 CLR_EVNT EN ENO ????-EVNT	CEVNT　EVENT	清除中断事件指令，使能输入有效时，删除中断队列中所有类型为 EVENT 的中断事件
 —(RETI)	CRETI	中断子程序条件返回指令

指令使用说明如下。

1）当进入正常运行 RUN 模式时，CPU 禁止所有中断，但可以在 RUN 模式下执行中断允许指令 ENI，允许所有中断。

2）多个中断事件可以调用一个中断程序，但一个中断事件不能同时调用多个中断程序。

3）中断分离指令 DTCH 禁止中断事件和中断程序之间的联系，它仅禁止某中断事件，全局中断禁止指令 DISI，禁止所有中断。

4）中断服务子程序是用户为处理中断事件而事先编制的程序，编制时可以用中断程序入口处的中断程序号 n 来识别每一个中断程序。中断服务程序从中断程序号开始，以无条件返回指令结束。在中断程序中间，用户可根据逻辑需要使用条件返回指令，返回主程序。PLC 系统中的中断指令与微机系统中的中断指令不同，它不允许嵌套。

5）操作数

　　　　　　n　　　　中断程序号　　　0～127　　（为常数）
　　　EVENT　　中断事件号　　　0～32　　（为常数）

[例 8-6]　编写一段中断事件 0 的初始化程序。中断事件 0 是 I0.0 上升沿产生的中断事件。当 I0.0 有效时，开中断，系统可以对中断 0 进行响应，执行中断服务程序 INT0。

解：主程序如图 8-9 所示。

网络1 网络题目（单行）

```
网络 1
  SM0.1        ATCH
   ┤├────────┤EN  ENO├──────
              │        │
          INT_0─INT
              0─EVNT

          ────(ENI)

网络 2
  SM5.0        DTCH
   ┤├────────┤EN  ENO├──────
              │        │
              0─EVNT

网络 3
  SM5.0
   ┤├──────(DISI)
```

NETWORK 1

LD   SM0.1

ATCH   INT_0,0   // 中断 0 与 INT_0,
                                连接 SM5.0 置 1

ENI

NETWORK 2

LD   SM5.0

DTCH   0   // 禁止中断 0

NETWORK 3

LD   SM5.0

DISI   // 关全局中断

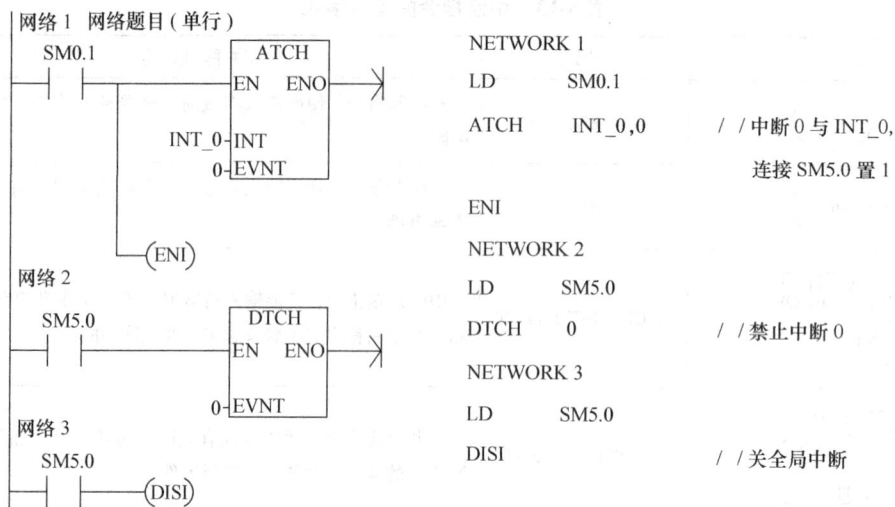

图 8-9 中断指令的应用

8.4 高速处理指令

高速处理类指令主要有高速计数器指令和高速脉冲输出指令。

8.4.1 高速计数指令

高速计数器 HSC(High Speed Counter)在现代自动控制的精确定位控制领域有重要的应用价值。高速计数器用来累计比可编程控制器的扫描频率高得多的脉冲输入(30kHz)，利用产生的中断事件完成预定的操作。

1. S7—200 系列的高速计数器

不同型号的 PLC 主机，高速计数器的数量不同，使用时每个高速计数器都有地址编号(HCn,非正式程序中有时也用 HSCn)。HC(或 HSC)表示该编程元件是高速计数器，n 为地址编号。每个高速计数器包含有两方面的信息：计数器位和计数器当前值。高速计数器的当前值为双字长的符号整数，且为只读值。

S7 系列中 CPU-22X 的高速计数器的数量与地址编号见表 8-14。

表 8-14 CPU-22X 高速计数器数量与地址表

主 机	CPU-221	CPU-222	CPU-224	CPU-226
可用 HSC 数量	4	4	6	6
HSC 地址	HSC0、HSC3 HSC4、HSC5	HSC0、HSC3 HSC4、HSC5	HSC0 ~ HSC5	HSC0 ~ HSC5

2. 中断事件类型

高速计数器的计数和动作可采用中断方式进行控制。各种型号的 CPU 采用高速计数器的中断事件大致分为三种方式：当前值等于预设值中断、输入方向改变中断和外部复位中断。所有高速计数器都支持当前值等于预设值中断，但并不是所有的高速计数器都支持其他两种方式。高速计数器产生的中断事件有 14 个。详细情况可查阅有关技术手册。

3. 操作模式和输入线的连接

（1）操作模式　每种高速计数器有多种功能不相同的操作模式。高速计数器的操作模式与中断事件密切相关。使用一个高速计数器，首先要定义高速计数器的操作模式。可用 HDEF 指令来进行设置。高速计数器最多有 12 种操作模式。不同的高速计数器有不同的模式。

高速计数器 HSC0、HSC4 有模式 0、1、3、4、6、7、9、10；

高速计数器 HSC1 有模式 0、1、2、3、4、5、6、7、8、9、10、11；

高速计数器 HSC2 有模式 0、1、2、3、4、5、6、7、8、9、10、11；

高速计数器 HSC3、HSC5 只有模式 0。

（2）输入线的连接　在正确使用一个高速计数器时，除了要定义它的操作模式外，还必须注意它的输入端连接。系统为它定义了固定的输入点。高速计数器与输入点的对应关系见表 8-15。

表 8-15　高速计数器的指定输入

高速计数器	使用的输入端
HSC0	I0.0、I0.1、I0.2
HSC1	I0.6、I0.7、I1.0、I1.1
HSC2	I1.2、I1.3、I1.4、I1.5
HSC3	I0.1
HSC4	I0.3、I0.4、I0.5
HSC5	I0.4

使用时必须注意，高速计数器输入点、输入输出中断的输入点都包括在一般数字量输入点的编号范围内。同一个输入点只能有一种功能。如果程序使用了高速计数器。只有高速计数器不用的输入点才可以用来作为输入输出中断或一般数字量的输入点。

4. 高速计数指令

高速计数指令有两条 HDEF 和 HSC。其指令格式见表 8-16。

表 8-16　高速计数指令的格式

LAD	STL	功 能 描 述
HDEF —EN　　ENO— ????—HSC ????—MODE	HDEF　HSC　MODE	高速计数器定义指令，使能输入有效时，为指定的高速计数器分配一种工作模式
HSC —EN　　ENO— ????—N	HSC　N	高速计数器指令，使能输入有效时，根据高速计数器特殊存储器位的状态，并按照 HDEF 指令指定的模式，设置高速计数器并控制其工作

指令使用说明如下。

(1) 操作数类型　HSC：高速计数器编号，字节型 0～5 的常数；

MODE：工作模式，字节型 0～11 的常数；

N：高速计数器编号，字型 0～5 的常数。

(2) 使能流输出 ENO 断开的出错条件　SM4.3（运行时间），0003（输入冲突），0004（中断中的非法指令），000A（HSC 重复定义），0001（在 HDEF 之前使用 HSC），0005（同时操作 HSC/PLS）。

(3) 每个高速计数器都有固定的特殊功能存储器与之配合，完成计数功能　这些特殊功能存储器包括状态字节、控制字节、当前值双字、预设值双字。

[例 8-7]　将 HSC1 定义为工作模式 11，控制字节（SMB47）= 16#F8，预置值（SMD52）= 50，当前值（CV）等于预置值（PV），响应中断事件。因此用中断事件 13，连接中断服务程序 INT_0。

解：初始化程序如图 8-10 所示。

网络 1　主程序定义高速计数器 HSC1，工作模式 11

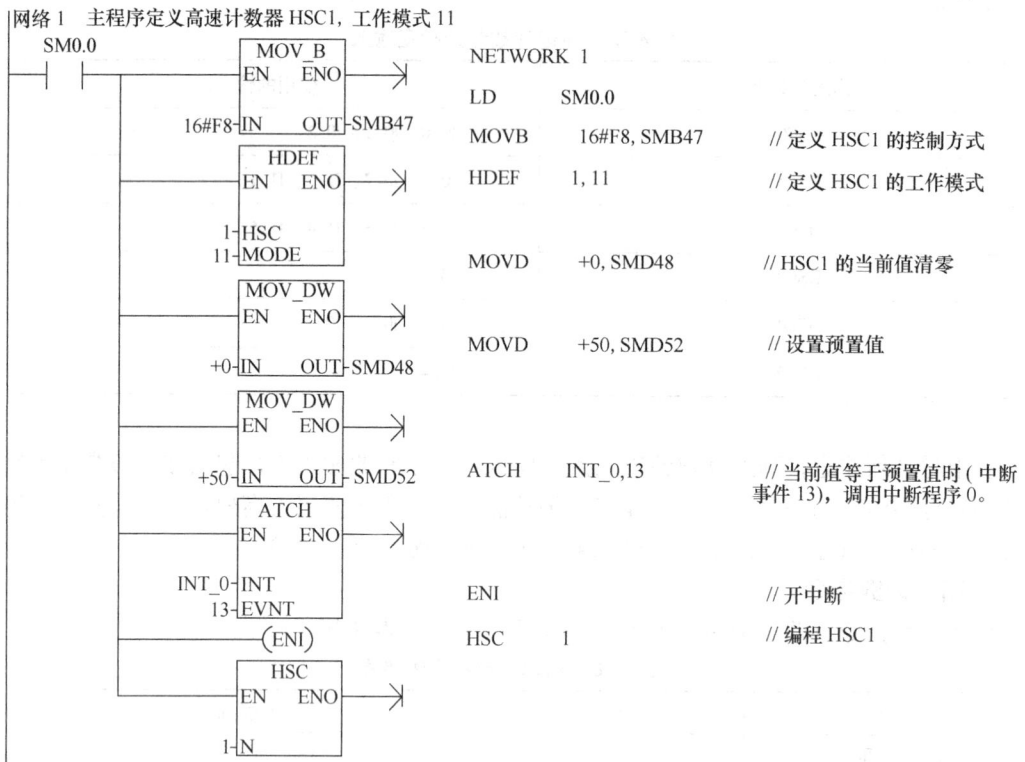

NETWORK	1	
LD	SM0.0	
MOVB	16#F8, SMB47	// 定义 HSC1 的控制方式
HDEF	1, 11	// 定义 HSC1 的工作模式
MOVD	+0, SMD48	// HSC1 的当前值清零
MOVD	+50, SMD52	// 设置预置值
ATCH	INT_0,13	// 当前值等于预置值时（中断事件 13），调用中断程序 0。
ENI		// 开中断
HSC	1	// 编程 HSC1

图 8-10　高速计数器指令的应用

8.4.2　高速脉冲输出

高速脉冲输出功能是指在可编程控制器的某些输出端产生高速脉冲，用来驱动负载，实现高速输出和精确控制。

1. 高速脉冲输出的方式和输出端子的连接

（1）高速脉冲的输出形式　高速脉冲输出有高速脉冲串输出 PTO 和宽度可调脉冲输出 PWM 两种形式。高速脉冲串输出 PTO 主要是用来输出指定数量的方波（占空比50%），用户可以控制方波的周期和脉冲数。

高速脉冲串的周期以 μs 或 ms 为单位，它是一个 16 位无符号数据，周期变化范围 50～655535μs 或 2～65535ms，编程时周期值一般设置成偶数。脉冲串的个数，用双字长无符号数表示，脉冲数取值范围是 1～4294967295 之间。

宽度可调脉冲输出 PWM 主要是用来输出占空比可调的高速脉冲串，用户可以控制脉冲的周期和脉冲宽度。

宽度可调脉冲 PWM 的周期或脉冲宽度以 μs 或 ms 为单位，是一个 16 位无符号数据，周期变化范围同高速脉冲串 PTO。

（2）输出端子的连接　每个 CPU 有两个 PTO/PWM 发生器产生高速脉冲串和脉冲宽度可调的波形，一个发生器分配在数字输出端 Q0.0，另一个分配在 Q0.1。

PTO/PWM 发生器和输出映象寄存器共同使用 Q0.0 和 Q0.1，当 Q0.0 或 Q0.1 设定为 PTO 或 PWM 功能时，PTO/PWM 发生器控制输出，在输出点禁止使用通用功能。输出映像寄存器的状态、强制输出、立即输出等指令的执行都不影响输出波形，当不使用 PTO/PWM 发生器时，输出点恢复为原通用功能状态，输出点的波形由输出映像寄存器来控制。

2. 相关的特殊功能寄存器

每个 PTO/PWM 发生器都有一个控制字节、16 位无符号的周期时间值和脉宽值各一个、32 位无符号的脉冲计数值一个。这些字都占有一个指定的特殊功能寄存器，一旦这些特殊功能寄存器的值被设置成所需操作，可通过执行脉冲指令 PLS 来执行这些功能。

3. 脉冲输出指令

脉冲输出指令可以输出两种类型的方波信号，在精确位置控制中有很重要的应用。其指令格式见表 8-17。

表 8-17　脉冲输出指令的格式

LAD	STL	功 能 描 述
PLS EN　ENO ????—Q0X	PLS　Q	脉冲输出指令，当使能端输入有效时，检测用程序设置的特殊功能寄存器位，激活由控制位定义的脉冲操作。从 Q0.0 或 Q0.1 输出高速脉冲

指令使用说明如下。

1）高速脉冲串输出 PTO 和宽度可调脉冲输出都由 PLS 指令来激活。

2）操作数 Q 为字型常数 0 或 1。

3）高速脉冲串输出 PTO 可采用中断方式进行控制，而宽度可调脉冲输出 PWM 只能由指令 PLS 来激活。

[例 8-8]　编写实现脉冲宽度调制 PWM 的程序。根据要求控制字节（SMB77）＝16#DB

设定周期为 10000ms，脉冲宽度为 1000ms，通过 Q0.1 输出。

解：设计程序如图 8-11 所示。

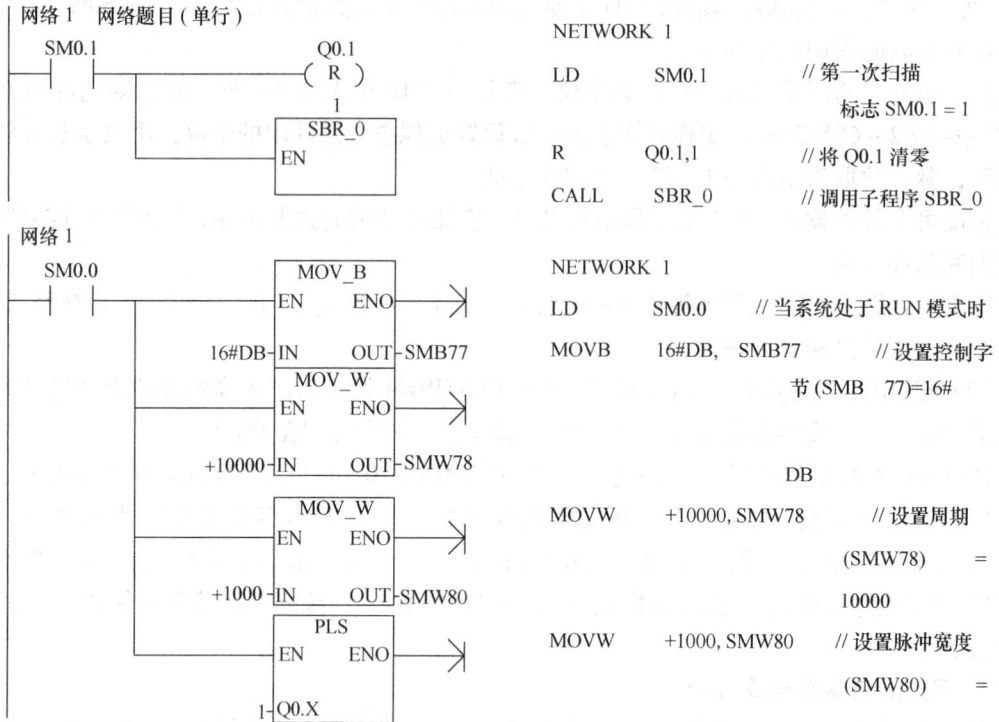

图 8-11　高速脉冲指令的应用

8.5　其他功能指令

8.5.1　时钟指令

利用时钟指令，可以实现实时调用系统时钟，这对监视、记录控制系统的多方面工作十分方便。时钟指令有 2 条：读实时时钟和设定实时时钟。其指令格式见表 8-18。

表 8-18　时钟类指令的格式

LAD	STL	功　能　描　述
READ_RTC EN　ENO ????—T	TODR　T	读实时时钟，当使能输入有效时。读取系统当前时间和日期，并把它安装入一个 8 字节缓冲区
SET_RTC EN　ENO ????—T	TODW　T	写实时时钟，当使能输入有效时。系统将包含当前时间、日期的数据写入 8 字节的缓冲区，装入时钟

指令使用说明如下。

1）操作数类型：T 为缓冲区的起始地址，字节类型。

2）使能流输出 ENO 断开的出错条件：SM4.3（运行时间）；0006（间接寻址错误）。

3）所有日期、时间值都用 BCD 码表示。

8.5.2　PID 指令

在模拟控制系统和直接数字控制 DDC（Direct Digital Control）系统中，PID 控制一直都是被广泛应用的一种基本控制算法。PID 即比例（Proportional）、积分（Integral）、微分（Differential）三个作用调节器，它具有结构典型、参数整定方便、结构改变灵活（有 P、PI、PD 和 PID 结构）、控制效果较佳、可靠性高等优点，是目前控制系统中一种最基本的控制环节。

由于微处理器所能接受的运算一般都比较简单，对于复杂的运算（如微分、积分）都要转变成简单的加、减、乘、除四则运算。所以在实际应用中，需要把信息的 PID 控制算式转换成实际应用的 PID 算式。即把连续算式离散化为周期采样偏差算式，才能用来计算输出值。在决定系统参数时，往往需要现场调试。由 PLC 构成的一个闭环控制系统的 PID 算法，就有十分广阔的前景。本节将以 SIEMENS 公司 S7—200 系列 CPU 的 PID 功能指令为基础，介绍 PID 算法及实际应用中如何对 PID 参数进行调整。

1. PID 的控制算式

（1）理想的 PID 控制算式　在如图 8-12 所示的典型的 PID 回路控制系统中。若 PV 为控制变量，SP 是设定值，则调节器的输入偏差信号为 e = SP - PV。理想的模拟 PID 控制算式为

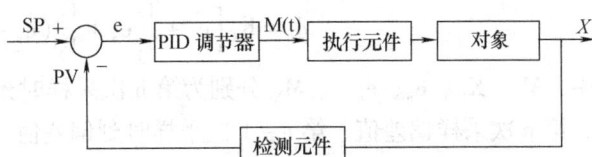

图 8-12　PID 回路控制系统模型

$$M(t) = K_C \left[e + \frac{1}{T_I} \int_0^t e dt + T_D \frac{de}{dt} \right] + M_{initial}$$

式中　K_C——比例系数，PID 回路的增益，用来描述 PID 回路的比例调节作用；

　　　T_I——积分时间，它决定了积分作用的强弱；

　　　T_D——微分时间，它决定了微分作用的强弱；

　　$M_{initial}$——e = 0 时的阀位开度（PID 回路输出的初始值）；

　　　$M(t)$——PID 回路的输出是时间的函数，它决定了执行器的具体位置；

　　　　e——PID 回路的偏差。

在 PID 的三种调节作用中，微分作用主要用来减少超调量，克服振荡，使系统趋向稳定，加快系统的动作速度，减少超调时间，用来改善系统的动态特征。积分作用主要用来消除静差，提高精度，减少超调时间，用来改善系统的静态特征。比例作用可对偏差作出及时响应。若能将三种作用的强度作适当的配合，可以使 PID 回路快速平稳、准确的运行，从而获得满意的控制效果。

PID 调节器的三种作用是各自独立，互不影响的。也就是说，改变一个参数，只影响一种调节作用，而不影响其他的调节作用。

（2）PID 的离散化算式　由于计算机控制是一种采样控制。它能根据采样时刻的偏差进行计算，得出控制量。因此必须将模拟 PID 算式离散化。用后向差分变换方法，将模拟 PID 调节器的输出算式离散为差分方程。设采样周期为 T_S，初始时刻为 0，第 n 次采样的偏差为 e_n。控制输出为 M_n，并进行以下变换：

$$de \approx \Delta e = e_n - e_{n-1}$$

$$dt \approx \Delta t = t_n - t_{n-1}$$

$$\int_0^t e(t)dt \approx \sum_{i=0}^n e_i T$$

则模拟 PID 调节其的离散化形式为

$$M_n = K_C \left[e_n + \frac{T_S}{T_I} \sum_{i=0}^n e_i + \frac{T_D}{T_S}(e_n - e_{n-1}) \right] + M_{initial}$$

其中，T_S、M_n、K_C、e_n、e_{n-1}、n 分别为采样周期、调节器第 n 次的输出值、PID 回路增益、第 n 次采样偏差，$e_n = SP_n - PV_n$、第 n-1 次采样偏差、采样次数序号。

由上式可以看出，积分项是从第 1 个采样周期到当前采样周期所有误差项的函数；微分项是当前采样偏差和前一次采样偏差的函数；比例项仅是当前采样偏差的函数。在计算机中，不保存所有的差项。

由于计算机从第一次采样开始，每有一个采样偏差值必须计算一次输出值，只需要保存偏差前值和积分项前值。利用计算机处理的重复性，可以将上式化简为

$$M_n = K_C \left[e_n + \frac{T_S}{T_I} e_n + \frac{T_D}{T_S}(e_n - e_{n-1}) \right] + M_X$$

式中，M_n、K_C、e_n、e_{n-1}、M_X 分别为第 n 次采样时刻，PID 回路输出的计算值、PID 回路增益、第 n 次采样偏差值、第 n-1 次采样时刻偏差值、积分项前值。第 n-1 次采样时刻的积分项，也称积分和或偏置。

（3）PID 的改进型算式　CPU 实际使用简化，算式的改进形式，进行计算 PID 输出，这个改进型算式是：

$$M_n = MP_n + MI_n + MD_n$$

其中，M_n、MP_n、MI_n、MD_n 分别为第 n 个采样时刻的计算值、第 n 个采样时刻的比例项值、第 n 个采样时刻的积分项值、第 n 个采样时刻的微分项值。

下面分别予以讨论。

1）比例项　比例项 MP 是增益（KC）和偏差（e）的乘积。其中 KC 决定输出对偏差的灵敏度，偏差（e）是给定值（SP）与过程变量值（PV）之差。CPU 自行的比例项算式为

$$MP_n = K_C(SP_n - PV_n)$$

其中，SP_n、PV_n 分别为第 n 个采样时刻的给定值、第 n 个采样时刻的过程变量值。

2）积分项　积分项值 MI 与偏差和成正比。CPU 执行的求积分项算式是：

$$MI_n = K_C \frac{T_S}{T_I}(SP_n - PV_n) + M_X$$

其中，MI_n、T_S、T_I、M_X 分别为第 n 个采样时刻的积分值、采样时间间隔、积分时间、第 n-1 个采样时刻的积分项（积分项前值，也称积分和或偏置）。

3）微分项　微分项值 MD 与偏差的变化成正比。其计算等式为

$$MD_n = K_C \cdot \frac{T_D}{T_S} \cdot \left[(SP_n - PV_n) - (SP_{n-1} - PV_{n-1}) \right]$$

为了避免给定值变化的微分作用而引起的跳变，假定给定值不变（$SP_n = SP_{n-1}$）。这样，可以用过程变量的变化替代偏差的变化，计算时可改进为

$$MD_n = K_C \cdot \frac{T_D}{T_S} \cdot (SP_n - PV_n - SP_n + PV_{n-1}) \text{ 或 } MD_n = K_C \cdot \frac{T_D}{T_S} \cdot (PV_n - PV_{n-1})$$

其中 MD_n、T_D、T_S 分别为第 n 个采样时刻的微分项值、微分时间、回路采样时间。

2. PID 回路控制的类型

许多控制系统中，有时只需一种或两种回路控制，例如系统只使用比例回路或者比例积分回路。可以通过设置常量参数，选择想要的回路控制类型。

假如不需要积分回路，可以把积分时间设为无穷大，不存在积分作用，但积分项还可以保留，因为有初值 M_x；假如不想要微分回路，可以把微分时间置为零；如果不需要比例回路，但需要积分或微分回路，可以把增益设为 0.0，系统会在计算积分项和微分项时，把比例放大当作 1.0 看待。

3. 回路输入、输出归一化

（1）回路输入归一化　回路输入归一化是指 PID 指令在对这些量进行运算以前，必须把它们转换成标准的浮点型实数。转换时先把 16 位整数值转成浮点型实数值，然后实数值进一步标准化为 0.0 ~ 1.0 之间的实数。

每个 PID 回路有两个输入量，给定值（SP）和过程变量（PV）。给定值通常是一个固定的值。过程变量是与 PID 回路输出有关，可以衡量输出对控制系统作用的大小。给定值和过程变量都可能是现实世界的值，它们的大小、范围和工程单位都可能不一样。

（2）回路输出值转换成刻度整数值　回路输出值一般是控制变量，而 PID 输出是 0.0 ~ 1.0 之间的归一化的实数，在回路输出驱动模拟输出之前，必须把回路输出转换成相应的实际数值（实数型）。

4. 回路表与过程变量

操作数 Table 所指定的参数控制表的结构见表 8-19 所示，此表含有 9 个参数，全部为 32bit 的实数格式，共占用 36B。

表 8-19 PID 参数控制表

偏移地址	域	格式	类型	描述
0	过程变量（PV_n）	双字-实数	输入	必须在 0.0 ~ 1.0 之间
4	设定值（SP_n）	双字-实数	输入	必须在 0.0 ~ 1.0 之间
8	输出值（M_n）	双字-实数	输入/输出	必须在 0.0 ~ 1.0 之间
12	增益（K_C）	双字-实数	输入	比例常数，可正可负
16	采样时间（T_S）	双字-实数	输入	单位为秒，必须是正数
20	积分时间（T_I）	双字-实数	输入	单位为分钟，必须是正数

（续）

偏移地址	域	格 式	类 型	描 述
24	微分时间(T_D)	双字-实数	输入	单位为分钟，必须是正数
28	积分项前项(M_X)	双字-实数	输入/输出	必须在 0.0 ~ 1.0 之间
32	过程变量前值(PV_{n-1})	双字-实数	输入/输出	最近一次 PID 运算的值

5. PID 调节指令应用实例

（1）任务描述　被控对象为需保持一定压力的供水水箱，调节量为其水位，给定量为满水位的 75%，控制量为水箱注水的调速电机的转速。调节量（为单极性信号）由水位计检测后经 A/D 变换送入 PLC。用于控制电机的转速信号由 PLC 执行 PID 指令后以单极性信号经 D/A 变换后送出。本例假设根据实际情况，已选定采用 PI 控制，且增益、采样时间常数和积分时间常选为：$K_C = 0.25$，$T_S = 0.1s$，$T_I = 30s$。要求开机后先由手动控制电机，一直到水位上升为 75% 时，通过输入点 I0.0 的置位切入自动状态。

（2）设计思路

1）本例的 PID 参数控制表存放在变量存储区的 VB100 开始的 36 个字节中。

2）参数控制表中的参数分为几大类。有些是固定不变的，如参数 2，4，5，6，7（见表 8-16）。这些参数可在主程序中设定（本例的主程序）。另外，有一些参数必须在调用 PID 指令时才可填入控制表格，如参数 1，3，8，9。它们具有实时性（本例中断程序中网络 1）。

（3）程序及举例　PID 运算程序如图 8-13 所示。

工作原理分析。

主程序：当系统处于 RUN 模式时，将给定值 $SP_n = 0.75$，增益 $K_C = 0.25$，采样时间 $T_S = 0.1s$，积分时间 $T_I = 30min$，微分时间 $T_D = 0$ 输入到 PID 控制表 VB100，并且通过 SMB34 定义定时中断 0 的时间间隔为 100ms。中断程序 INT_0 为 PID 的运算程序。

中断程序 INT_0 网络段 1：当系统处于 RUN 模式时，首先清累加器 AC0 的内容，将单极性模拟量传送到 AC0，然后将 AC0 中的内容归一化处理（分辨率为 1/32000）。最后将过程变量 PV 值存入 PID 控制表中。

网络段 2：当 I0.0 = 1 时，自动执行 PID 运算。

网络段 3：先将输出值传送到 AC0，进行逆归一化处理（转换为工程量）。然后把工程量经模拟量输出通道 0 输出。

8.5.3　通信指令

SIMATIC S7—200 系列 CPU 的通信指令可以使用户通过编制程序，实现 PLC 与其他智能可编程设备或同系列 PLC 与 PLC 之间的数据通信。网络结构有多种形式，但通过编程实现数据通信的指令只有六条，其指令格式见表 8-20。

网络1　主程序定义 PID 参数,连接中断程序0

SM0.0

```
        MOV_R                      MOV_R
       EN  ENO                    EN  ENO
 0.75 -IN  OUT- VD104      0.25 -IN  OUT- VD112

        MOV_R                      MOV_R
       EN  ENO                    EN  ENO
  0.1 -IN  OUT- VD116      30.0 -IN  OUT- VD120

        MOV_R                      MOV_B
       EN  ENO                    EN  ENO
  0.0 -IN  OUT- VD124       100 -IN  OUT- SMB34

        ATCH
       EN  ENO            (ENI)
INT_0 -INT
   10 -EVNT
```

网络1　中断程序0,将调节量归一化填入 PID 表

SM0.0

```
       WXOR_DW                     MOV_W
       EN  ENO                    EN  ENO
  AC0 -IN1 OUT- AC0      AIW0 -IN  OUT- AC0
  AC0 -IN2

        DI_R                       DIV_R
       EN  ENO                    EN  ENO
  AC0 -IN  OUT- AC0       AC0 -IN1 OUT- AC0
                       32000.0 -IN2

        MOV_R
       EN  ENO
  AC0 -IN  OUT- AC0
```

网络2　执行 PID 运算

I0.0

```
         PID
        EN  ENO
VB100 -TBL
    0 -LOOP
```

网络3　将 PIC 运算结果转变为工程量,由模拟通道0输出

SM0.0

```
        MUL_R                      TRUNC
       EN  ENO                    EN  ENO
 VD108 -IN1 OUT- AC0      AC0 -IN  OUT- AC0
32000.0 -IN2

        MOV_W
       EN  ENO
  AC0 -IN  OUT- AQW0
```

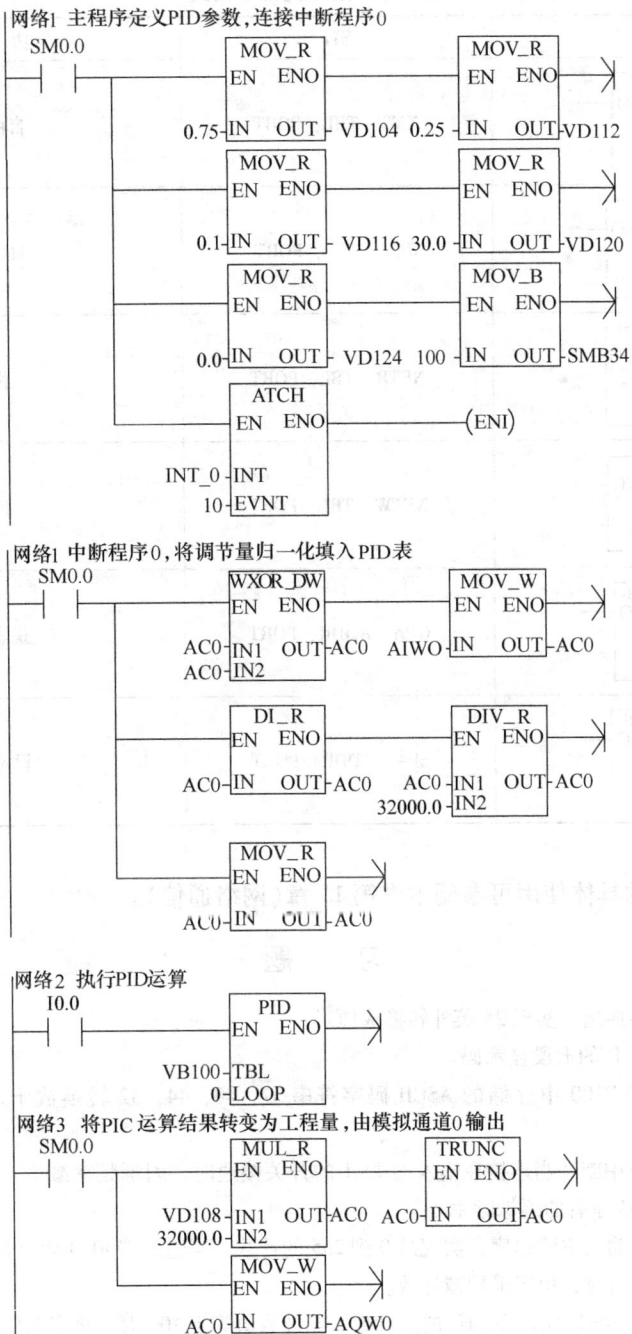

图 8-13　PID 运算程序示例

表 8-20　通信类指令格式

LAD	STL	功 能 描 述
XMT EN　ENO ????–TBL ????–PORT	XMT　TBL, PORT	自由口发送
RCV EN　ENO ????–TBL ????–PORT	RCV　TBL, PORT	自由口接受
NETR EN　ENO ????–TBL ????–PORT	NETR　TBL, PORT	网络读
NETW EN　ENO ????–TBL ????–PORT	NETW　TBL, PORT	网络写
GET_ADDR EN　ENO ????–ADDR ????–PORT	GPA　ADDR, PORT	获取口地址
SET_ADDR EN　ENO ????–ADDR ????–PORT	SPA　ADDR, PORT	设定口地址

有关通信指令的具体使用可参阅本书第 11 章(网络通信)。

习　题

8-1　用数据类型转换指令实现 25 英寸转换成厘米。

8-2　编程输出字符 D 的七段显示码。

8-3　编程实现将 VD100 中存储的 ASCII 码字符串 37,40,44,32 转换成十六进制数,并存储到 VW20.0 中。

8-4　编程实现定时中断,当连接在输入端 I0.1 的开关接通时,闪烁频率减半;当连接在输入端 I0.0 的开关接通时,又恢复成原有的闪烁频率。

8-5　编写一个输入输出中断程序,实现从 0 到 255 的计数。当输入端 I0.0 为上升沿时,程序采用加计数;输入端 I0.0 为下降沿时,程序采用减计数。

8-6　用高速计数器 HSC1 实现 20kHz 的加计数。当计数值等于 100 时,将当前值清零。

8-7　编程实现脉冲宽度调制 PWM 的程序。要求:周期固定为 5s,脉宽初始值为 0.5s,脉宽每周期递增 0.5s。当脉宽达到设定的最大值 4.5s 时,脉宽改为每周期递减 0.5s,直到脉宽为 0 为止。以上过程周而复始。

第9章　S7—300/400系列PLC

西门子公司的 PLC 以其极高的性能价格比, 在国内占有很大的市场份额, 在我国的各行各业得到了广泛的应用。S7—300/400 属于模块式 PLC, 主要由机架、CPU 模块、信号模块、功能模块、接口模块、通信模块、电源模块和编程设备组成, 各种模块安装在机架上。通过 CPU 模块或通信模块上的通信接口, PLC 被连接到通信网络上, 可以与计算机、其他PLC 或其他设备通信。本章简要介绍 S7—300/400 系列 PLC 的硬件组成和编程软件 STEP7的使用方法。

9.1　S7—300系列PLC简介

9.1.1　S7—300系列PLC概况

大、中型 PLC(例如西门子的 S7—300 和 S7—400 系列)一般采用模块式结构, 用搭积木的方式来组成系统, 模块式 PLC 由机架和模块组成。S7—300 是模块化的中小型 PLC(如图9-1 所示), 适用于中等性能的控制要求。品种繁多的 CPU 模块、信号模块和功能模块能满足各种领域的自动控制任务, 用户可以根据系统的具体情况选择合适的模块, 维修时更换模块也很方便。当系统规模扩大和更为复杂时, 可以增加模块, 对 PLC 进行扩展。简单实用的分布式结构和强大的通信联网能力, 使其应用十分灵活。

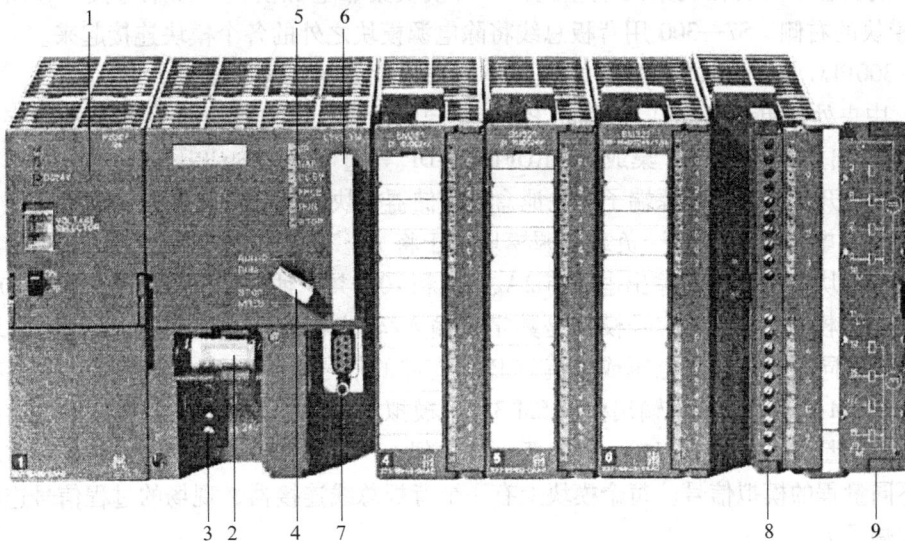

图 9-1　S7—300 可编程序控制器

1—电源模块　2—后备电池(CPU313 以上)　3—DC24V 连接器　4—模式开关　5—状态和故障指示灯

6—存储器卡(CPU313 以上)　7—MPI 多点接口　8—前连接器　9—前盖

S7—300 的 CPU 模块(简称为 CPU)集成了过程控制功能,用于执行用户程序。每个 CPU 都有一个编程用的 RS-485 接口,有的还带有集成的现场总线 PROFIBUS-DP 接口或 PtP (点对点)串行通信接口,S7—300 不需要附加任何硬件、软件和编程,就可以建立一个 MPI (多点接口)网络,如果有 PROFIBUS-DP 接口,可以建立一个 DP 网络。

功能最强的 CPU 的 RAM 存储容量为 512KB,有 8192 个存储器位,512 个定时器和 512 个计数器,数字量通道最大为 65536 点,模拟量通道最大为 4096 个。由于使用 FlashEP-ROM,CPU 断电后无需后备电池也可以长时间保存动态数据,使 S7—300 成为完全无需维护的控制设备。

S7—300/400 有很高的电磁兼容性和抗振动、抗冲击能力。S7—300 标准型的环境温度为 0~60℃。环境条件扩展型的温度范围为 -25~+60℃,有更强的耐振动和耐污染性能。

S7—300/400 的编程软件 STEP 7 功能强大,使用方便。S7—300PLC 有 350 多条指令。

CPU 用智能化的诊断系统连续监控系统的功能是否正常、记录错误和特殊系统事件(例如超时、模块更换等)。S7—300 有看门狗中断、过程报警、日期时间中断和定时中断功能。

操作员控制和监视显得日益重要,S7—300/400 已将 HMI(人机接口)服务集成到操作系统内,因此大大减少了人机对话的编程要求。SIMATIC 人机界面从 S7—300 中获得数据,S7—300/400 按用户指定的刷新速度自动地传送这些数据。

9.1.2 S7—300 系列 PLC 的组成部件

S7—300 采用紧凑的、无槽位限制的模块结构,电源模块(PS)、CPU 模块、信号模块 (SM)、功能模块(FM)、接口模块(IM)和通信处理器(CP)都安装在导轨上。导轨是一种专用的金属机架,只需将模块钩在 DIN 标准的安装导轨上,然后用螺栓锁紧就可以了。有多种不同长度规格的导轨供用户选择。

电源模块总是安装在机架的最左边,CPU 模块紧靠电源模块。如果有接口模块,它放在 CPU 模块的右侧。S7—300 用背板总线将除电源模块之外的各个模块连接起来。

S7—300PLC 是模块式的 PLC,它由以下几部分组成:

(1) 中央处理单元(CPU) 各种 CPU 有不同的性能,例如有的 CPU 集成有数字量和模拟量输入/输出点,有的 CPU 集成有 PROFIBUS-DP 等通信接口。CPU 前面板上有状态故障指示灯、模式开关、24V 电源端子、电池盒与存储器模块盒(有的 CPU 没有)。

(2) 负载电源模块(PS) 负载电源模块用于将 AC 220V 电源转换为 DC 24V 电源,供 CPU 和 I/O 模块使用。额定输出电流有 2A、5A 和 10A 共 3 种,过载时模块上的 LED 闪烁。

(3) 信号模块(SM) 信号模块是数字量输入/输出模块和模拟量输入/输出模块的总称,它们使不同的过程信号电压或电流与 PLC 内部的信号电平匹配。信号模块主要有数字量输入模块 SM 321 和数字量输出模块 SM 322,模拟量输入模块 SM 331 和模拟量输出模块 SM 332。模拟量输入模块可以输入热电阻、热电偶、DC 4~20mA 和 DC 0~10V 等多种不同类型和不同量程的模拟信号。每个模块上有一个背板总线连接器,现场的过程信号连接到前连接器的端子上。

(4) 功能模块(FM) 功能模块主要用于对实时性和存储容量要求高的控制任务,例如计数器模块、快速/慢速进给驱动位置控制模块、电子凸轮控制器模块、步进电动机定位模块、伺服电动机定位模块、定位和连续路径控制模块、闭环控制模块、工业标识系统的接口模块、称重模块、位置输入模块、超声波位置解码器等。

（5）通信处理器（CP） 通信处理器用于 PLC 之间、PLC 与计算机或其他智能设备之间的通信，可以将 PLC 接入 PROFIBUS-DP、AS-i 和工业以太网，或用于实现点对点通信等。通信处理器可以减轻 CPU 处理通信的负担，并减少用户对通信的编程工作。

（6）接口模块（IM） 接口模块用于多机架配置时连接主机架（CR）和扩展机架（ER）。S7—300 通过分布式的主机架和 3 个扩展机架，最多可以配置 32 个信号模块、功能模块和通信处理器。

（7）导轨 铝质导轨用来固定和安装 S7—300 上述的各种模块。

9.1.3　I/O 模块地址的确定

S7—300 的信号模块的字节地址与模块所在的机架号和槽号有关，位地址与信号线接在模块上的哪一个端子有关。

对于数字量模块，从 0 号机架的 4 号槽开始，每个槽位分配 4B 的地址，相当于 32 个 I/O 点（见表 9-1）。最多可能有 32 个数字量模块，共占用 32×4B=128B。

模拟量模块以通道为单位，一个通道占一个字地址，或两个字节地址。例如模拟量输入通道 IW640 由字节 IB640 和 IB641 组成。S7—300 为模拟量模块保留了专用的地址区域，字节地址范围为 IB256~767。可以用装载指令和传送指令访问模拟量模块。

一个模拟量模块最多有 8 个通道，从 256 开始，给每一个模拟量模块分配 16B 的地址。

I/O 模块的字节地址见表 9-1，信号模块的地址示例见表 9-2。

表 9-1　I/O 模块的字节地址

机架号	模块类型	槽　号							
		4	5	6	7	8	9	10	11
0	数字量	0~3	4~7	8~11	12~15	16~19	20~23	24~27	28~31
	模拟量	256~271	272~287	288~303	304~319	320~335	336~351	352~367	368~383
1	数字量	32~35	36~39	40~43	44~47	48~51	52~55	56~59	60~63
	模拟量	384~399	400~415	416~431	432~447	448~463	464~479	480~495	496~511
2	数字量	64~67	68~71	72~75	76~79	80~83	84~87	88~91	92~95
	模拟量	512~527	528~543	544~559	560~575	576~591	592~607	608~623	624~639
3	数字量	96~99	100~103	104~107	108~111	112~115	116~119	120~123	124~127
	模拟量	640~655	656~671	672~687	688~703	704~719	720~735	736~751	752~767

表 9-2　信号模块的地址示例

机架号	模块类型	槽　号					
		4	5	6	7	8	9
0	模块类型	16 点数字量输入	16 点数字量输入	32 点数字量输入	32 点数字量输入	16 点数字量输出	8 通道模拟量输入
	地址	I0.0~I1.7	I4.0~I5.7	I8.0~I11.7	I12.0~I15.7	Q16.0~Q17.7	IW336~IW350
1	模块类型	2 通道模拟量输入	8 通道模拟量输出	2 通道模拟量输出	8 点数字量输出	32 点数字量输出	—
	地址	IW384，IW386	QW400~QW414	QW416，QW418	Q44.0~Q44.7	Q48.0~Q51.7	—

数字量输入/输出模块内最低的位地址(例如 I0.0)对应的端子位置最高,最高的位地址(例如 16 点输入模块的 I1.7)对应的端子的位置最低。

9.2 S7—300 系列 PLC 的 CPU 模块

9.2.1 CPU 模块的结构

S7—300 有 20 种不同型号的 CPU,分别适用于不同等级的控制要求。有的 CPU 模块集成了数字 I/O,有的同时集成了数字量 I/O 和模拟量 I/O。

CPU 内的元件封装在一个牢固而紧凑的塑料机壳内,面板上有状态和故障指示 LED、模式选择开关和通信接口。大多数 CPU 还有后备电池盒,存储器插槽可以插入多达数兆字节的 FlashEP-ROM 微存储器卡(简称为 MMC),用于掉电后程序和数据的保存。CPU 318-2 的面板如图 9-2 所示。

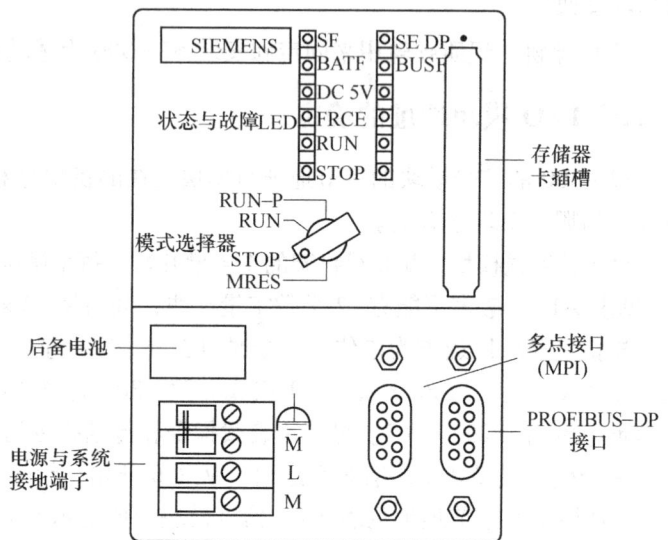

图 9-2 CPU 318-2 的面板示意图

9.2.2 CPU 模块的技术规范

1. 存储器

存储器分为系统程序存储器和用户程序存储器。系统程序相当于个人计算机的操作系统,它使 PLC 具有基本的智能,能够完成 PLC 设计者规定的各种工作。系统程序由 PLC 生产厂家设计并固化在 ROM(只读存储器)中,用户不能读取。用户程序由用户设计,它使 PLC 能完成用户要求的特定功能。用户程序存储器的容量以字(16 位二进制数)为单位。用户程序和需要长期保存的重要数据可存储在电池后备的读写存储器 RAM 中或快闪存储器 FlashEPROM(简称为 FEPROM)中。

2. S7—300 CPU 的分类

S7—300 的 CPU 模块大致可以分为以下几类:

(1)紧凑型 CPU 6 种,带有集成的功能和 I/O:CPU 312C,313C,313C-PtP,313C-2DP,314C-PtP 和 314C-2DP。

(2)重新定义的 CPU 3 种:CPU 312,314 和 315-2DP。

(3)标准的 CPU 5 种:CPU 313,314,315,315-2DP 和 316-2DP。

(4)户外型 CPU 4 种:CPU 312 IFM,314 IFM,314 户外型和 315-2DP。

(5)高端 CPU 317-2DP 和 CPU 318-2DP。

(6)故障安全型 CPU CPU 315F。

紧凑型 CPU 技术参数见表 9-3。

表 9-3　紧凑型 CPU 技术参数

CPU-	312C	313C	313C-2PtP	313C-2DP	314C-2PtP	314C-2DP
集成式 RAM/KB	16	32	32	32	48	48
装载存储器 MMC 卡/MB	4	4	4	4	4	4
最小位操作时间/μs	0.2~0.4	0.1~0.2	0.1~0.2	0.1~0.2	0.1~0.2	0.1~0.2
最小浮点数加法时间/μs	30	15	15	15	15	15
集成 DI/DO 集成 AI/AO	10/6	24/16 4+1/2	16/16	16/16	24/16 4+1/2	24/16 4+1/2
FB 最大块数 FC 最大块数 DB 最大块数	64 64 63(DB0 保留)	128 128 127(DB0 保留)	128 128 127(DB0 保留)	128 128 127(DB0 保留)	128 128 127(DB0 保留)	128 128 127(DB0 保留)
位存储器	1024B	2048B	2048B	2048B	2048B	2048B
定时器/计数器	128/128	256/256	256/256	256/256	256/256	256/256
全部 I/O 地址区 I/O 过程映像 最大数字量 I/O 总数	1024B/1024B 128B/128B 256/256	1024B/1024B 128B/128B 992/992	1024B/1024B 128B/128B 992/992	1024B/1024B 128B/128B 992/992	1024B/1024B 128B/128B 992/992	1024B/1024B 128B/128B 992/992
最大模拟量 I/O 总数	64/32	248/124	248/124	248/124	248/124	248/124
模块总数	8	31	31	31	31	31
通信的连接总数 报文功能可定义的站数	6 3	8 5	8 5	8 5	12 7	12 7
最大机架数/模块总数 通信接口与功能	1/8 MPI 接口	4/31 MPI 接口	4/31 2 个 PtP 接口	4/31 2 个 DP 接口	4/31 2 个 PtP 接口	4/31 2 个 DP 接口

9.3　S7—300 系列 PLC 的输入/输出模块

输入/输出模块统称为信号模块(SM)，包括数字量(或称开关量)输入模块、数字量输出模块、数字量输入/输出模块、模拟量输入模块、模拟量输出模块和模拟量输入/输出模块。

S7—300 的输入/输出模块的外部接线接在插入式的前连接器的端子上，前连接器插在前盖后面的凹槽内。不需断开前连接器上的外部连线，就可以迅速地更换模块。第一次插入连接器时，有一个编码元件与之啮合，这样该连接器就只能插入同样类型的模块中。

信号模块面板上的 LED 用来显示各数字量输入输出点的信号状态，模块安装在 DIN 标准导轨上，通过总线连接器与相邻的模块连接。模块的默认地址由模块所在的位置决定，也可以用 STEP 7 指定模块的地址。

信号模块和接口模块的尺寸为 40mm(宽)×125mm(高)×120mm(深)。有少量模块的宽度为 80mm。

9.3.1　数字量输入模块

数字量输入模块用于连接外部的机械触点和电子数字式传感器，例如二线式光电开关和接近开关等。数字量输入模块将从现场传来的外部数字信号的电平转换为 PLC 内部的信号电平。数字量输入模块的型号为 SM 321。

输入电路中一般设有 RC 滤波电路，以防止由于输入触点抖动或外部干扰脉冲引起的错误输入信号。输入电路的结构有交流输入方式和直流输入方式。交流输入模块的额定输入电压为 AC 120V 或 230V。直流输入模块的额定输入电压为 DC 24V、DC 24 ~ 48V 或 DC 48 ~ 125V。直流输入电路的延迟时间较短，可以直接与接近开关、光电开关等电子输入装置连接，DC 24V 是一种安全电压。如果信号线不是很长，PLC 所处的物理环境较好，电磁干扰较轻，应考虑优先选用 DC 24V 的输入模块。交流输入方式适合于在有油雾、粉尘的恶劣环境下使用。

SM 321 数字量输入模块技术参数见表 9-4。

表 9-4 SM 321 数字量输入模块技术参数

6ES7 321-	1BH02-0AA0 1BH82-0AA0	1BH50-0AA0	1BL00-0AA0 1BL80-0AA0	1CH00-0AA0	1CH80-0AA0
输入点数	16	16 源输入	32	16	16
额定输入电压/V	DC 24	DC 24	DC 24	AC/DC 24 ~ 48	DC 48 ~ 125
隔离，分组数	光耦，16 组	16 组	16 组	光耦，1 组	光耦，8 组
输入电流/mA	9	7	7	8	2.6
输入延迟时间/ms	1.2 ~ 4.8	1.2 ~ 4.8	1.2 ~ 4.8	最大 15	1 ~ 3
允许最大静态电流/mA	1.5	1.5	1.5	1.0	1.0
6ES7 321-	7BH00-0AB0 7BH80-0AB0	1FH00-0AA0	1EL00-0AA0	1FF01-0AA0 1FF81-0AA0	1FF10-0AA0
输入点数	16，有中断功能	16	32	8	8
额定输入电压/V	24（DC）	120/230（AC）	120AC	120/230AC	120/230AC
隔离与分组数	光耦，16 组	光耦，4 组	光耦，8 组	光耦，2 组	光耦，1 组
输入电流/mA	7	17.3（AC 264V）	21	11（230V）	17.3（230V）
输入延迟时间/ms	0.1/0.5/3/ 15/20 可选	25	25	25	25
允许最大静态电流/mA	1.5	2	4	2	2

9.3.2 数字量输出模块

数字量输出模块用于驱动电磁阀、接触器、小功率电动机、灯和电动机起动器等负载。数字量输出模块将 S7—300 的内部信号电平转化为控制过程所需的外部信号电平，同时有隔离和功率放大的作用。数字量输出模块的型号为 SM 322。

输出模块的功率放大元件有驱动直流负载的大功率晶体管和场效应晶体管、驱动交流负载的双向晶闸管或固态继电器，以及既可以驱动交流负载又可以驱动直流负载的小型继电器。输出电流的典型值为 0.5 ~ 2A，负载电源由外部现场提供。

SM 322 数字量输出模块技术参数见表 9-5 和表 9-6。

表 9-5　SM 322 数字量输出模块技术参数

6ES7 322-	1BH01-0AA0 1BH81-0AA0	1BL00-0AA0	8BF00-0AB0 8BF80-0AB0	5GH00-0AB0	1CF80-0AA0	1BF01-0AA0
输出点数	16	32	8，有中断功能	16	8	8
额定输入电压/V	2(DC)	24(DC)	24(DC)	24/48(DC)	48～125(DC)	24(DC)
分组数，隔离	8，光耦	8，光耦	8，光耦	1，光耦	4，光耦	4，光耦
最大输出电流(60℃)/A	0.5	0.5	0.5	0.5	1.5	2
最大灯负载/W	5	5	5	5	40(120V)	10
最小电流/mA	5	5	10	5	10	5
感性负载最大输出频率/Hz	100	100	100	0.5	20	100
阻性负载最大输出频率/Hz	0.5	0.5	2	—	0.5	0.5
灯负载最大输出频率/Hz	100	100	100		10	100
短路保护	电子式	电子式	电子式	外部提供	电子式	电子式

表 9-6　SM 322 继电器型数字量输出模块技术参数

6ES7 322-	1HF01-0AA0	1HF10-0AA0 1HF80-0AA0	5HF00-0AB0	1HH01-0AA0
输出点数	8 继电器	8 继电器	8 继电器	16 继电器
诊断	—	关断，上一次值/替代值	—	—
最高电压	DC 120V/AC 230V			
每组点数，隔离	2，光耦	1，光耦	1，光耦	8，光耦
每组总输出电流(60℃)/A	4	—	5	8
阻性负载最大输出电流/A	2(AC 230V)， 2(DC 24V)	8(AC 230V)， 5(DC 24V)	5	2(AC 230V)， 2(DC 24V)
感性负载最大输出电流/A	2(AC 230V)， 2(DC 24V)	3(AC 230V)， 2(DC 24V)	5	2(AC 230V)， 2(DC 24V)
阻性负载最大输出频率/Hz	2	2	2	1
感性负载最大输出频率/Hz	0.5	0.5	0.5	0.5
灯负载最大输出频率/Hz	2	2	2	1
机械负载最大输出频率/Hz	10	10	10	10
触点寿命(AC 230V)/h	2A，10^5	3A，10^5	5A，10^5	2A，10^5
短路保护	外部提供			

9.3.3　数字量输入/输出模块

SM 323 是 S7—300 的数字量输入/输出模块，它有两种型号可供选择。一种是 8 点输入和 8 点输出的模块，输入点和输出点均只有一个公共端。另外一种有 16 点输入(8 点 1 组)和 16 点输出(8 点 1 组)。输入、输出的额定电压均为 DC24V，输入电流为 7mA，最大输出电流为 0.5A，每组总输出电流为 4A。输入电路和输出电路通过光耦合器与背板总线相连，输出电路为晶体管型，有电子保护功能。

9.3.4 模拟量输入模块

S7—300 的模拟量 I/O 模块包括模拟量输入模块 SM 331、模拟量输出模块 SM 332 和模拟量输入/输出模块 SM 334 和 SM 335。

1. 模拟量输入模块的结构 生产过程中有大量的连续变化的模拟量需要用 PLC 来测量或控制。有的是非电量,例如温度、压力、流量、液位、物体的成分(例如气体中的含氧量)和频率等。有的是强电电量,例如发电机组的电流、电压、有功功率和无功功率、功率因数等。变送器用于将传感器提供的电量或非电量转换为标准的直流电流或直流电压信号,例如 DC 0 ~ 10V 和 DC 4 ~ 20mA。

模拟量输入模块用于将模拟量信号转换为 CPU 内部处理用的数字信号,其主要组成部分是 A/D 转换器。模拟量输入模块的输入信号一般是模拟量变送器输出的标准直流电压、电流信号。SM 331 也可以直接连接不带附加放大器的温度传感器(热电偶或热电阻),这样可以省去温度变送器,不但节约了硬件成本,控制系统的结构也更加紧凑。

塑料机壳面板上的红色 LED 用于显示故障和错误,前门的后面是前连接器,前面板有标签区。模块安装在 DIN 标准导轨上,并通过总线连接器与相邻模块连接,输入通道的地址由模块所在的位置决定。

一块 SM 331 模块中的各个通道可以分别使用电流输入或电压输入,并选用不同的量程。有多种分辨率可供选择(9 ~ 15 位 + 符号位,与模块有关),分辨率不同转换时间也不同。

模拟量转换是顺序执行的,每个模拟量通道的输入信号是被依次轮流转换的。由图 9-3 可知,模拟量输入模块由多路开关、A/D 转换器(ADC)、光隔离元件、内部电源和逻辑电路组成。8 个模拟量输入通道共用一个 A/D 转换器,通过多路开关切换被转换的通道,模拟量输入模块各输入通道的 A/D 转换和转换结果的存储与传送是顺序进行的。

各个通道的转换结果被保存到各自的存储器,直到被下一次的转换值覆盖。可以用装入指令"L PIW…"来访问转换的结果。

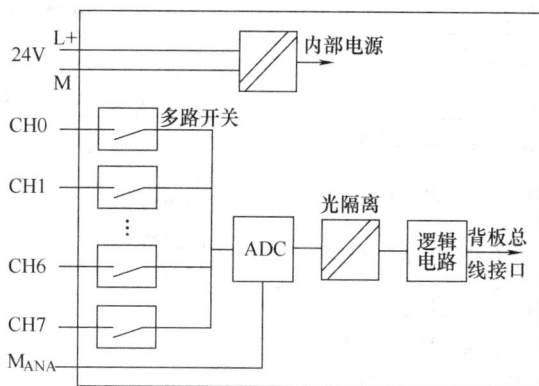

图 9-3 模拟量输入模块的结构

有的 SM 331 模块具有中断功能,通过中断将诊断信息传送给 CPU 模块。

2. 模拟输入量转换后的模拟值表示方法

模拟量输入/输出模块中模拟量对应的数字称为模拟值,模拟值用 16 位二进制补码定点数来表示。最高位(第 15 位)为符号位,正数的符号位为 0,负数的符号位为 1。

模拟量模块的模拟值位数(即转换精度)可以设置为 9 ~ 15 位(与模块的型号有关,不包括符号位),如果模拟值的精度小于 15 位,则模拟值左移,使其最高位(符号位)在 16 位字的最高位(第 15 位),模拟值左移后未使用的低位则填入"0",这种处理方法称为"左对齐"。设模拟值的精度为 12 位加符号位,未使用的低位(第 0 ~ 2 位)为 0,相当于实际的模拟值被乘以 8。

表 9-7 给出了模拟量输入模块的模拟值与模拟量之间的对应关系，模拟量量程的上、下限(±100％)分别对应于十六进制模拟值 6C00H 和 9400H。

表 9-7　SM 331 模拟量输入模块的模拟值

范　围	双　极　性					
	百分比	十进制	十六进制	±5V	±10V	±20mA
上溢出	118.515％	32767	7FFFH	5.926V	11.851V	23.70mA
超出范围	117.589％	32511	7EFFH	5.879V	11.759V	23.52mA
正常范围	100.000％	27648	6C00H	5V	10V	20mA
	0％	0	0H	0V	0V	0mA
	−100.000％	-27648	9400H	−5V	−10V	−20mA
低于范围	−117.593％	−32512	8100H	−5.879V	−11.759V	−23.52mA
下溢出	−118.519％	−32768	8000H	−5.926V	−11.851V	−23.70mA
范　围	单　极　性					
	百分比	十进制	十六进制	0～10V	0～20mA	4～20mA
上溢出	118.515％	32767	7FFFH	11.852V	23.70mA	22.96mA
超出范围	117.589％	32511	7EFFH	11.759V	23.52mA	22.81mA
正常范围	100.000％	27648	6C00H	10V	20mA	20mA
	0％	0	0H	0V	0mA	4mA
低于范围	−17.593％	−4864	ED00H		−3.52mA	1.185mA

模拟量输入模块在模块通电前或模块参数设置完成后第一次转换之前，或上溢出时，其模拟值为 7FFFH，下溢出时模拟值为 8000H。上下溢出时 SF 指示灯闪烁，有诊断功能的模块可以产生诊断中断。

3. 模拟量输入模块测量范围的设置

模拟量输入模块的输入信号种类用安装在模块侧面的量程卡(或称量程模块)来设置(如图9-4 所示)。量程卡安装在模拟量输入模块的侧面，每两个通道为一组，共用一个量程卡，图9-4 中的模块有 8 个通道，因此有 4 个量程卡。量程卡插入输入模块后，如果量程卡上的标记 C 与输入模块上的标记相对，则量程卡被设置在 C 位置。模块出厂时，量程卡预设在 B 位置。表 9-8 给出了模拟量输入模块的量程卡在各个位置时的测量范围。

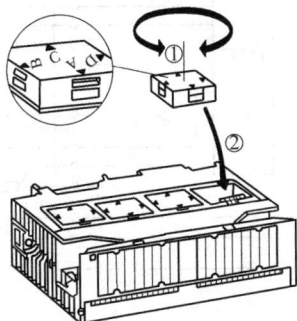

图 9-4　量程卡的设置和安装

表 9-8　模拟量输入模块的默认设置

量程卡设置	测量方法	量　　程
A	电压	±1000mV
B	电压	±10V
C	4 线变送器电流	4～20mA
D	2 线变送器电流	4～20mA

如果没有正确地设置量程卡，将会损坏模拟量输入模块。将传感器连接至模块之前，应确保量程卡在正确的位置。没有量程卡的模拟量模块可以通过不同的端子接线方式来设置测量的量程。

[例 9-1] 压力变送器的量程为 0～10MPa，输出信号为 4～20mA，模拟量输入模块的量程为 4～20mA，转换后的数字量为 0～27648，设转换后得到的数字为 N，试求以 kPa 为单位的压力值。

解：0～10MPa（0～10000kPa）对应于转换后的数字 0～27648，转换公式为

$$P = \frac{10000}{27648} kPa$$

注意在运算时一定要先乘后除，否则会损失原始数据的精度。

[例 9-2] 某发电机的电压互感器的电压比为 10kV/100V（线电压），电流互感器的电流比为 1000A/5A，功率变送器的额定输入电压和额定输入电流分别为 AC 100V 和 5A，额定输出电压为 DC ±10V，模拟量输入模块将 DC ±10V 输入信号转换为数字 +27648 和 -27649。设转换后得到的数字为 N，求以 kW 为单位的有功功率值。

解：根据互感器额定值计算的原边有功功率额定值为

$$\sqrt{3} \times 10000 \times 1000 W = 17321000 W = 17321 kW$$

由以上关系不难推算出互感器原边的有功功率与转换后的数字之间的关系为 17321/27648 = 0.62648kW/字。转换后的数字为 N 时，对应的有功功率为 0.6265NkW，如果以 kW 为单位显示功率 P，使用定点数运算时的计算公式为

$$P = \frac{6265N}{10000} kW$$

9.3.5 模拟量输出模块

1. 模拟量输出模块的基本结构

S7—300 的模拟量输出模块 SM 332 用于将 CPU 送给它的数字信号转换为成比例的电流信号或电压信号，对执行机构进行调节或控制，其主要组成部分是 D/A 转换器（见图 9-5）。可以用传送指令"T PQW…"向模拟量输出模块写入要转换的数值。

2. 模拟量输出模块的技术参数

SM 332 的 4 种模拟量输出模块均有诊断中断功能，用红色 LED 指示组故障，可以读取诊断信息。额定负载电压均为 DC 24V。模块与背板总线有光隔离，使用屏蔽电缆时最大距离为 200m。都有短路保护，短路电流最大 25mA，最大开路电压 18V。SM 322 模拟量输出模块的技术参数见表 9-9。

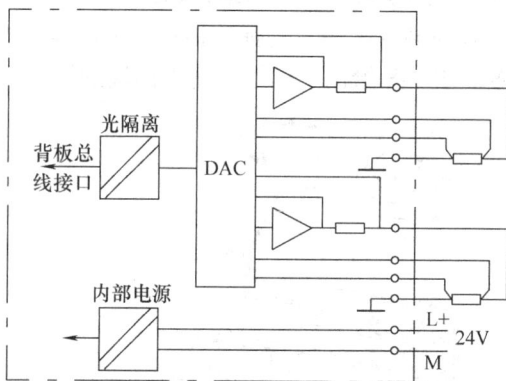

图 9-5　模拟量输出模块的结构

表 9-9 SM 332 模拟量输出模块技术参数

6ES7 332	5HB01-0AB0 5HB81-0AB0	5HD01-0AB0	5HF00-0AB0	7ND00-0AB0
输出点数	2	4	8	4
输出范围	0~10V，±10V，1~5V，4~20mA，0~20mA，±20mA			
最大负载阻抗	电压输出 1kΩ，电流输出 0.5kΩ，容性输出 1μF，感性 1mH			
最大转换时间/(ms/通道)	0.8			1.5
建立时间/ms	阻性负载 0.2，容性负载 3.3，感性负载 0.5			
分辨率	±10V，±20mA 时为 11 位＋符号位，其余为 12 位			15 位＋符号位
0~60℃工作极限，对应于输出范围	电压±0.5%，电流±0.6%			电压±0.12%，电流±0.18%
25℃时基本误差，对应于输出范围	电压±0.4%，电流±0.5%			电压电流均为±0.01%

9.3.6 模拟量输入/输出模块

模拟量输入/输出模块 SM 334 和 SM 335 的技术规范如表 9-10 所示

快速模拟量输入输出模块 SM 335 提供：

1）4 个快速模拟量输入通道，基本转换时间最大为 1ms；

2）4 个快速模拟量输出通道，每通道最大转换时间为 0.8ms；

3）10V/25mA 的编码器电源；

4）一个计数器输入(24V/500Hz)。

SM 355 有两种特殊工作模式：

（1）只进行测量 模块不断地测量模拟量输入值，而不更新模拟量输出。它可以快速测量模拟量值(<0.5ms)。

（2）比较器 SM 335 对设定值与测量的模拟量输入值进行快速比较。

SM 355 有循环周期结束中断和诊断中断。

表 9-10 SM 334、SM 335 模拟量输入/输出模块的技术参数

6ES7	334-0CE01-0AA0	334-0KE00-0AB0 334-0KE80-0AB0	335-7HG01-0AB0 快速模拟量输入/输出模块
输入点数	4	4	4
输入范围/输入阻抗	0~10V/100kΩ，0~20mA/50Ω	0~10V/100kΩ，电阻 10kΩ，Pt100	±1V，±10V，±2.5V，0~2V，0~10V：10MΩ，±10mA，0~20mA，4~20mA：100Ω
分辨率	8 位	12 位	双极性 13 位＋符号位，单极性 14 位
转换时间		每通道最大 85ms	200μs，4 通道最大 1ms
运行极限	电压±0.9%，电流±0.8%	电压±0.7%，Pt100±1.0%	电压±0.15%，电流±0.25%
基本误差限制	电压±0.7%，电流±0.6%	电压±0.5%，Pt100±0.8%	±0.13%
输出点数	2	2	4
输出范围	0~10V，0~20mA	0~10V	0~10V，±10V
负载阻抗	电压输出最小 5kΩ 电流输出最大 300Ω	电压输出最小 2.5kΩ	

（续）

6ES7	334-0CE01-0AA0	334-0KE00-0AB0 334-0KE80-0AB0	335-7HG01-0AB0 快速模拟量输入/输出模块
分辨率	8 位	12 位	双极性 11 位 + 符号位，单极性 12 位
转换时间/ms	每通道最大 0.5	每通道最大 0.5	每通道最大 0.8
运行极限	电压 ±0.8%，电流 ±1.0%	电压 ±1.0%	±0.5%
基本误差限制	电压 ±0.4%，电流 ±0.8%	电压 ±0.85%	±0.2%
扫描时间(AI + AO)	所有通道 5ms	所有通道 85ms	

9.4　S7—300 系列 PLC 的其他模块

除了最通用的 I/O 模块，西门子公司还提供大量的功能模块、特殊模块和通信模块，用于完成计数、定位、仿真、占位、通信等功能。表 9-11 列出了部分模块的型号和功能特点。

表 9-11　部分扩展模块的型号和功能特点。

分　类	型　号	功能及用途
计数器模块	FM 350-1	单通道高速计数模块，编码器或单路脉冲输入，最高 500kHz
	FM 350-2	8 通道高速计数模块，编码器或单路脉冲输入，最高 20kHz
	CM 35	8 通道高速计数模块，单路脉冲输入，最高 10kHz
定位模块	FM 351	1 轴快速/慢速进给驱动位置控制模块，以实现普通电机闭环定位
	FM 352	电子凸轮模块，具有 128 个凸轮，32 个凸轮轨迹，可代替机械凸轮和时间凸轮
	FM 353	1 轴步进电机定位模块，最高脉冲频率 200kHz
	FM 354	1 轴伺服电机定位模块，±10V 模拟接口
	FM 357	4 轴路径及定位模块，可控制步进电机和伺服电机(±10V 模拟接口)
闭环控制模块	FM 355C	4 回路闭环控制模块，模拟量输入，以模拟量输出进行连续控制
	FM 355S	4 回路闭环控制模块，模拟量输入，以数字量输出进行脉冲控制
通信模块	CP 340	标准串行通信模块，RS-232C(V.24)接口，最大 19.2Kbit/s
	CP 340	标准串行通信模块，20mA(TTY)接口，最大 19.2Kbit/s
	CP 340	标准串行通信模块，RS-422/485(X.27)接口，最大 19.2Kbit/s
	CP 341	标准串行通信模块，RS-232C(V.24)接口，最大 76.8Kbit/s
	CP 341	标准串行通信模块，20mA(TTY)接口，最大 76.8Kbit/s
	CP 341	标准串行通信模块，RS-422/485(X.27)接口，最大 76.8Kbit/s
	CP 343-2	AS-i 主站通信模块
	CP 342-5	PROFIBUS-DP 主站/从站通信模块
	CP 342-5	PROFIBUS-DP 主站/从站通信模块，光纤连接
	CP 343-5	PROFIBUS-FMS 通信模块
	CP 343-1	工业以太网通信模块，ISO 及 TCP/IP 协议，10/100Mbit/s
	CP 343-1IT	工业以太网通信模块，TCP/IP 协议，10/100Mbit/s，可连接 INTERNET

（续）

分　类	型　号	功能及用途
特殊模块	SM 374	仿真模块，用于程序仿真运行，16 个扭子开关，16 个 LED 指示灯
	DM 370	占位模块，用于为信号模块预留槽位

9.5　S7—400 系列 PLC 的硬件组成

9.5.1　S7—400 系列 PLC 的一般特性

SIMATIC S7—400 PLC 是为满足自动化领域中、高端的应用而设计的，其功能十分强大。S7—400 PLC 具有以下的一般特性。

1）运行速度高，CPU 417-4 执行一条二进制指令只要 $0.03\mu s$。

2）存储器容量大，例如 CPU 417-4 的工作内存可达 20MB，装载存储器（EEPROM 或 RAM）可以扩展到 64MB。

3）可多 CPU 并行计算（最多 4 个 CPU 并行处理复杂任务）。

4）支持集中式和分布式信号模板的热插拔。

5）I/O 扩展功能强，可以扩展 21 个机架，CPU 417-4 最多可以扩展 262144 个数字量 I/O 点和 16384 个模拟量 I/O。

6）有极强的通信能力，容易实现分布式结构和冗余控制系统，集成的 MPI（多点接口）能建立最多 32 个站的简单网络。大多数 CPU 集成有 PROFIBUS-DP 主站接口，可以用来建立高速的分布式系统，使操作大大简化。从用户的角度看，分布式 I/O 的处理与集中式 I/O 没有什么区别，具有相同的配置、寻址和编程方法。CPU 能与在通信总线和 MPI 上的站点建立联系，最多 16～44 个站点，通信速率最高 12Mbit/s。

7）通过钥匙开关和口令实现安全保护。

8）诊断功能强，最新的故障和中断时间保存在 FIFO（先入先出）缓冲区中。

9）集成的 HMI（人机接口）服务，用户只需要为 HMI 服务定义源地址和目的地址便可自动地传送信息。

10）无风扇运行。

9.5.2　S7—400 系列 PLC 的硬件组成

S7—400 是具有中高档性能的 PLC，采用模块化无风扇设计，适用于对可靠性要求极高的大型复杂控制系统。S7—400 PLC 分为标准型和容错型（可配置成故障安全型）两种。S7—400 采用大模块结构，大多数模块的尺寸为 25mm（宽）×290mm（高）×210mm（深）。

如图 9-6 所示，S7—400 由机架、电源模块（PS）、中央处理单元（CPU）、数字量输入/输出（DI/DO）模块、模拟量输入/输出（AI/AO）模块、通信处理器（CP）、功能模块（FM）和接口模块（IM）组成。DI/DO 模块和 AI/AO 模块统称为信号模块（SM）。

机架用来固定模块、提供模块工作电压和实现局部接地，并通过信号总线将不同模块连接在一起。

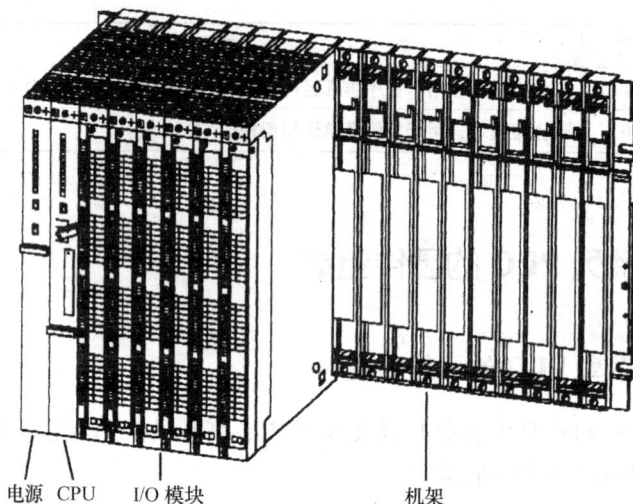

图 9-6 S7—400 模块式 PLC

S7—400 的模块插座焊在机架中的总线连接板上，模块插在模块插座上，有不同槽数的机架供用户选用，如果一个机架容纳不下所有的模块，可以增设一个或数个扩展机架，各机架之间用接口模块和通信电缆交换信息，如图 9-7 所示。

S7—400 提供了多种级别的 CPU 模块和种类齐全的通用功能的模块，使用户能根据需要组合成不同的专用系统。S7—400 采用模块化设计，性能范围宽广的不同模块可以灵活组合，扩展十分方便。

中央机架(或称中央控制器,CC)必须配置 CPU 模块和一个电源模块，可以安装除用于接收的 IM(接口模块)外的所有 S7—400 模块。如果有扩展机架，中央机架和扩展机架都需要安装接口模块。

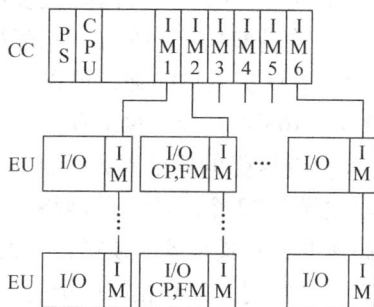

图 9-7 S7—400PLC 的多机架连接

扩展机架(或称扩展单元,EU)可以安装除 CPU、发送 IM、IM 463-2 适配器外的所有 S7—400 模块。但是电源模块不能与 IM 461-1(接收 IM)一起使用。

集中式扩展方式适用于小型配置或一个控制柜中的系统。CC 和 EU 的最大距离为 1.5m(带 5V 电源)或 3m(不带 5V 电源)。

分布式扩展适用于分布范围广的场合，CC 与最后一个 EU 的最大距离为 100m(S7 EU)或 600m(S5EU)。CC 最多插 6 块发送 IM，最多只有 2 个 IM 可以提供 5V 电源。通过 C 总线(通信总线)的数据交换仅限于 CC 和 6 个 EU 之间。

9.6 S7—300/400 系列 PLC 的编程

S7—400 与 S7—300 一样，都用 STEP 7 编程软件编程，编程语言与编程方法完全相同。STEP 7 为自动化项目的用户所提供的功能，从组态到启动，测试以及维护。

在 STEP 7 中，一个自动化应用方案的所有数据是以项目(Project)的形式来组织和管理的。梯形图、语句表(即指令表)和功能块图是标准的 STEP 7 软件包配备的 3 种基本编程语言，这 3 种语言可以在 STEP 7 中相互转换。除此以外，STEP 7 还提供以下工程工具用于复杂或大型程序的编制：

1) S7-SCL (结构控制语言) 基于 PASCAL 的高级语言，用于 S7/C7 可编程控制器的编程。

2) S7-GRAPH 实现顺序控制系统的图形化组态，用于 S7/C7 可编程控制器的编程。

3) S7-Higraph 用于带有状态图的顺序或异步过程的图形描述，用于 S7/C7 可编程控制器的编程。

4) CFC(连续功能图)面向技术的图形，使复杂功能的图形互连能够实现，用于 S7 系列可编程控制器的编程。

STEP 7 编程软件的详细使用方法可参阅西门子公司的相关技术手册。

习　题

9-1　简述 SIMATIC S7—300 系列 PLC 的特点和构成。

9-2　SIMATIC S7—300 系列 PLC 的 CPU 模块可分为哪几类？

9-3　SIMATIC S7—300 系列 PLC 的数字量模块有哪几种？

9-4　SIMATIC S7—300 系列 PLC 的模拟量模块有哪几种？

9-5　简述 SIMATIC S7—400 系列 PLC 的特点。

9-6　STEP 7 编程语言有哪几种基本型式？各有什么特点？

第10章 电气控制系统设计

生产机械电气控制系统的设计包括电气控制原理设计和工艺设计两个方面。电气控制原理设计以满足生产机械和工艺的基本要求为目标，综合考虑设备的自动化程度和技术的先进性；工艺设计则要满足电气控制装置本身的制造、使用和维修的需要。原理设计决定着生产机械设备的合理性与先进性；工艺设计决定着电气控制系统生产的可行性、经济性、外观、使用与维修的方便性等技术和经济指标。本章介绍电气控制系统设计的一般规律和设计方法。

10.1 电气控制系统设计的内容和方法

电气控制系统设计的基本内容是根据电气控制要求设计和编制出设备电气控制系统制造和使用、维护中的所有图纸和资料。电气图纸主要包括电气原理图、电气安装图、电气接线图等。主要资料包括元器件清单、设备操作使用说明书、设备原理及结构、维修说明书等。

10.1.1 电气控制系统设计的基本原则

生产机械种类繁多，其电气控制方案各异，但电气控制系统的设计原则和设计方法基本相同。设计工作的首要问题是树立正确的设计思想和工程实践的观点，它是高质量完成设计任务的基本保证。电气控制系统设计的基本原则如下：

1）最大限度地满足生产机械和生产工艺对电气控制系统的要求。电气控制系统设计的依据主要来源于生产机械和生产工艺的要求。

2）设计方案要合理。在满足控制要求的前提下，设计方案应力求简单、经济、便于操作和维修，不要盲目追求高指标和自动化。

3）机械设计与电气设计应相互配合。许多生产机械采用机电结合控制的方式来实现控制要求，因此要从工艺要求、制造成本、结构复杂性、使用维护方便等方面协调处理好机械和电气的关系。

4）确保控制系统安全可靠地工作。

10.1.2 电气控制系统设计的基本任务和内容

电气控制系统设计的基本任务是根据控制要求设计、编制出设备制造、使用和维修过程中所必须的图样和资料等。图样包括电气原理图、电气系统的组件划分图、元器件布置图、安装接线图、电气箱图、控制面板图、元器件安装底板图和非标准件加工图等，另外还要编制外购件目录、单台材料消耗清单、设备说明书等文字资料。

电气控制系统设计的内容主要包含原理设计与工艺设计两个部分，以电力拖动控制设备为例，设计内容如下。

1. 原理设计内容

电气控制系统原理设计的主要内容包括：

1）拟订电气设计任务书。

2）确定电力拖动方案，选择电动机。

3）设计电气控制原理图，计算主要技术参数。

4）选择电器元器件，制订元器件明细表。

5）编写设计说明书。

电气原理图是整个设计的中心环节，它为工艺设计和制订其他技术资料提供依据。

2. 工艺设计内容

进行工艺设计主要是为了便于组织电气控制系统的制造，从而实现原理设计提出的各项技术指标，并为设备的调试、维护与使用提供相关的图样资料。工艺设计的主要内容有：

1）设计电气总布置图、总安装图与总接线图。

2）设计组件布置图、安装图和接线图。

3）设计电气箱、操作台及非标准元件。

4）列出元器件清单。

5）编写使用维护说明书。

10.1.3　电气控制系统设计的一般步骤

1. 拟订设计任务书

设计任务书是整个电气控制系统的设计依据，又是设备竣工验收的依据。设计任务的拟定一般由技术领导部门、设备使用部门和任务设计部门等几方面共同完成的。电气控制系统的设计任务书中，主要包括以下内容：

1）设备名称、用途、基本结构、动作要求及工艺过程介绍。

2）电力拖动的方式及控制要求等。

3）联锁、保护要求。

4）自动化程度、稳定性及抗干扰要求。

5）操作台、照明、信号指示、报警方式等要求。

6）设备验收标准。

7）其他要求。

2. 确定电力拖动方案

电力拖动方案选择是电气控制系统设计的主要内容之一，也是以后各部分设计内容的基础和先决条件。

所谓电力拖动方案是指根据零件加工精度、加工效率要求、生产机械的结构、运动部件的数量、运动要求、负载性质、调速要求以及投资额等条件去确定电动机的类型、数量、传动方式以及拟订电动机起动、运行、调速、转向、制动等控制要求。

电力拖动方案的确定要从以下几个方面考虑：

（1）拖动方式的选择　电力拖动方式分独立拖动和集中拖动。电气传动的趋势是多电动机拖动，这不仅能缩短机械传动链，提高传动效率，而且能简化总体结构，便于实现自动化。具体选择时，可根据工艺与结构决定电动机的数量。

（2）调速方案的选择　大型、重型设备的主运动和进给运动应尽可能采用无级调速，这样有利于简化机械结构、降低成本；精密机械设备为保证加工精度也应采用无级调速；对于一般中小型设备，在没有特殊要求时，可选用经济、简单、可靠的三相笼型异步电动机。

（3）电动机调速性质要与负载特性适应　对于恒功率负载和恒转矩负载，在选择电动机调速方案时，要使电动机的调速特性与生产机械的负载特性相适应，这样可以使电动机得到充分合理的应用。

3. 拖动电动机的选择

电动机的选择主要有电动机的类型、结构形式、容量、额定电压与额定转速。电动机选择的基本原则有：

1）根据生产机械调速的要求选择电动机的种类。

2）工作过程中电动机容量要得到充分利用。

3）根据工作环境选择电动机的结构形式。

应该强调，在满足设计要求情况下优先考虑采用结构简单，价格便宜，使用维护方便的三相交流异步电动机。

正确选择电动机容量是电动机选择中的关键问题。电动机容量计算有两种方法，一种是分析计算法；另一种是统计类比法。分析计算法是按照机械功率估计电动机的工作情况，预选一台电动机，然后按照电动机实际负载情况做出负载图，根据负载图校验温升情况，确定预选电动机是否合适，不合适时再重新选择，直到电动机合适为止。

电动机容量的分析计算在有关论著中有详细介绍，这里不再重复。在比较简单、无特殊要求、生产数量又不多的电力拖动系统中，电动机容量的选择往往采用统计类比法，或者根据经验采用工程估算的方法来选用，通常选择较大的容量，预留一定的裕量。

4. 选择控制方式

控制方式要实现拖动方案的控制要求。随着现代电气技术的迅速发展，生产机械电力拖动的控制方式从传统的继电接触器控制向 PLC 控制、CNC 控制、计算机网络控制等方面发展，控制方式越来越多。控制方式的选择应在经济、安全的前提下，最大限度地满足工艺的要求。

5. 设计电气控制原理图并合理选用元器件以及编制元器件明细表

6. 设计电气设备的各种施工图样

7. 编写设计说明书和使用说明书

10.2　电气控制原理电路设计的方法与步骤

电气控制原理电路设计是原理设计的核心内容，各项设计指标通过它来实现，它又是工艺设计和各种技术资料的依据。

10.2.1　电气控制原理电路的基本设计方法

电气控制原理电路设计的方法主要有经验设计法和逻辑设计法两种。

1. 经验设计法

经验设计法也叫分析设计法，是根据生产工艺的要求选择适当的基本控制环节（单元电路）或将比较成熟的电路按其联锁条件组合起来，并经补充和修改，将其综合成满足控制要求的完整电路。当没有现成的典型环节时，可根据控制要求边分析边设计。

经验设计法的优点是设计方法简单，无固定的设计程序，它是在熟练掌握各种电气控制电路的基本环节和具备一定的阅读分析电气控制电路能力的基础上进行的，容易被初学者所掌握，对于具备一定工作经验的电气技术人员来说，能较快地完成设计任务，因此在电气设计中被普遍采用。其缺点是设计出的方案不一定是最佳方案，当经验不足或考虑不周全时会影响电路工作的可靠性。为此，应反复审核电路工作情况，有条件时还应进行模拟试验，发现问题及时修改，直到电路动作准确无误，满足生产工艺要求为止。

2. 逻辑设计法

逻辑设计法是利用逻辑代数来进行电路设计，从生产机械的拖动要求和工艺要求出发，将控制电路中的接触器、继电器线圈的通电与断电、触头的闭合与断开、主令电器的接通与断开看成逻辑变量，根据控制要求将它们之间的关系用逻辑关系式来表达，然后再化简，做出相应的电路图。

逻辑设计法的优点是能获得理想、经济的方案，但这种方法设计难度较大，整个设计过程较复杂，还要涉及一些新概念，因此，在一般常规设计中，很少单独采用。其具体设计过程可参阅专门论述资料，这里不再作进一步介绍。

10.2.2 电气原理图设计的基本步骤

电气原理图设计的基本步骤是：

（1）根据确定的拖动方案和控制方式设计系统的原理框图。

（2）设计出原理框图中各个部分的具体电路。设计时按主电路、控制电路、辅助电路、联锁与保护、总体检查反复修改与完善的先后顺序进行。

（3）绘制总原理图。

（4）恰当选用元器件，并制订元器件明细表。

设计过程中，可根据控制电路的简易程度适当地选用上述步骤。

10.2.3 原理图设计中的一般要求

一般来说，电气控制原理图应满足生产机械加工工艺的要求，电路要具有安全可靠，操作和维修方便、设备投资少等特点。为此，必须正确地设计控制电路，合理地选择元器件。原理图设计应满足以下要求：

1. 电气控制原理应满足工艺的要求

在设计之前必须对生产机械的工作性能、结构特点和实际加工情况有充分的了解，并在此基础上来考虑控制方式、起动、反向、制动及调速的要求，设置各种联锁及保护装置。

2. 控制电路电源种类与电压数值的要求

对于比较简单的控制电路，而且元器件不多时，往往直接采用交流 380V 或 220V 电源，不用控制电源变压器。对于比较复杂的控制电路，应采用控制电源变压器，将控制电压降到110V 或 48V、24V。这种方案有利于维修、操作以及元器件的可靠工作。

对于操作比较频繁的直流电力传动的控制电路，常用 220V 或 110V 直流电源供电。直流电磁铁及电磁离合器的控制电路，常采用 24V 直流电源供电。

3. 确保电气控制电路工作的可靠性和安全性

为保证电气控制电路可靠地工作，应考虑以下几个方面：

（1）元器件的工作要稳定可靠，元器件要符合使用环境条件，并且动作时间的配合不致引起竞争　复杂控制电路中，在某一控制信号作用下，电路从一种稳定状态转换到另一种稳定状态，常常有几个元器件的状态同时变化，考虑到元器件总有一定的动作时间，对时序电路来说，就会得到几个不同的输出状态。这种现象称为电路的"竞争"。而对于开关电路，由于元器件的释放延时作用，也会出现开关元件不按要求的逻辑功能输出的可能性，这种现象称为"冒险"。

"竞争"与"冒险"现象都将造成控制电路不能按照要求动作，从而引起控制失灵。通常所分析的控制电路电器的动作和触头的接通与断开，都是静态分析，没有考虑电器元件动作时间。而在实际运行中，由于电磁线圈的电磁惯性、机械惯性、机械位移量等因素，使接触器或继电器从线圈的通电到触头闭合，有一段吸引时间；线圈断电时，从线圈的断电到触头断开，有一段释放时间。这些称为电器元件的动作时间，是电器元件固有的时间，不同于人为设置的延时，固有的动作延时是不可控制的，而人为的延时是可调的。当电器元件的动作时间可能影响到控制电路的动作时，需要用能精确反映元件动作时间及其互相配合的方法（如时间图法）来准确分析动作时间，从而保证电路正常工作。

（2）电器元件的线圈和触头的连接应符合国家有关标准规定　电器元件图形符号应符合 GB 4728 中的规定，绘制时要合理安排版面。例如，主电路一般安排在左面或上面；控制电路或辅助电路排在右面或下面；元器件目录表安排在标题上方。为读图方便，有时以动作状态表或工艺过程图形式将主令开关的通断、电磁阀动作要求、控制流程等表示在图面上，也可以在控制电路的每一支路边上标注出控制目的。

在实际连接时，应注意以下几点：

1）正确连接电器线圈。交流电压线圈通常不能串联使用，即使是两个同型号电压线圈也不能采用串联或接在两倍线圈额定电压的交流电源上，以免电压分配不均引起工作不可靠，如图 10-1 所示。

在直流控制电路中，对于电感较大的电器线圈，如电磁阀、电磁铁或直流电机励磁线圈等，不宜与同电压等级的接触器或中间继电器直接并联使用。大电感线圈与直流继电器线圈的连接如图 10-2 所示。在图 10-2a 中，当触头 KM 断开时，电磁铁 YA 线圈两端产生较大的感应电动势，加在中间继电器 KA 的线圈上，造成 KA 的误动作。为此在 YA 线圈两端并联放电电阻 R，并在 KA 支路串入 KM 常开触头，如图 10-2b 所示，这样就能可靠工作。

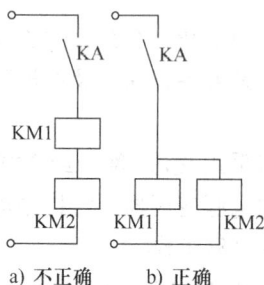

a) 不正确　　b) 正确

图 10-1　线圈连接

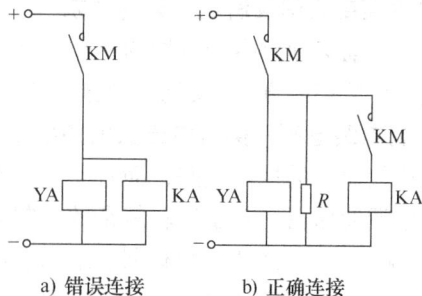

a) 错误连接　　b) 正确连接

图 10-2　大电感线圈与直流继电器线圈的连接

2）合理安排电器元件和触头的位置。对于串联回路，元器件或触头位置互换时，并不影响其工作原理，但在实际运行中，它会影响电路安全并关系到导线长短。如图 10-3 所示的两种接法，两者工作原理相同，但是采用图 10-3a 接法既不安全又浪费导线。因为行程限位开关 SQ 的常开和常闭触头靠得很近，在触头断开时，由于电弧可能造成电源短路，很不安全，而且这种接法 SQ 要引出四根导线，很不合理。图10-3b所示的接法较为合理，且只需引出三根导线。

3）防止出现寄生电路。寄生电路是指在控制电路的动作过程中，意外出现不是由于误操作而产生的接通电路。图10-4所示，是一个具有指示灯和过载保护的电动机正反转控制电路。正常工作时，能完成正反向起动、停止与信号指示。但当 FR 动作断开后，电路出现了如图中虚线所示的寄生电路，使接触器 KM1 不能可靠释放而得不到过载保护。如果将 FR 触头位置移到 SB1 上端就可避免产生寄生电路。

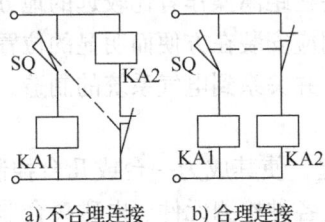

图 10-3　电气元件和触头间的连接

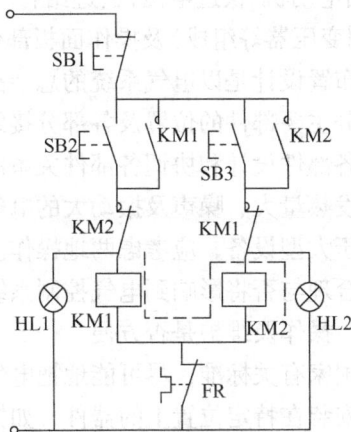

图 10-4　寄生回路

4）尽量减少连接导线的数量，缩短连接导线的长度。

5）控制电路工作时，应尽量减少通电电器的数量，以降低故障的可能性并节约电能。

6）在电路中采用小容量的继电器触头来断开或接通大容量接触器线圈时，要分析触头容量的大小，若不够时，必须加大继电器容量或增加中间继电器，否则工作不可靠。

4. 应具有必要的保护环节

控制电路在事故情况下，应能保证操作人员、电气设备、生产机械的安全，并能有效地制止事故的扩大。为此，在控制电路中应采取一定的保护措施。常用的有漏电开关保护、过载、短路、过电流、过电压、失电压、联锁与行程保护等措施。必要时还可设置相应的指示信号。

5. 操作、维修方便

控制电路应从操作与维修人员的工作出发，力求操作简单、维修方便。

6. 控制电路力求简单、经济

在满足工艺要求的前提下，控制电路应力求简单、经济。尽量选用标准电气控制环节和电路，缩减电器的数量，采用标准件和尽可能选用相同型号的电器。

10.3 电气控制装置的工艺设计

电气控制系统在完成原理设计和电器元件选择之后，下一步就是进行电气工艺设计并付之实施。主要有电气控制设备总体布置，总接线图设计，各部分的电器装配图与接线图，各部分的元器件目录、进出线号、主要材料清单及使用说明书等。

10.3.1 电气设备的总体布置设计

电气设备总体布置设计的任务是根据电气控制原理图，将控制系统按照一定要求划分为若干个部件，再根据电气设备的复杂程度，将每一部件划分成若干单元，并根据接线关系整理出各部分的进线和出线号，调整它们之间的连接方式。以万能铣床为例，可划分为机床电器部件（由电动机、快进电磁铁、进给行程开关等组成）、电气箱部件（由各种控制电器、保护电器、控制变压器等组成）及操作面板部件（由按钮、转换开关等组成）。

总体布置设计是以电气系统的总装配图与总接线图形式来表达的，图中应以示意形式反映出各部分主要部件的位置及各部分接线关系、走线方式、使用管线要求等。总装配图和总接线图是各部件设计和协调各部件关系的依据。总体设计应集中、紧凑，同时在场地允许条件下，对发热量大、噪声及振动大的电气部件要尽量安装在距离操作者比较远的地方或隔离起来。对于大型设备，应考虑两地操作。总电源急停控制应安装在方便而明显的位置。总体配置设计合理与否将影响到电气控制系统工作的可靠性，并关系到电气系统的制造、装配质量、调试、操作及维护是否方便。

按照国家有关标准，尽可能地把电气设备组装在一起，使其成为一台或几台控制装置。只有必须安装在特定位置上的器件，如按钮、手动开关、各种检测元件、电磁离合器、电动机等，才分散安装在生产机械的相应部位。由于元器件安装位置不同，在构成一个完整的电气控制系统时，可以根据有关的原则划分为不同的单元，从而使设计条理化。

单元划分的原则是：

1）功能类似的元件组合在一起，如按钮、控制开关、指示灯、指示仪表可以集中在操作台上；接触器、继电器、熔断器、控制变压器等控制电器可以安装在控制柜中。

2）接线关系密切的控制电器划为同一单元，以减少不同单元之间的连线。

3）强弱电分开，以防干扰。

4）需经常调节、维护的元器件和易损元器件组合在一起，以便于检查与调试。

电气控制设备的不同单元之间的接线方式通常有以下几种：

1）控制板、电器板、机床电器的进出线一般采用接线端子，可根据电流大小和进出线数选择不同规格的接线端子。

2）被控制设备与电气箱之间采用多孔接插件，便于拆装、搬运。

3）印制电路板及弱电控制组件之间的连接采用各种类型的标准接插件。

10.3.2 绘制元器件布置图

元器件布置图详细描绘了电气设备中各电器的相对位置。元器件布置图的设计依据是原理图。同一部件或单元中元器件可按下述原则布置：

1）一般监视器件布置在仪表板上。

2）体积大和较重的元器件应安装在电器板的下方，发热元件安装在电器板的上方。

3）强电弱电应分开，弱电部分应加装屏蔽和隔离设施，以防强电和外界的干扰。

4）需要经常维护、检修、调整的元器件安装位置不宜过高或过低。

5）电器布置应考虑整齐、美观、对称，尽量使外形与结构尺寸类似的电器安装在一起，便于加工、安装和配线。

6）布置元器件时，应预留布线、接线、和调整操作的空间。

各元器件的位置确定以后，就可绘制电器布置图。布置图是根据元器件的实际排列和外形绘制的。每个元器件的安装尺寸及其公差范围，要严格按产品手册标准标注，从而保证各元器件能顺利安装。

元器件布置图设计中，还要选择进出线方式，并按一定顺序标注进出线的线号。

10.3.3　绘制电气控制装置的接线图

电气控制装置的接线图表示整套装置的连接关系，是电气安装与查线的依据。接线图根据电气原理及元器件布置图绘制，绘制时应考虑以下原则：

1）接线图的绘制应符合 GB/T 6988.3—1997《电气技术用文件的编制　接线图和接线表》的规定。

2）在接线图中，各元器件的外形和相对位置要与实际安装的相对位置一致。

3）元器件及其接线座的标注与电气原理图中标注应一致，采用同样的文字符号和线号。GB/T 4026—1992《电器设备接线端子和特定导线线端的识别及应用字母数字系统的通则》及 GB 4884—1985《绝缘导线标记》等规定。

4）接线图应将同一元器件的各带电部分（如线圈、触头等）画在一起，并用细实线框住。

5）接线图采用细线条绘制，应清楚地表示出各元器件的接线关系和接线去向。

接线图的接线关系有直接接线法与符号标注接线法两种接法。

直接接线法：直接画出元器件之间的接线。适用于电气系统简单、元器件少、接线关系简单的场合。

符号标注接线法：在元器件的接线端处标注符号来表明相互连接关系。适用于电气系统复杂、元器件多、接线关系较为复杂的场合。

6）接线图中要标注出各种导线的型号、规格、截面积和颜色。

7）接线端子板上各接线点按线号顺序排列，并将动力线、交流控制线、直流控制线分类排开。元件的进出线除大截面导线外，都应经过接线板，不得直接进出。

10.3.4　电控柜和非标准零件图的设计

电气控制系统比较简单时，控制电器可以安装在生产机械内部；控制系统比较复杂或操作需要时，都要有单独的电气控制柜。

电气控制柜设计要考虑以下几方面问题：

1）根据控制面板和控制柜内各元器件的数量确定电控柜总体尺寸。

2）电控柜结构要紧凑、便于安装、调整及维修、外形美观，并与生产机械相匹配。

3）在柜体的适当部位设计通风孔或通风槽，便于柜内散热。

4）应设计起吊钩或柜体底部带活动轮，便于电控柜的移动。

电控柜结构常设计成立式或工作台式，小型控制设备则设计成台式或悬挂式。电控柜的品种繁多、结构各异。设计中要吸取各种形式的优点，设计出适合的电控柜。

非标准的电器安装零件，如开关支架、电气安装底板、控制柜的有机玻璃面板、扶手等，应根据机械零件设计要求，绘制其零件图。

10.3.5　清单汇总

在电气控制系统原理设计及工艺设计结束后，应根据各种图样，对本设备需要的各种零件及材料进行综合统计，列出元件清单、标准件清单、材料消耗定额表，以便生产管理部门做好生产准备工作。

10.3.6　编写设计说明书和使用说明书

设计说明和使用说明是设计审定、调试、使用、维护过程中必不可少的技术资料。设计和使用说明书应包含：拖动方案的选择依据，本系统的主要原理与特点，主要参数的计算过程，各项技术指标的实现，设备调试的要求和方法，设备使用、维护要求，使用注意事项等。

10.4　PLC 控制系统设计的内容和方法

PLC 控制系统的设计具有传统电气控制系统设计的一般规律，但由于 PLC 控制属于软件控制，因此 PLC 控制系统的设计又具有其自身的特点。下面就 PLC 控制系统设计的基本原则、基本内容以及步骤进行阐述，以便初学者掌握。当然，要设计一个经济、实用、可靠、先进的 PLC 控制系统，还需要有丰富的专业知识和实际工作经验。

10.4.1　PLC 控制系统设计的基本原则

任何一种电气控制系统都是为了实现被控对象（生产设备或生产过程）的工艺要求，以提高生产效率和产品质量。因此，在设计 PLC 控制系统时，应遵循以下基本原则：

1）最大限度地满足被控对象的控制要求。设计前，应深入现场进行调查研究，搜集资料，并与机械部分的设计人员和实际操作人员密切配合，共同拟定电气控制方案，协同解决设计中出现的各种问题。

2）在满足控制要求的前提下，力求使控制系统简单、经济、实用，维修方便。

3）保证控制系统的安全、可靠。

4）考虑到生产发展和工艺的改进，在选择 PLC 容量时，应适当留有裕量。

10.4.2　PLC 控制系统设计的基本内容

PLC 控制系统是由 PLC 与用户输入、输出设备连接而成的。因此，PLC 控制系统的基本内容包括如下几点：

1）选择用户输入设备（按钮、操作开关、限位开关和传感器等）、输出设备（继电器、接触器和信号灯等执行元件）以及由输出设备驱动的控制对象（电动机、电磁阀等）。

2）PLC 的选择。PLC 是 PLC 控制系统的核心部件，正确选择 PLC，对于保证整个控制系统的技术经济性能指标起着重要作用。

选择 PLC，应包括机型的选择、容量的选择、I/O 点数（模块）的选择、电源模块以及特殊功能模块的选择等。

3）分配 I/O 点，绘制电气连接接口图，考虑必要的安全保护措施。

4）设计控制程序。包括设计梯形图、语句表（即程序清单）或控制系统流程图。

控制程序是控制整个系统工作的软件，是保证系统工作正常、安全可靠的关键。因此，控制系统的设计必须经过反复调试、修改，直到满足要求为止。

5）必要时还需设计控制台（柜）。

6）编制系统的技术文件，包括说明书、电气图及电气元件明细表等。

传统的电气图，一般包括电气原理图、电气布置图及电气安装图。在 PLC 控制系统中，这一部分图可以统称为"硬件图"。它在传统电气图的基础上增加了 PLC 部分，因此，在电气原理图中应增加 PLC 的输入、输出电气连接图（即 I/O 接口图）。

此外，在 PLC 控制系统中，电气图还应包括程序图（梯形图），可以称之为"软件图"。向用户提供"软件图"，可方便用户在生产发展或工艺改进时修改程序，并有利于用户在维修时分析和排除故障。

10.4.3　PLC 控制系统设计的一般步骤

设计 PLC 控制系统的一般设计步骤如图 10-5 所示。

1. 流程图功能说明

1）根据生产的工艺过程分析控制要求。如需要完成的动作（动作顺序、动作条件及必须的保护和联锁等）、操作方式（手动、自动；连续、单周期及单步等）。

2）根据控制要求确定用户所需的输入、输出设备。据此确定 PLC 的 I/O 点数。

3）选择 PLC。

4）分配 PLC 的 I/O 点，设计 I/O 电气接口连接图（这一步也可以结合第 2 步进行）。

5）进行 PLC 程序设计，同时可进行控制台（柜）的设计和现场施工。

在设计传统继电器控制系统时，必须在控制线路（接线程序）设计完成后，才能进行控制台（柜）设计和现场施工。可见，采用 PLC 控制，可以使整个工程的周期缩短。

2. PLC 程序设计的步骤

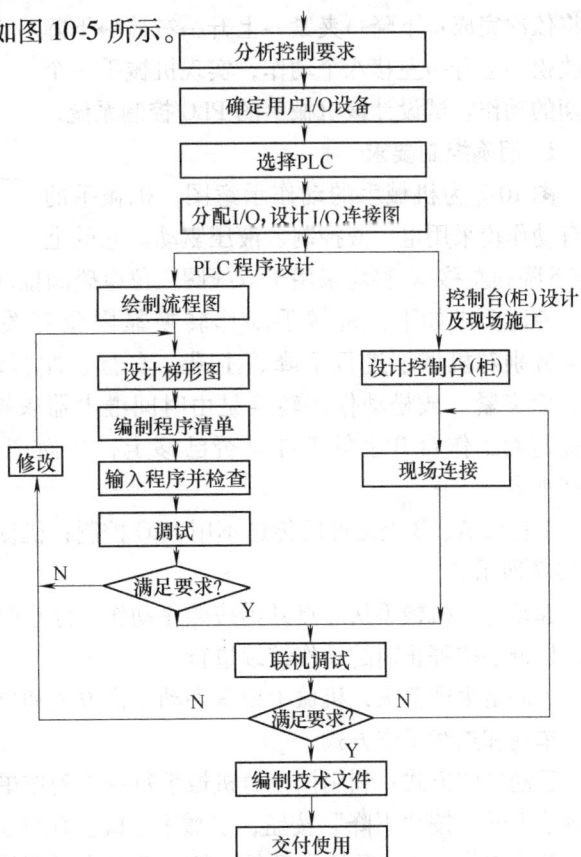

图 10-5　PLC 控制系统设计步骤

1）对于较复杂的控制系统，需绘制系统流程图，用以清楚地表明动作的顺序和条件。对于简单的控制系统，也可以省去这一步。

2）设计梯形图。这是程序设计的关键一步，也是比较困难的一步。要设计好梯形图，首先要十分熟悉控制要求，同时还要有一定的电气设计的实践经验。

3）根据梯形图编制程序清单。

4）用编程器将程序键入到 PLC 的用户存储器中，并检查键入的程序是否正确。

5）对程序进行调试和修改，直到满足要求为止。

6）待控制台(柜)及现场施工完成后，就可以进行联机调试。如不满足要求，再回去修改程序或检查接线，直到满足为止。

7）编制技术文件。

8）交付使用。

10.5 PLC 控制系统设计实例

图 10-6 是某机械手的工作示意图，该机械手的任务是将工件从工作台 A 搬往工作台 B。机械手的初始位置在原位，按下启动按钮后，机械手将依次完成：下降→夹紧→上升→右移→下降→放松→上升→左移八个动作，实现机械手一个周期的动作。试设计该机械手的 PLC 控制系统。

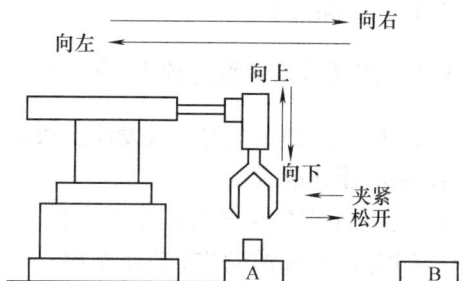

图 10-6　机械手的动作示意图

1. 明确控制要求

图 10-7 为机械手的动作示意图，机械手的所有动作均采用电、液控制、液压驱动。它的上升/下降和左移/右移均采用于双线圈三位电磁阀推动液压缸完成。

控制要求如下：机械手动作转换靠限位开关来控制，限位开关 SQ1、SQ2、SQ3、SQ4 分别对机械手进行下降、上升、右行、左行动作的限位，并给出了动作到位的信号。而夹紧、放松动作的转换是由时间继电器来控制的。另外，还安装了光电开关 SP，负责监测工作台 B 上的工件是否已移走，从而产生无工件信号，为下一个工件的下放做好准备。

工作台 A、B 上工件的传送不用 PLC 控制；机械手要求按一定的顺序动作，其流程图如图 10-7 所示。

起动时，机械手从原点开始按顺序动作。停止时，机械手停止在现行工步上，重新启动时，机械手按停止前的动作继续进行。

为满足生产要求，机械手设置手动工作方式和自动工作方式，而自动工作方式又分为单步、单周和连续工作方式。

手动工作方式：利用按钮对机械手每一步动作单独进行控制，例如，按"上升"按钮，机械手上升；按"下降"按钮，机械手下降。此种工作方式可使机械手置原位。

单步工作方式：从原点开始，按自动工作循环的工序，每按一下起动按钮，机械手完成一步动作后自动停止。

单周期工作方式：按下启动按钮，从原点开始，机械手按工序自动完成一个周期的动作后，停在原位。

连续工作方式：机构在原位时，按下起动按钮，机构自动连续的执行周期动作。当按下停止按钮时，机械手保持当前状态。重新恢复后机械手按停止前的动作继续进行。

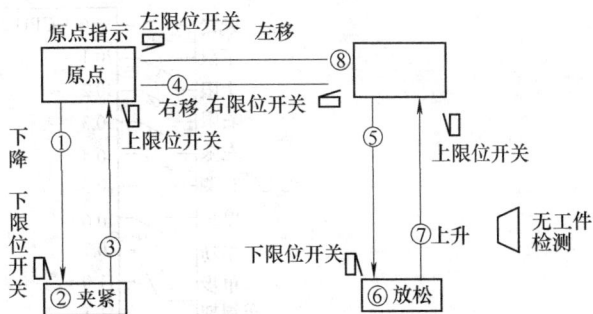

图 10-7 机械手的动作流程图

2. 选择 I/O 设备

由机械手执行机构可知：

1）输入为 14 个开关量信号。由限位开关、按钮、光电开关组成。

2）输出为 6 个开关量信号。由 24V 电液控制、液压驱动线圈和指示灯组成。

3. 选择 PLC 型号

根据控制要求，PLC 控制系统选用 SIEMENS 公司 S7—200 系列 CPU 224，因为 I/O 点数不够，另外选择扩展模块 EM 221。

4. 系统的硬件设计

1）分配 PLC I/O 地址、内部辅助继电器的地址。表 10-1 为 PLC I/O 和所用内部辅助继电器地址分配表。

表 10-1 I/O 和所用内部辅助继电器地址分配表

序 号	符 号	功 能 描 述	序 号	符 号	功 能 描 述
1	I0.0	起动	13	I1.4	上升
2	I0.1	下限	14	I1.5	左移
3	I0.2	上限	15	I2.0	右移
4	I0.3	右限	16	I2.1	加紧
5	I0.4	左限	17	I2.2	放松
6	I0.5	无工件检测	18	I2.3	复位
7	I0.6	停止	19	Q0.0	下降
8	I0.7	手动	20	Q0.1	夹紧/放松
9	I1.0	单步	21	Q0.2	上升
10	I1.1	单周期	22	Q0.3	右移
11	I1.2	连续	23	Q0.4	左移
12	I1.3	下降	24	Q0.5	原位指示

2）绘制 PLC 输入输出接线端子图。根据表 10-1 可以绘制出 PLC 输入输出接线端子图，如图 10-8 所示。

5. 系统的软件设计

（1）设计控制系统流程图或功能表图　控制系统流程图见图 10-9。

（2）PLC 控制系统程序设计

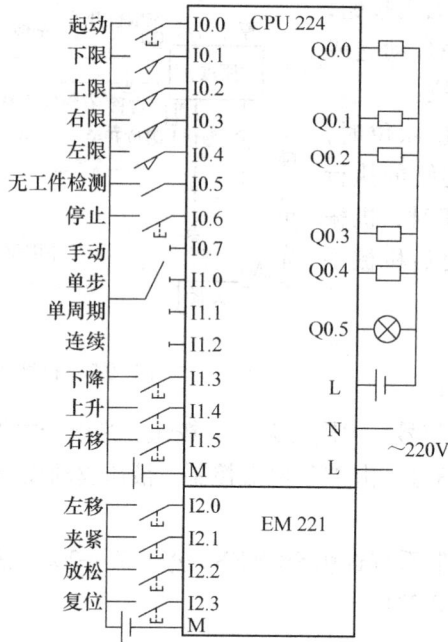

图 10-8 PLC 输入输出接线端子图

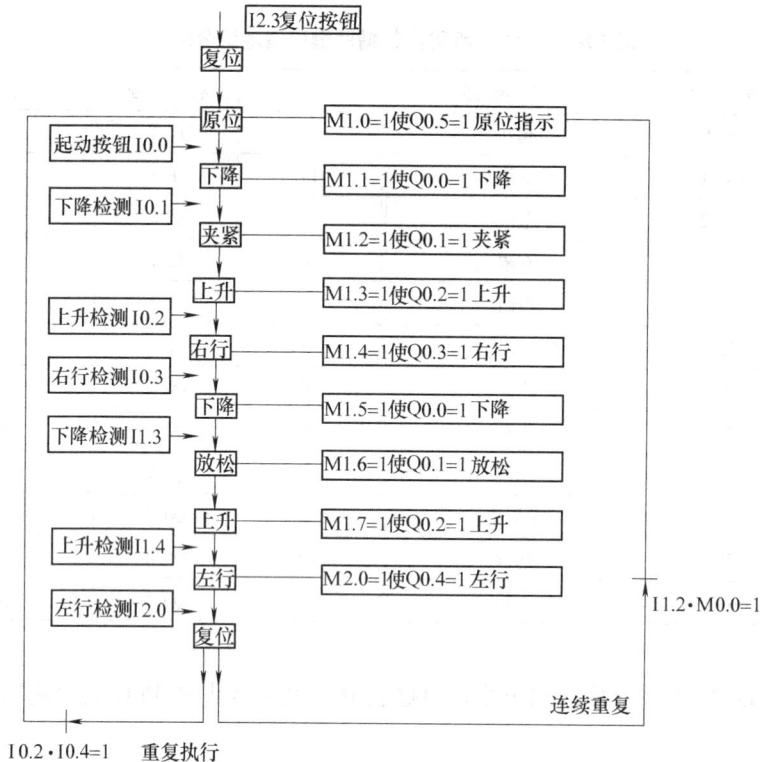

图 10-9 控制系统流程图

1）整体设计。为使程序结构简洁、明了，把手动程序和自动程序分别编成相对独立子程序模块，通过调用指令进行功能选择。当工作方式选择开关选择手动工作方式时，I0.7 接通，执行手动工作程序；当工作方式选择开关选择自动方式（单步、单周、连续）时，I1.0、I1.1、I1.2 分别接通，执行自动控制程序。整体设计的梯形图（主程序）如图 10-10 所示。

2）手动控制程序。手动操作不需要按工序顺序动作，可以按普通继电接触器控制系统来设计。手动控制的梯形图见子程序 0。手动按钮 I1.3、I1.4、I1.5、I2.0、I2.1、I2.2 分别控制下降、上升、左移、右移、夹紧、放松各个动作。为了保持系统的安全运行，设置了一些必要的联锁保护，其中在左右移动的控制环节中加入了 I0.2 作上限连锁。因为机械手只有处于上限位置（I0.2 =1）时，才允许左右移动。

图 10-10　主程序梯形图

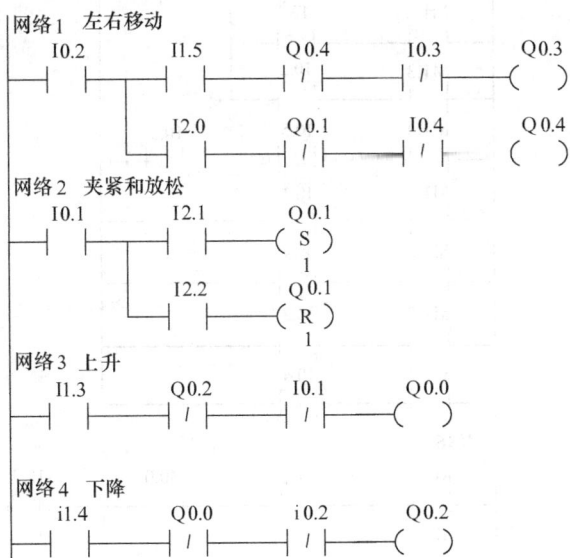

由于夹紧、放松动作选用单线圈双位电磁阀控制，故在梯形图中用"置位"，"复位"指令来控制，该指令具有保持功能，并且也设置了机械联锁。只有当机械手处于下限（I0.1 =1）时，才能进行夹紧和放松动作。手动控制的程序如图 10-11 所示。

3）自动操作程序。由于自动操作的动作较复杂，不容易直接设计出梯形图，可以先画出自动操作流程图，以表明动作的顺序和转换的条件，然后根据所采用的控制方法，设计梯形图就比较方便。机械手的自动操作流程图如图 10-12 所示。图中矩形方框表示其自动工作循环过程中的一个"工步"，方框中用文字表示该步的编号。方框的右边画出该步动作的执行元件，相邻两工步之间可以用有向线段连接，表明转换方向，有向线段上的小横线表示转换的条件，当转换条件得到满足时，便从上一工步转到下一工步。

对于顺序控制可用多种方法进行编程，用移位寄存器也很容易实现这种控制功能，转换的条件有各行程开关及定时器的状态来决定。

图 10-11　手动程序梯形图（子程序 0）

为保证运行的可靠性，在执行夹紧和放松动作时，分别用定时器 T37 和定时器 T38 作为转换的条件，并采用具有保持功能的继电器（M0. X）为夹紧电磁阀线圈供电。其工作过程分析如下：

① 机构处于原位，上限位和左限位行程开关闭合，I0.1、I0.4 接通，移位寄存器首位

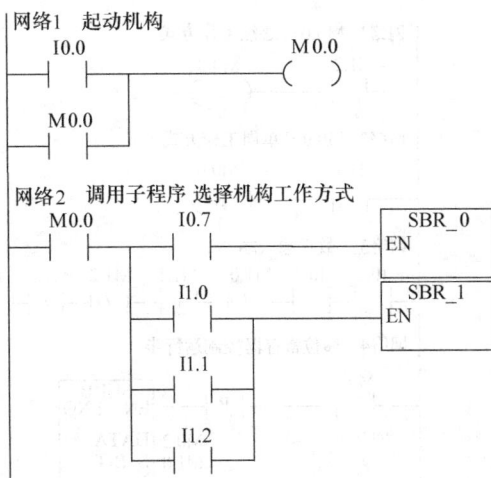

网络1 M0.0=1连续工作方式

```
      I1.2          M0.0
    ──┤ ├──────────（ 1 ）
                      1
```

网络2 M0.0=1单周工作方式

```
      I1.1          M0.0
    ──┤ ├──────────（ R ）
                      1
```

网络3 数据输入端

```
  I0.2  I0.4  M1.0  M1.1  M1.2  M1.3  M1.4  M1.5  M1.6  M1.7  M2.0  M2.1        M0.2
──┤ ├──┤ ├──┤/├──┤/├──┤/├──┤/├──┤/├──┤/├──┤/├──┤/├──┤/├──┤/├──────（  ）
```

网络4 移位寄存器控制运行步

```
      M0.1                    ┌─────────────┐
    ──┤ ├──────┤P├───────────┤ SHRB        │
                              │ EN      ENO │
                      M0.2 ───┤ DATA        │
                      M1.0 ───┤ S-BIT       │
                       +10 ───┤ N           │
                              └─────────────┘
```

网络5

```
    I0.0        M1.0                      I0.0         I1.0          M1.0
  ──┤ ├────────┤ ├───────────────┬──────┤ ├──────────┤ ├──────────（  ）
    I1.2         │                │        I1.0
  ──┤ ├──────────┤                └──────┤/├
    M0.2         │
  ──┤ ├──────────┤
    M1.1        I0.1
  ──┤ ├────────┤ ├──┐
    M1.2        T37  │
  ──┤ ├────────┤ ├──┤
    M1.3        I0.2 │
  ──┤ ├────────┤ ├──┤
    M1.4        I0.5      I0.3
  ──┤ ├────────┤/├──────┤ ├──┤
    M1.5        I0.1
  ──┤ ├────────┤ ├──────────┤
    M1.6        T38
  ──┤ ├────────┤ ├──────────┤
    M1.7        I0.2
  ──┤ ├────────┤ ├──────────┤
    M2.0        I0.4
  ──┤ ├────────┤ ├──────────┘
```

网络6

```
    M2.1        I0.4       M0.0          M1.0
  ──┤ ├────────┤ ├────────┤ ├──────────（ R ）
    I2.3                                  10
  ──┤ ├──────────┘
```

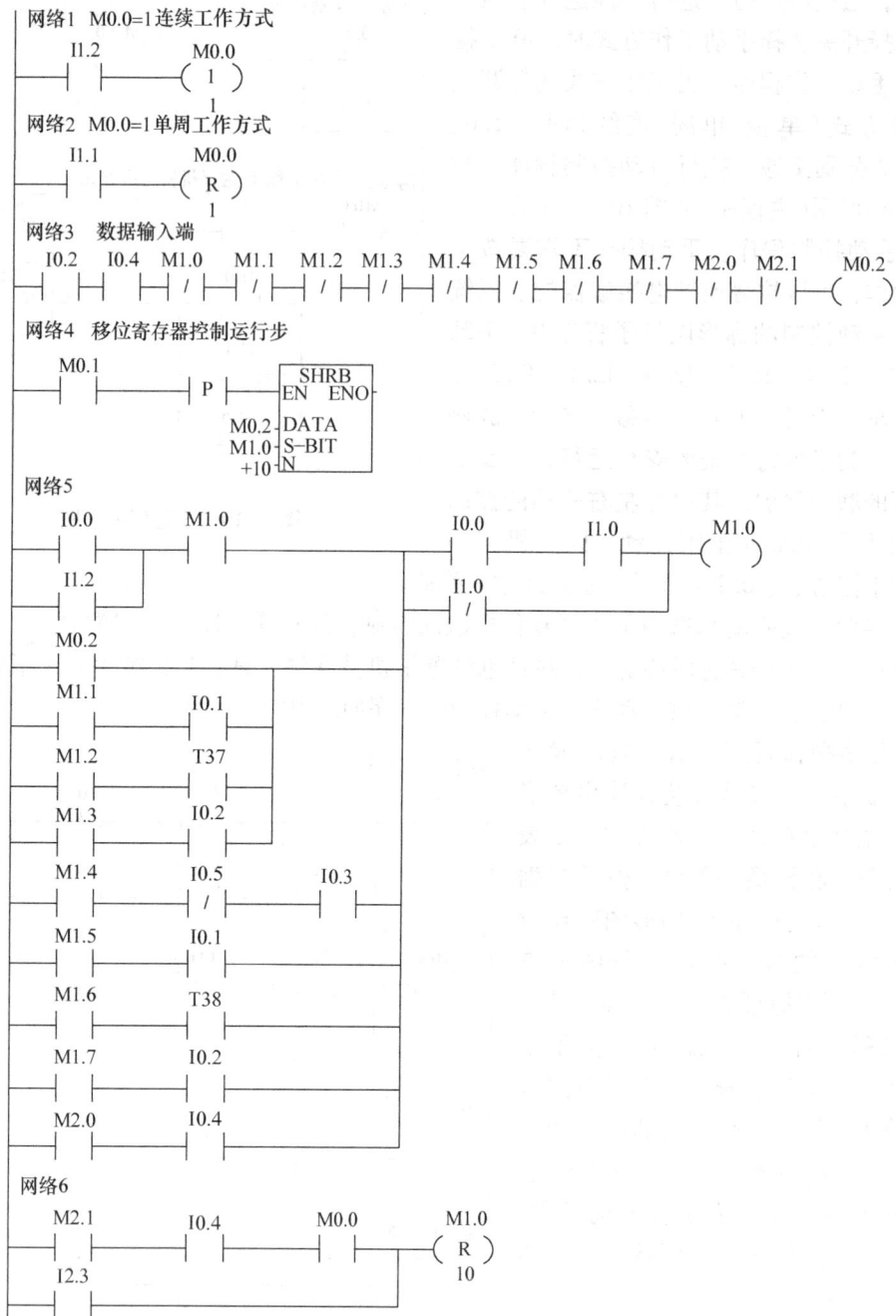

图 10-12 自动操作的梯形图程序

M1.0 置"1"，Q0.5 输出原位显示，机构当前处于原位。

　② 按下起动按钮，I0.0 接通，产生移位信号，使移位寄存器右移一位，M1.1 置"1"（同时 M1.0 恢复为零），M1.1 得电，Q0.0 输出下降信号。

　③ 下降至下限位，下限位开关受压，I0.1 接通，移位寄存器右移一位，移位结果使 M1.2 为"1"，（其余为零），Q0.1 接通，夹紧动作开始，同时 T37 接通，定时器开始计时。

④ 经延时(与设定 K 值),T37 触点接通,移位寄存器又右移一位,使 M1.3 置"1"(其余为零),Q0.2 接通,机构上升。由于 M1.2 为 1,夹紧动作继续执行。

⑤ 上升至上限位,上限位开关受压,I0.2 接通,寄存器再右移一位,M1.4 置"1"(其余为零),Q0.3 接通,机构右行。

⑥ 右行至右限位,I0.3 接通,将寄存器中"1"移到 M1.5,Q0.0 得电,机构再次下降。

⑦ 下降至下限位,下限位开关受压,移位寄存器又右移一位,使 M1.6 置"1"(其余为零),Q0.1 复位,机构放松,放下搬运零件同时接通 T38 定时器,定时器开始计时。

⑧ 延时时间到,T38 常开点闭合,移位寄存器移位,M1.7 置"1"(其余为零),Q0.2 再次得电上升。

⑨ 上升至上限位,上限位开关受压,I0.2 闭合,移位寄存器右移一位,M2.0 置"1"(其余为零),Q0.4 置"1",机构左行。

左行至原位后,左限位开关受压,I0.4 接通,寄存器仍右移一位,M2.1 置"1"(其余为零),一个自动循环结束。

自动操作程序中包含了单周或连续运动。程序执行单周或连续取决于工作方式选择开关。当选择连续方式时,I1.2 使 M0.0 置"1"。当机构回到原位时,移位寄存器自动复位,并使 M1.0 为"1"。同时 I1.2 闭合,又获得一个移位信号,机构按顺序反复执行。当选择单周期操作方式时,I1.1 使 M0.0 为"0"。当机构回到原位时,按下启动按钮,机构自动动作一个运动周期后停止在原位。自动操作的梯形图程序如图 10-12 所示。

单步动作时每按一次起动按钮,机构按动作顺序向前步进一步。控制逻辑与自动操作基本一致。所以只需在自动操作梯形图上添加步进控制逻辑。在图 10-12 中,移位寄存器的使能控制用 M0.1 来控制,M0.1 的控制线路串接有一个梯形图块,该块的逻辑为 $I0.0 \cdot I1.0 + \overline{I1.0}$。当处于单步状态 I1.0 = 1 时,移位寄存器能否移位,取决于上一步是否完成和起动按钮是否按下。

4) 输出显示程序。机械手的运动主要包括上升、下降、左行、右行、夹紧、放松,在控制程序中 M1.1、M1.5 分别控制左右下降,M1.2 控制夹紧,M1.6 控制放松,M1.3、M1.7 分别控制左右上升,M1.4、M2.0 分别控制左、右运行,M1.0 原位显示。据此可设计出输出控制和显示的梯形图程序如图 10-13 所示。

(3) 对照梯形图,编写程序清单。

(4) 调试程序。

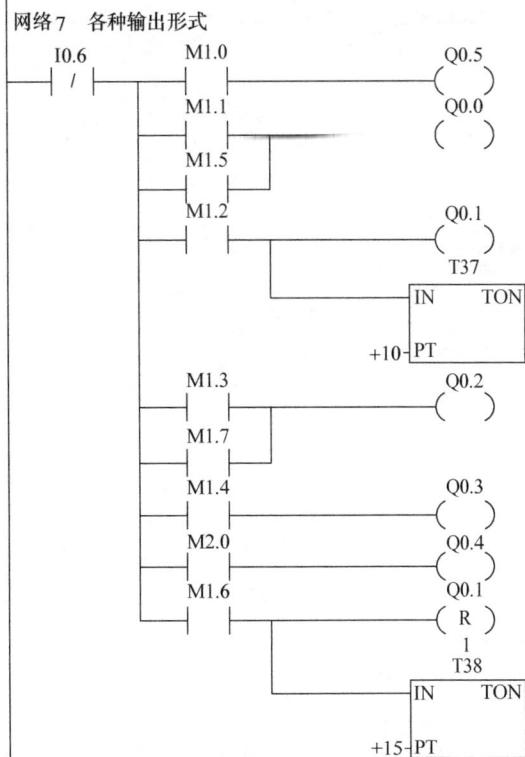

图 10-13 输出控制和显示的梯形图程序

6. 联机通调

在控制柜(台)、现场施工和软件设计完成后,即可联机通调。如果不满足控制要求,可通过调整软件、硬件系统,直到满足要求为止。

待系统满足全部控制要求后,编写好技术文件(使用说明书、电气图、软件等)。

习　　题

10-1　简述电气控制系统设计的基本原则。

10-2　简述电气控制系统设计的基本内容。

10-3　简述电气原理图的设计方法。

10-4　为了确保电动机正常而安全运行,电动机应具有哪些综合保护措施?

10-5　已知三相交流异步电动机的参数为 $P_N = 10.5kW$, $U_N = 380V$, $cos\phi = 0.8$, $n_N = 1460r/m$, 设计一台丫-△起动控制电路、选择元器件参数、列写元器件清单、绘制电气安装图、电气接线图,写出简要说明。

10-6　PLC 控制系统的硬件和软件的设计原则和内容是什么?

10-7　选择 PLC 机型的主要依据是什么?

10-8　设计一个车库自动门控制系统,具体控制要求是:当汽车到达车门前时,超声波开关 A 接受车来到的信号,电动机正转,门上升,当门上升到顶点接触上限开关 B 时,电动机停转,门停止上升;当汽车驶入车库后,光电开关 C 发出信号,电动机反转,门开始下降,当门下降接触到下限开关 D 时,电动机停转。要求:按 PLC 控制系统设计的步骤进行完整的设计。

第 11 章　PLC 的编程与通信

PLC 通信是指 PLC 与上位机之间、PLC 与 PLC 之间、PLC 与现场设备或远程 I/O 之间的信息交换。随着工业自动化技术的不断进步，借助于 PLC 的通信功能进行网络控制的应用越来越多；同时，对西门子 PLC 的编程也需要利用 PLC 的通信口。本章介绍西门子 S7—200 PLC 编程软件的使用方法和 PLC 通信的概念和应用。

11.1　STEP7-Micro/WIN 编程软件的安装与使用

SIMATIC S7—200 编程软件是指西门子公司为 S7—200 系列可编程控制器编制的工业编程软件的集合，其中 STEP7-Micro/WIN 是基于 Windows 的应用软件。本节以 STEP 7- Micro/WIN V4.0 软件为例，介绍编程软件的安装、功能和使用方法，并结合应用实例介绍用户程序的输入、编辑、调试及监控运行的方法。

11.1.1　编程软件的安装

编程软件 STEP7-Micro/WIN 可以安装在 PC(个人电脑)及 SIMATIC 编程设备 PG70 上。在个人电脑上安装的条件：软件方面，操作系统必须为 Microsoft Windows 2000 Service Pack 3 以上，Windows XP Home 或 Windows XP Professional；硬件上要求硬盘至少有 350M 空间。

STEP7-Micro/WIN V4.0 集成了多国语言，初始安装的是英语版本。软件安装完成后可以选择下拉菜单的 Tools → Options 选项，出现如图 11-1 所示界面。在左侧 Options 栏选中 General 项，然后在右侧出现的 Language 栏中选择 Chinese。确认后，重新启动 STEP7-Micro/

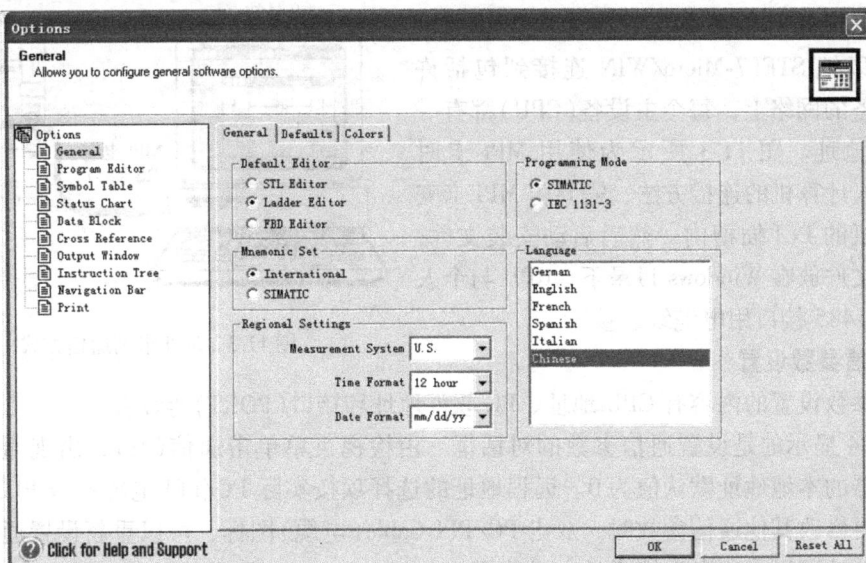

图 11-1　STEP7-Micro/WIN V4.0 语言版本设置

WIN V4.0 即可变为中文版本。

11.1.2 建立 S7—200 CPU 的通信

S7—200 CPU 与个人计算机之间有两种通信连接方式，一种是采用专用的 PC/PPI 电缆，另一种是采用 MPI 卡和普通电缆。可以使用个人计算机(PC)作为主设备，通过 PC/PPI 电缆或 MPI 卡与一台或多台 PLC 相连，实现主、从设备之间的通信。

1. PC/PPI 电缆通信

典型的单主机连接如图 11-2 所示，一台 PLC 用 PC/PPI 电缆与个人计算机连接，不需要外加其他硬件设备。PC/PPI 电缆是一条支持个人计算机(PC)、按照 PPI 通信协议设置的专用电缆线。电缆线中间有通信模块，模块外部设有波特率设置开关，两端分别为 RS-232 和 RS-485 接口。PC/PPI 电缆的 RS-232 端连接到个人计算机的 RS-232 通信口 COM1 或 COM2 接口上，PC/PPI的另一端(RS-485 端)接到 S7—200 CPU 通信口上。

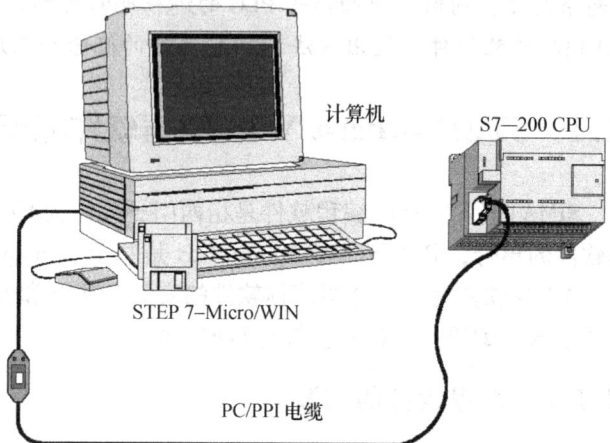

图 11-2　PLC 与计算机(编程器)的连接

有五种支持 PPI 协议的波特率可以选择，系统默认值为 9600 波特。PC/PPI 电缆波特率选择 PPI 开关的位置应与软件系统设置的通信波特率相一致。

2. MPI 通信

多点接口(MPI)卡提供了一个 RS-485 端口，可以用直通电缆和网络相连，在建立 MPI 通信之后，可以把 STEP7-Micro/WIN 连接到包括许多其他设备的网络上，每个主设备(CPU)都有一个惟一的地址。图 11-3 所示为使用 MPI 卡时 PLC 和个人计算机的连接方法，需要将 MPI 卡安装在计算机的 PCI 插槽内，然后启动安装文件，将该配置文件放在 Windows 目录下，CPU 与个人计算机 RS-485 接口用电缆线连接。

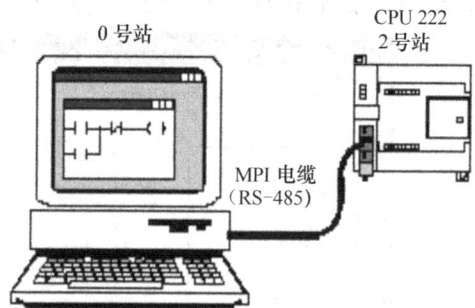

图 11-3　MPI 卡的通信方式

3. 通信参数设置

通信参数设置的内容有 CPU 地址、PC 软件地址和接口(PORT)等设置。

图 11-4 显示的是设置通信参数的对话框。由检视菜单单击通信(M)，出现通信参数。系统编程器的本地地址默认值为 0。远程地址的选择项按实际 PC/PPI 电缆所带 PLC 的地址设定。需要修改其他通信参数时，双击 PC/PPI Cable(电缆)图标，可以重新设置通信参数。远程通信地址可以采用自动搜索的方式获得。

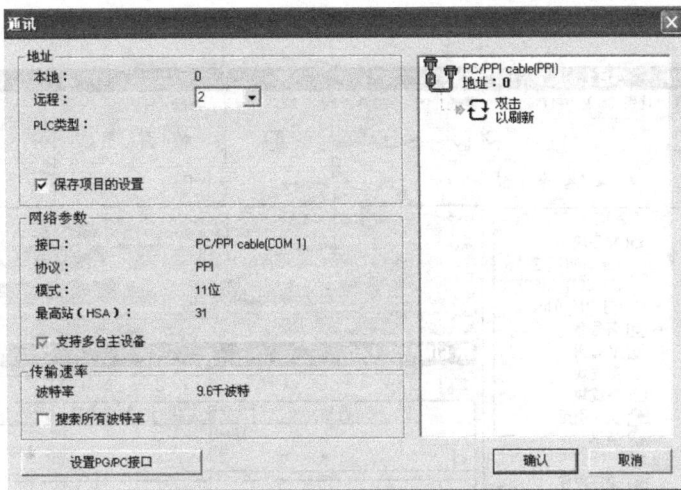

图 11-4　通信参数设置的对话框

11.1.3　STEP7-Micro/WIN40 软件的使用

编程软件 STEP7 的基本功能是协助用户完成 PLC 应用程序的开发，同时具有设置 PLC 参数、加密和运行监视等功能。STEP7-Micro/WIN 编程软件在离线条件下，可以实现程序的输入、编辑、编译等功能。编程软件在联机工作方式（PLC 与编程计算机相连）可实现上、下载、通信测试及实时监控等功能。

1. STEP7-Micro/WIN 窗口组件及功能

STEP7-Micro/WIN 窗口的首行主菜单包括有文件、编辑、检视、PLC、调试、工具视窗、帮助等，主菜单卜方两行为工具条快捷按钮，其他为窗口信息显示区，如图 11-5 所示。

窗口信息显示区分别为程序数据显示区、浏览条、指令树和输出视窗显示区。当在检视菜单子目录项的工具栏中选中浏览栏和指令树时可在窗口左侧垂直地依次显示出浏览条和指令树窗口；选中工具栏的输出视窗时，可在窗口的下方横向显示输出视窗框，非选中时为隐藏方式。输出视窗下方为状态条，提示 STEP7-Micro/WIN 的状态信息。

2. 主菜单及子目录的状态信息

（1）文件　文件的操作有新建、打开、关闭，保存、另存，导入、导出，上、下载，页面设置，打印及预览等。

（2）编辑　编辑菜单提供程序的撤销、剪切、复制、粘贴、全选、插入、删除、查找、替换等子目录，用于程序的修改操作。

（3）检视　检视菜单的主要功能有六项：①可以用来选择在程序数据显示窗口区显示不同的程序编辑器，如语句表（STL）、梯形图（阶梯）、功能图（FBC）；②可以进行数据块、符号表的设定；③对系统块配置、交叉引用、通信参数进行设置；④工具栏区可以选择浏览栏、指令树及输出视窗的显示与否；⑤缩放图像项可对程序区显示的百分比等内容进行设定；⑥对程序块（OBI）的属性进行设定。

（4）PLC（可编程控制器）　PLC 菜单用以建立与 PLC 联机时的相关操作，如用软件改变 PLC 的工作模式，对用户程序进行编辑，清除 PLC 程序及电源启动重置，显示 PLC 信息

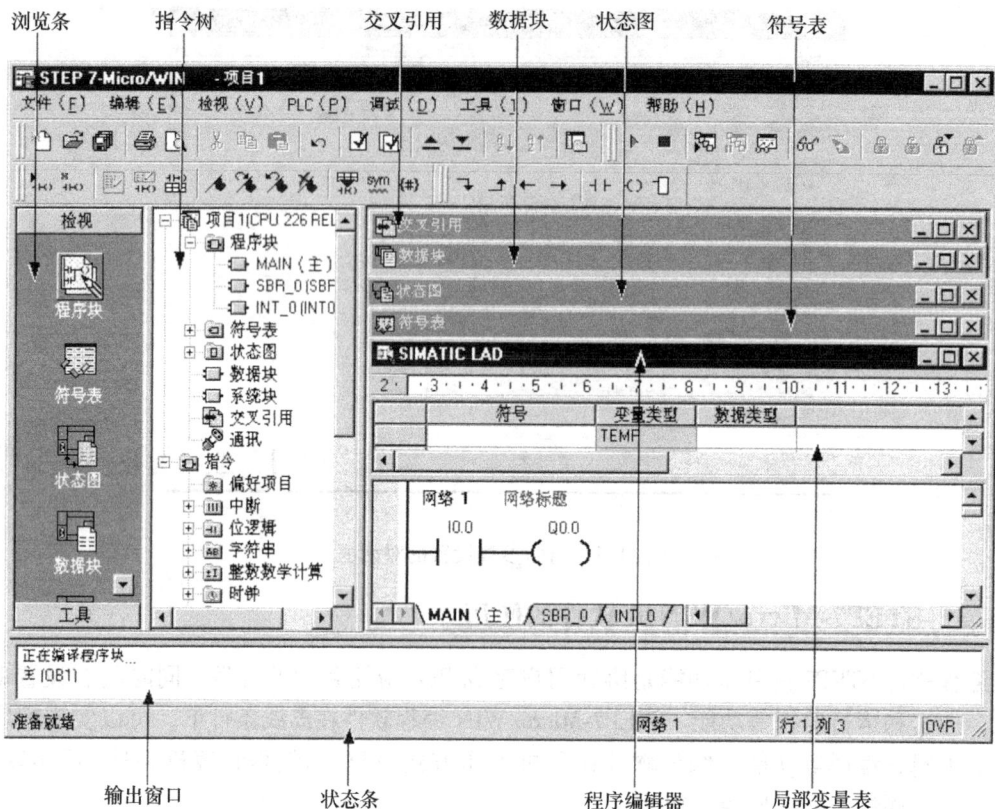

图 11-5　STEP 7-Micro/WIN 窗口组件

及 PLC 类型设置等。

（5）排错　排错菜单用于联机形式的动态调试，有单次扫描、多次扫描，程序状态等选项。选项"子菜单"与检视菜单的缩放功能一致。

（6）工具　工具菜单提供复杂指令向导（PID、NETR/NETW、HSC 指令）和 TD200 设置向导，以及 TP070（触摸屏）的设置。在客户自定义项（子菜单）可添加工具。

（7）视窗　视窗菜单可以选择窗口区的显示内容及显示形式（梯形图、语句表及各种表格）。

（8）帮助　帮助菜单可以提供 S7—200 的指令系统及编程软件的所有信息，并提供在线帮助和网上查询、访问、下载等功能。

3. 工具条及浏览条和指令树

STEP7-Micro/WIN 提供了两行快捷按钮工具条，用户也可以通过工具菜单自定义。

（1）工具条快捷按钮　标准工具条如图 11-6 所示，快捷按钮的功能自左而右为：打开新项目；打开现有项目；保存当前项目；打印；打印预览；剪切选择并复制到剪切板；将选择内容复制到剪切板；将剪切板内容粘贴到当前位置；撤销最近输入；编译程序块或数据块（激活窗口内）；全部编译（程序块、数据块及系统块）；从 PLC 向 STEP 7-Micro/WIN 上装项目；从 STEP 7-Micro/WIN 向 PLC 下载项目；顺序排序是符号表名称列按照 A-Z 排序；逆序排序是符号表名称列按照 Z-A 排序；缩放是指设定梯形图及功能块图视图的放大程度；常量说明器按钮可以使常量说明器可见或隐藏(打开/关闭切换)，需要知道常量的准确内存尺寸时，显示常量说明器。

图 11-6　标准工具条

快捷按钮新建、打开、保存、打印、预览、剪切、粘贴、复制、撤销用来修改程序，编译、全部编译按钮用来检查用户程序语法错误，然后在输出视窗框内显示编译结果。载入(上载)、下载按钮用来实现 PLC 与 PC 机之间的程序及数据传递。

第二行工具条为指令工具条，指令工具条提供与编程相关按钮。主要有编程元件类快捷按钮和网络的插入、删除等按钮。不同的程序编辑器，指令工具条的内容不同。LAD(梯形图)编辑器的指令工具条如图 11-7 所示。

指令工具条中快捷按钮的功能自左而右为：行下插入，行上插入，行左插入，行右插入，插入触点，插入线圈，插入方框。

调试工具条见图 11-8，快捷按钮自左而右为：将 PLC 设定成运行模式；将 PLC 设定成停止模式；程序状态在打开/关闭之间进行切换；触发暂停在打开/关闭之间进行切换(只用于语句表)；图状态在打开/关闭之间进行切换；状态图单次读取；状态图全部写入；强制 PLC 数据(状态图、梯形图编辑或功能块图编辑)；对 PLC 数据取消强制(状态图、梯形图编辑、或功能块图编辑)；全部取消强制(状态图、梯形图编辑、或功能块图编辑)；读取全部强制数值(状态图、梯形图编辑、或功能块与编辑)等。

图 11-7　指令工具条　　　　　　　　　图 11-8　调试工具条

(2) 浏览条　浏览条中设置了控制程序特性的按钮。包括程序块显示、符号表、状态图表、数据块、系统块、交叉参考及通信等控制按钮。

(3) 指令树　以树形结构提供所有项目对象和当前编程器的所有指令。鼠标左键双击指令树中的指令符，能自动在梯形图显示区光标位置插入所选的梯形图指令(语句表程序中,指令树只作参考)。

4. 程序编辑器窗口

程序编辑器窗口包含项目所用编辑器的局部变量表、符号表、状态图表、数据块、交叉引用、程序视图(梯形图、功能块图或语句表)和制表符。制表符在窗口的最下方，可在制表符上单击，使编程器显示区的程序在子程序、中断及主程序之间移动。

(1) 交叉引用　交叉引用窗口用以提供用户程序所用的 PLC 资源信息。在进行程序编译后，浏览条中的交叉参考按钮可以查看程序的交叉参考窗口或由检视菜单 > 交叉引用，进入交叉参考窗口，以了解程序在何处使用了何符号及内存赋值。

(2) 数据块　数据块允许对 V(变量存储器)进行初始数据赋值。操作形式分为字节、字或双字。

（3）状态图　在向 PLC 下载程序后，可以建立一个或多个状态图表，用于联机调试时监视各变量的值和状态。

在 PLC 运行方式，可以打开状态图窗口，在程序扫描执行时，连续、自动地更新状态图表的数值。

打开状态图是为了程序检查，但不能对程序进行编辑，程序的编辑须在关闭状态图的情况下进行。

（4）符号表/全局变量表　在编程时，为增加程序的可读性，可以不采用元件的直接地址作为操作数，而用带有实际含义的自定义符号名作为编程元件的操作数。这时需要用符号表建立自定义符号名与直接地址编号之间的对应关系。

符号表与全局变量表的区别是数据类型列。符号表是 SIMATIC 编程模式，无数据类型。全局变量表是 IEC 编程模式，有数据类型列。利用符号表或全局变量表可以对三种程序组织单位（POU）中的全局符号进行赋值，该符号值能在任何 POU（S7—200 三种程序组织单位指主程序、子程序和中断程序）中使用。

（5）局部变量表　局部变量包括 POU 中局部变量的所有赋值，变量在表内的地址（暂时存储区）由系统处理。

使用局部变量有两个优点：①创建可移植的子程序时，可以不引用绝对地址或全局符号。②使用局部变量作为临时变量（局部变量定义为 TEMP 类型）进行计算时，可以释放 PLC 内存。

11.1.4　系统模块的设置原理及系统块配置（CPU 组态）方法

系统设置又称 CPU 组态，STEP7-Micro/WIN 编程软件系统设置路径有三种方法：①在"检视"菜单，选择"系统块"项；②在"浏览条"上点击"系统块"按钮；③单击指令树内的系统块图标。

系统块配置的主要内容有数字量输入滤波、模拟量输入滤波、脉冲截取（捕捉）、输出表等配置。另外还有通信口，保存范围，背景时间及密码设置等。具体设置方法及用途可以参考软件的帮助，在此不再详细介绍。

11.1.5　程序编制及运行

1. 建立项目（用户程序）

（1）打开已有的项目文件　打开已有项目常用的方法有两种。①由文件菜单打开，引导到现存项目，并打开文件；②由文件名打开，最近工作项目的文件名在文件菜单下列出，可直接选择而不必打开对话框。另外也可以用 Windows 资源管理器寻找到适当的目录，项目在使用 .mwp 扩展名的文件中。

（2）创建新项目（文件）　创建新项目的方法有三种。①单击"新建"快捷按钮；②打开文件菜单，点击新建按钮，建立一个新文件；③点击浏览条中程序块图标，新建一个 STEP7-Micro/WIN 项目。

（3）确定 CPU 类型　一旦打开一个项目，开始写程序之前可以选择 PLC 的类型。确定 CPU 类型有两种方法。①在指令树中右击项目 1（CPU），在弹出的对话框中左击类型（T）…即弹出 PLC 类型对话框，选择所用 PLC 型号后，确认；②用 PLC 菜单选择类型（T）… 项，弹出 PLC 类型对话框，然后选择正确的 CPU 类型。

2. 梯形图编辑器

（1）梯形图元素的工作原理　触点代表电流可以通过的开关，线圈代表由电流充电的中继或输出；框盒（指令盒）代表电流到达此框时执行指令盒的功能。例如，计数、定时或数学操作。

（2）梯形图排布规则　网络必须从触点开始，以线圈或没有 ENO 端的框盒结束。指令盒（框盒）有 ENO 端时，电流扩展到方框以外，能在方框后放置指令。

注：每个用户程序，一个线圈或指令盒只能使用一次，并且不允许多个线圈串联使用。

（3）在梯形图中输入指令（编程元件）

1）进入梯形图（LAD）编辑器　拉开检视菜单，单击阶梯（L）选项，可以进入梯形图编辑状态，程序编辑窗口显示梯形图编辑图标。

2）指令的输入方法　编程元件包括线圈、触点、指令盒及导线等。程序一般是顺序输入，即自上而下，自左而右地在光标所在处放置编程元件，也可以移动光标在任意位置输入元件。每输入一个元件光标自动向后移到下一列。换行时点击下一行位置移动光标。如图 11-9 所示。图中方框即为光标。图中├──是一个阶梯的开始；──≫表示可以继续输入元件。

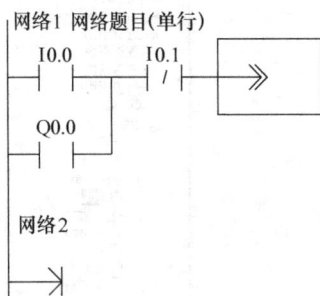

图 11-9　梯形图指令编辑器

编程元件的输入有指令树双击、拖放和点击工具条快捷按钮或快捷键操作等若干方法。在梯形图编辑器，单击工具条快捷按钮或用快捷键 F4（触点）、F6（线圈）、F9（指令盒）及指令树双击均可以选择输入指令。

工具条有 7 个编程按键，前 4 个为连接导线，后三个分别为触点、线圈、框盒。触点、线圈指令的下拉对话框如图 11-10 所示。

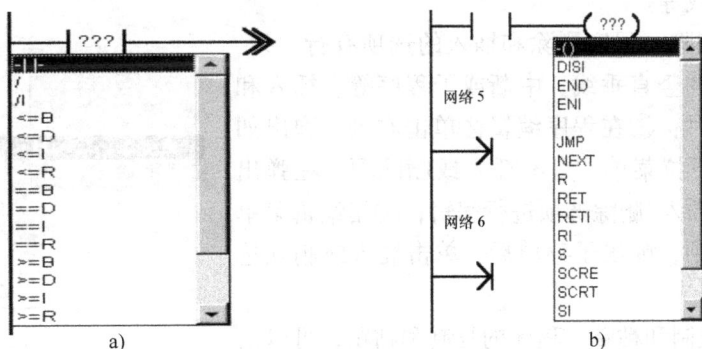

图 11-10　触点、线圈指令的下拉对话框

元件的输入首先是在程序编辑窗口中将光标移到需要放置元件的位置，然后输入指令（元件）。指令的输入有两种方法。①用鼠标左键输入指令，例如输入触点元件，将光标移到编程区域，左键单击工具条的触点按钮，出现下拉菜单如图 11-10a 所示。用鼠标单击选中器件，按回车键，输入元件图形，再点击元件符号上方的???，输入指令

操作数；②采用功能键（F4、F6、F9 等）、移位键和回车键配合使用安放元件（输入指令）。例如安放输出触点，按 F6 键，即弹出图 11-10b 所示下拉菜单，在下拉菜单中选择元件(可使用移位键寻找需要元件)后，按回车键，元件出现在光标处，再次按回车键，光标选中元件符号上方的???，输入操作数后按回车键确认，然后用移位键将光标移到下 1 行，输入新的程序。当输入地址、符号超出范围或与指令类型不匹配时，在该值下面出现红色波浪线。一行程序输入结束后，单击图中该行下方的编程区域，输入触点生成新的一行。

上、下行线的操作：将光标移到要合并的触点处，单击上行或下行线按钮。

3）梯形图功能指令的输入　采用指令树双击的方式可在光标处输入功能指令，如图 11-11 所示。

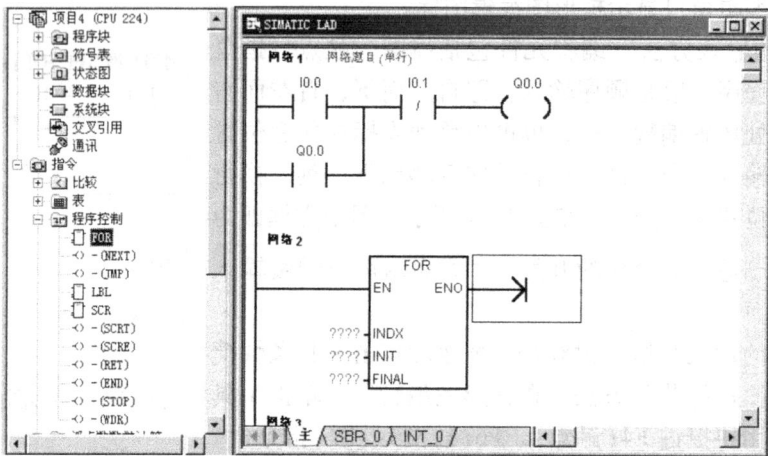

图 11-11　功能指令的输入

（4）程序的编辑及参数设定　程序的编辑包括程序的剪切、拷贝、粘贴、插入和删除，字符串替换、查找等。

1）插入和删除　程序删除和插入的选项有行、列、阶梯、向下分支的竖直垂线、中断或子程序等。插入和删除的方法有两种：①在程序编辑区单击右键，弹出如图 11-12 所示的下拉菜单，点击插入或删除项，在弹出的子菜单中单击插入/删除选项进行编辑；②用编辑菜单选择插入或删除项，弹出子菜单后，单击插入或删除选项进行程序编辑。

2）程序的复制和粘贴　程序的复制和粘贴，可以由编辑菜单选择复制/粘贴项进行复制，也可以由工具条中

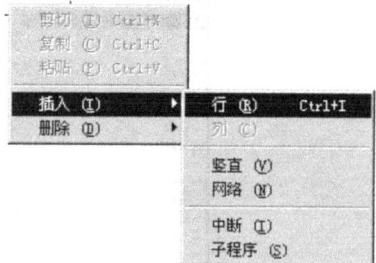

图 11-12　插入下拉菜单

复制和粘贴的快捷按钮进行操作，还可以用光标选中复制内容后，单击右键，在弹出的菜单选项中选择复制，然后粘贴。

程序复制，分为单个器件复制和网络复制两种。单个元件复制是在光标含有编程元件时单击复制项。网络复制可通过在复制区拖动光标或使用 SHIFT 及上下移位键，选择单个或多个相邻网络，网络变黑选中后单击复制。光标移到粘贴处后，可以用已有效的粘贴按钮进

行粘贴。

3）符号表　利用符号对 POU 中符号赋值的方法：单击浏览条中符号表按钮，在程序显示窗口的符号表内输入参数，建立符号表。符号表如图 11-13 所示。

图 11-13　符号表

符号表的使用方法有两种。①编程时使用符号名称，在符号表中填写符号名和对应的直接地址。②编程时使用直接地址，符号表中填写符号名和对应的直接地址，编译后，软件直接赋值。使用上述两种方法经编译后，由检视菜单选中符号寻址项后，直接地址将转换成符号表中对应的符号名。由检视菜单选中符号信息表项，在梯形图下方出现符号表，格式如图 11-14 所示。

4）局部变量表　可以拖动分割条，展开局部变量表并覆盖程序视图。此时可设置局部变量表，图 11-15 为局部变量表的格式。

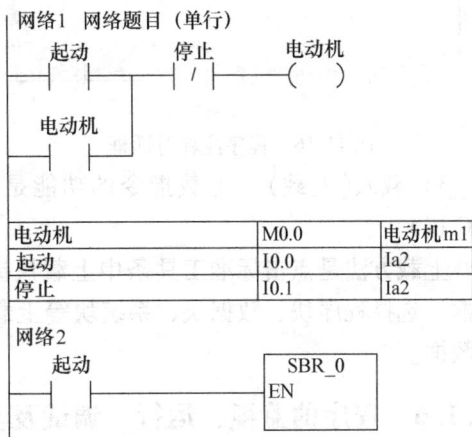

图 11-14　带符号表的梯形图

图 11-15　局部变量表

局部变量有四种定义类型：IN(输入)，OUT(输出)，IN_ OUT(输入_输出)，TEMP(临时)。IN、OUT 类型的局部变量，由调用 POU(三种程序)提供输入参数或调用 POU 返回的输出参数。IN_ OUT 类型，数值由调用 POU 提供参数，经子程序的修改，然后返回 POU。TEMP 类型，临时保存在局部数据堆栈区内的变量，一旦 POU 执行完成，临时变量的数据将不再有效。

（5）程序注释　网络题目区又称网络名区，可用左键双击，弹出如图 11-16 所示的对话框。写入网络题目区的中、英文注释可在程序段中的网络名区域显示，网络注释内容为隐藏方式。

（6）程序的编译及上、下载

1）编译　输入 SIMATIC 指令及程序编辑完成后，用 CPU 的下拉菜单或工具条中编译快捷按钮对程序进行编译，经编译后在显示器下方的输出窗口显示编译结果，并能明确指出错误的网络段，可以根据错误提示对程序进行修改，然后再次编译，直至编译无误为止。

2）下载　用户程序编译成功后，点击标准工具条中下载快捷按钮或拉开文件菜单，选择下载项，弹出图 11-17 所示下载对话框，经选定程序块、数据块、系统块等下载内容后，按确认按钮，将选中内容下载到 PLC 的存储器中。

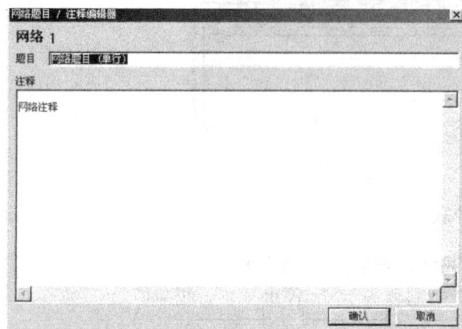

图 11-16　程序注释对话框　　　　　　　　　图 11-17　程序下载对话框

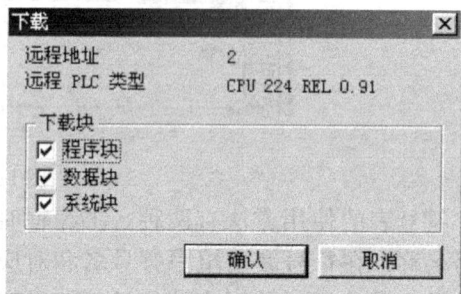

3）载入（上载）　上载指令的功能是将 PLC 中未加密的程序或数据向上送入编程器（PC 机）。

上载方法是点击标准工具条中上载快捷键或者拉开 CPU 菜单选择上载项，弹出上载对话框。选择程序块、数据块、系统块等上载内容后，可在程序显示窗口上载 PLC 内部程序和数据。

11.1.6　程序的监视、运行、调试及其他

1. 程序的运行

当 PLC 工作方式开关在 TERM 或 RUN 位置时，（CPU 21X 系列方式开关只能在 TERM 位置），操作 STEP7-Micro/WIN 的菜单命令或快捷按钮都可以对 CPU 工作方式进行软件设置，工作方式快捷按钮参见图 11-8。

2. 程序监视

三种程序编辑器都可以在 PLC 运行时监视程序执行的过程和各元件的状态及数据，这里重点介绍梯形图编辑器监视运行的方法。

梯形图监视功能：拉开排错菜单，选中程序状态，这时闭合触点和通电线圈内部颜色变蓝（呈阴影状态）。在 PLC 的运行（RUN）工作状态，随输入条件的改变、定时及计数过程的进行，每个扫描周期的输出处理阶段将各个器件的状态刷新，可以动态显示各个定时、计数器的当前值，并用阴影表示触点和线圈通电状态，以便在线观察程序的运行。如图 11-18 所示。

3. 动态调试

结合程序监视运行的动态显示，分析程序运行的结果，以及影响程序运行的因素，然后，退出程

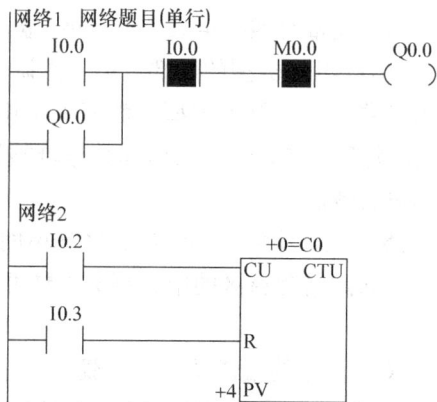

图 11-18　梯形图运行状态的监视

序运行和监视状态，在 STOP 状态下对程序进行修改编辑，重新编译、下载、监视运行，如此反复修改调试，直至得出正确运行结果。

4. 编程语言的选择

SIMATIC 指令与 IEC 1131-3 指令的选择方法，在工具菜单下，打开选项目录，在弹出对话框选择指令系统。例如选择 SIMATIC 指令，记忆表选国际、编程模式选 SIMATIC，即选中 SIMATIC 指令。

5. 其他功能

STEP7-Micro/WIN 编程软件提供 PID（闭环控制）、HSC（高速计数）、NETR/NETW（网络通信）和人机界面 TD200 的使用向导功能。

工具菜单的指令向导选项，可以为 PID、NETR/NETW 和 HSC 指令快捷简单地设置复杂的选项，选项完成后，指令向导将为所选设置生成程序代码。

工具菜单的 TD200D 精灵选项，是 TD200 的设置向导，用来帮助设置 TD200 的信息。设置完成后，向导将生成支持 TD200 的数据块代码。

11.2　PLC 通信的基本概念

PLC 的联网是为了提高系统的控制功能和范围，将分布在不同位置的 PLC、PLC 与计算机、PLC 与智能设备通过传送介质连接起来，实现通信，以构成功能更强的控制系统。

现场控制的 PLC 网络系统，极大地提高了 PLC 的控制范围和规模，实现了多个设备之间的数据共享和协调控制，提高了控制系统的可靠性和灵活性，增加了系统监控和科学管理水平，便于用户程序的开发和应用。

11.2.1　通信网络的基本知识

1. 数据传输方式

（1）串行数据传送与并行数据传送　并行数据传送：并行数据传送时所有数据位是同时进行的，以字或字节为单位传送。并行传输速度快，但通信线路多、成本高，适合近距离数据高速传送。PLC 通信系统中，并行通信方式一般发生在内部各元件之间、主机与扩展模块或近距离智能模板的处理器之间。

串行数据传送：串行数据传送时所有数据是按位（bit）进行的。串行通信仅需要一对数据线就可以。在长距离数据传送中较为合适。PLC 网络传送数据的方式绝大多数为串行方式，而计算机或 PLC 内部数据处理、存储都是并行的。若要串行发送、接收数据，则要进行相应的串行、并行数据转换，即在数据发送前，要把并行数据先转换成串行数据再进行传输；而在数据接收后，要把串行数据转换成并行数据后再处理。

（2）异步方式与同步方式　串行通信数据的传送是一位一位分时进行的。根据串行通信数据传输方式的不同可以分为异步方式和同步方式。

异步方式：又称起止方式。它在发送字符时，要先发送起始位，然后才是字符本身，最后是停止位。字符之后还可以加入奇偶校验位。异步传送较为简单，但要增加传送位，将影响传输速率。异步传送是靠起始位和波特率来保持同步的。

同步方式：同步方式要在传送数据的同时，也传递时钟同步信号，并始终按照给定的时刻采集数据。同步方式传递数据虽提高了数据的传输速率，但对通信系统要求较高。

PLC 网络多采用异步方式传送数据。

2. 数据传输方向

数据信息在设备间的传送方向可分为单工通信、半双工通信、全双工通信。

假设有两个节点 A 和 B。单工通信是指数据传送只能由 A 流向 B，或只能由 B 流向 A。半双工通信是指在两个方向上都能传送数据，即对某节点 A 或 B，它既能接收数据，也能发送数据，但在同一时刻只能朝一个方向进行数据传送。全双工通信是指同时在两个方向上都能传送数据的通信方式。

由于半双工和全双工通信可实现双向数据传输，故在 PLC 链接及联网中较为常用。

3. 网络配置

网络结构配置与建立网络的目的、网络结构以及通信方式有关，但任何网络，其结构配置都包括硬件、软件两个方面。

（1）硬件配置　硬件配置主要考虑两个问题，一是通信接口，二是通信介质。

1）通信接口　PLC 网络的通信接口多为串行接口，主要功能是进行数据的并行与串行转换，控制传送的波特率及字符格式，进行电平转换等。常用的通信接口有 RS-232、RS-422、RS-485。

RS-232 接口是计算机普遍配置的接口，其标准名称是：数据终端设备与数据通信设备在进行二进制数据交换时的接口（Interface between Data Terminal Equipment and Data Communication Employing Serial Binary Data Interchange）。这里的数据终端设备，简称 DTE，代表计算机；数据通信设备，简称 DCE，代表调制解调器。RS-232 接口的应用既简单又方便。它采用串行的通信方式，数据传输速率低，抗干扰能力差，传输速率为 300bit/s、600bit/s、1200bit/s、2400bit/s、4800bit/s、9600bit/s、19200bit/s。适用于传输速率和环境要求不高的场合。

RS-422 接口的传输线采用平衡驱动和差分接收的方法，电平变化范围为 12V（±6V），因而它能够允许更高的数据传输速率，而且抗干扰性更高。它克服了 RS-232 接口易产生共模干扰的缺点。RS-422 接口属于全双工通信方式，在工业计算机上配备的较多。

RS-485 接口是 RS-422 接口的简化，它属于半双工通信方式，靠使能控制实现双方的数据通信。即在某一时刻，只有一个节点可以发送数据，而另一节点只能接收数据，发送则由使能端控制。

计算机一般不配 RS-485 接口，但工业计算机配备 RS-485 接口较多。PLC 的不少通信模块也配用 RS-485 接口。如西门子公司的 S7 系列 CPU 均配置了 RS-485 接口。

2）通信介质　通信口主要靠介质实现相连，以此构成信道。常用的通信介质有：多股屏蔽电缆、双绞线、同轴电缆及光缆。此外，还可以通过电磁波实现无线通信。RS-485 接口多用双绞线实现连接。

（2）软件配置　要实现 PLC 的联网控制，就必须遵循一些网络协议。不同公司的机型，通信软件各不相同。软件一般分为两类，一类是系统编程软件，用以实现计算机编程，并把程序下载到 PLC，且监控 PLC 的工作状态。如西门子公司的 STEP-7 Micro/WIN 软件。另一类为应用软件，各用户根据不同的开发环境和具体要求，用不同的编程语言编写的通信程序。

11.2.2 S7—200 系列 CPU 与计算机设备的通信

1. S7—200 系列 CPU 的通信性能

S7—200 系列 CPU 的通信功能来自它们标准的网络通信能力。

（1）西门子公司的网络次结构层 西门子公司可编程控制器的网络 SIMATIC NET 是一个对外开放的通信系统，具有广泛的应用领域。西门子公司的控制网络结构由 4 层组成，从下到上依次为：执行器与传感器级、现场级、车间级、管理级。其网络结构如图 11-19 所示。

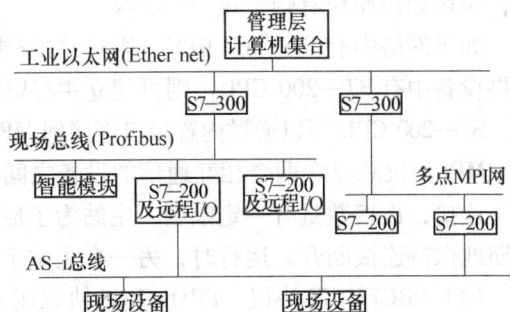

西门子的网络层次结构由四个层次、三级总线复合而成。最底一级为 AS-i 总线，它是用于连接执行器、传感器、驱动器等现成器件实现通信的总线标准，扫描时间为 5ms，

图 11-19 西门子公司 S7 系列 PLC 网络层次结构

传输媒体为未屏蔽的双绞线，线路长度为 300m，最多为 31 个从站。中间一级是 PROFIBUS 总线，它是一种工业现场总线，采用数字通信协议，用于仪表和控制器的一种开放、全数字化、双向、多站的通信系统，其传输媒体为屏蔽的双绞线（最长 9.6km）或光缆（最长 90km），最多可接 127 个从站。最高一级为工业以太网，使用通用协议，负责传送生产管理信息，网络规模可达 1024 站，长度可达 1.5km（电气网络）或 200km（光学网络）。

在这一网络体系中，PROFIBUS 总线是目前最成功的现场总线之一，已得到了广泛的应用。它是不依赖生产厂家的、开放的现场总线，各种各样的自动化设备均可通过同样的接口交换信息。为众多的生产厂家提供了优质的 PROFIBUS 产品，用户可以自由地选择最合适的产品。

2. S7 系列的通信协议

SIEMENS 公司工业通信网络的通信协议包括通用协议和公司专用协议。西门子公司的通信协议是基于开放系统互连 OSI 7 层通信结构模型。协议定义了两类网络设备：主站与从站。主站可以对网络上任一个设备进行初始化申请，从站只能响应来自主站的申请，从站不初始化本身。S7—200 CPU 支持多种通信协议，所使用的通信协议有以下 3 个标准和 1 个自由口协议。

（1）PPI 协议 PPI（Point-to-Point Interface）协议，即点对点接口，是一个主/从协议。协议规定主站向从站发出申请，从站进行响应。从站不初始化信息，但当主站发出申请或查询时，从站才对其响应。

PPI 通信协议是西门子公司专为 S7—200 系列 PLC 开发的一个通信协议。可通过普通的两芯屏蔽双绞电缆进行联网。波特率为 9.6kbit/s、19.2kbit/s 和 187.5kbit/s。S7—200 系列 CPU 上集成的编程口同时就是 PPI 通信接口。

主站可以是其他 CPU 主机（如 S7—300 等）、SIMATIC 编程器或 TD200 文本显示器等。网络中的所有 S7—200 CPU 都默认为从站。

如果在用户程序中允许 PPI 主站模式，S7—200 系列中的一些 CPU 则可在 RUN 模式下可以用作主站。此时可以利用相关的通信指令来读写其他主机 CPU，同时它还可以作为从站来响应其他主站的申请或查询。

对于任何一个从站有多少个主站与它通信，PPI 协议没有限制，但在 PPI 网络中最多只能有 32 个主站。

（2）MPI 协议　MPI（Multi-Point Interface），即多点接口，可以是主/主协议或主/从协议，协议如何操作有赖于设备的类型。

如果网络中有 S7—300 CPU，则建立主/主连接。因为 S7—300 CPU 都默认为网络主站，如果设备中有 S7—200 CPU，则可建立主/从连接。因为 S7—200 CPU 都默认为网络从站。

S7—200 CPU 可以通过内置接口连接到 MPI 网络上，波特率为 19.2kbit/s 或 187.5kbit/s。

MPI 协议总是在两个相互通信的设备之间建立连接。这种连接可以是两个设备之间的非公用连接，连接数量有一定限制。主站为了应用需要可以在短时间内建立一个连接，或是无限期地保持连接断开。运行时，另一个主站不能干涉两个设备之间已经建立的连接。

（3）PROFIBUS 协议　PROFIBUS 协议用于分布式 I/O 设备（远程 I/O）的高速通信。该协议的网络使用 RS-485 标准双绞线，适合多段、远距离通信。PROFIBUS 网络常有一个主站和几个 I/O 从站。主站初始化网络并核对网络上的从站设备和配置中的匹配情况。如果网络中有第二个主站，则它只能访问第一个主站的从站。

在 S7—200 系列的 CPU 中，CPU222、224、226 都可以通过增加 EM 227 扩展模块来支持 Profibus DP 网络协议。最高传输速率可达 12Mbit/s。

（4）自由口协议　自由口通信方式是 S7—200 CPU 很重要的功能。在自由口模式下，S7—200 CPU 可以与任何通信协议公开的其他设备进行通信。即 S7—200 CPU 可以由用户自己定义通信协议（如 ASCII 协议）来提高通信范围，使控制系统配置更加灵活、方便。

任何具有串行接口的外设，例如：打印机、条形码阅读器、变频器、调制解调器和其他上位机等可与 PLC 进行数据通信。

在自由口模式下，主机只有在 RUN 方式时，用户才可以用相关的通信指令编写用户控制通信口的程序。当主机处于 STOP 方式时，自由口通信被禁止，通信口自动切换到正常的 PPI 协议操作。

3. 通信设备

能够与 S7—200 CPU 组网通信的相关网络设备主要有：

（1）通信口　S7—200 CPU 主机上的通信口是符合欧洲标准 EN 50170 中的 PROFIBUS 标准的 RS-485 兼容 9 针 D 型连接器。图 11-20 是通信接口的物理连接。端口 0 或端口 1 的引脚与 PROFIBUS 的名称对应关系见表 11-1。S7—200 CPU 的通信性能见表 11-2。

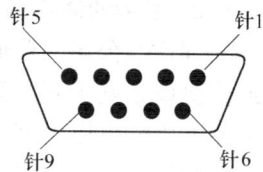

图 11-20　S7—200 通信口引脚分配

表 11-1　S7—200 通信口引脚与 PROFIBUS 名称对应关系

针	PROFIBUS 名称	端口 1/端口 0	针	PROFIBUS 名称	端口 1/端口 0
1	屏蔽	逻辑地	6	+5V	+5V，100Ω 串联电阻
2	24V 返回	逻辑地	7	+24V	+24V
3	RS-485 信号 B	RS-485 信号 B	8	RS-485 信号 A	RS-485 信号 A
4	发送申请	RTS（TTL）	9	不用	10-位协议选择（输入）
5	5V 返回	逻辑地	连接器外壳	屏蔽	机壳接地

表 11-2　S7—200 CPU 的通信性能

CPU 类型	端口类型	从站	主站	DP 通信	自由口
CPU 221	端口 0	是	是	否	是
CPU 222	端口 0	是	是	否	是
CPU 224	端口 0	是	是	否	是
CPU 226	端口 0	是	是	否	是
	端口 1	是	是	否	是

（2）网络连接器　网络连接器可以用来把多个设备连接到网络中。网络连接器有两种类型：一种仅提供连接到主机的接口，另一种则增加了一个编程接口。两种连接器都有两组螺丝端子，可以连接网络的输入和输出，并且都有网络偏置和终端匹配的选择开关。其结构原理如图 11-21 所示。

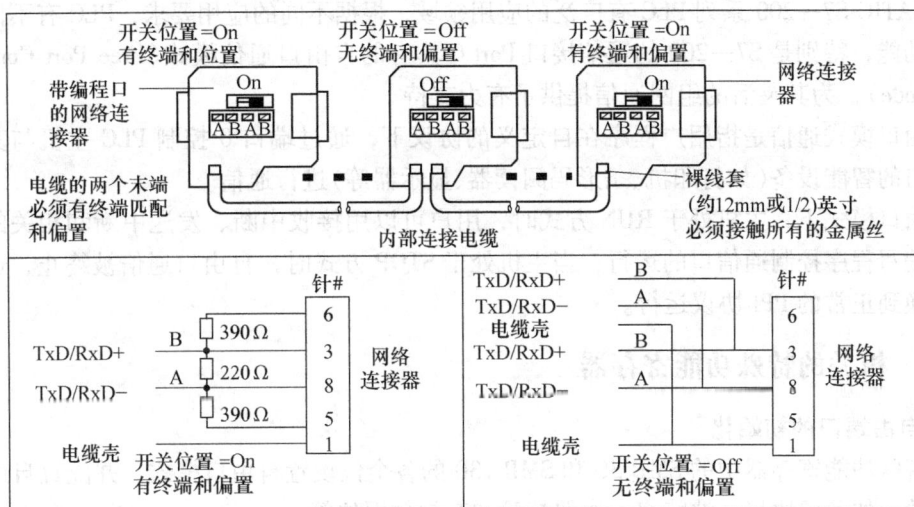

图 11-21　网络连接器内部连接电缆的偏置和终端 +

（3）通信电缆　通信电缆主要有网络电缆和 PC/PPI 电缆。

网络电缆　现场 PROFIBUS 总线使用屏蔽双绞线电缆。网络连接时，网络段的电缆长度与电缆类型和波特率要求有很大关系。网络段的电缆越长，传输速率越低。

PC/PPI 电缆　许多电子设备都配置有 RS-232 标准接口，如计算机、编程器和调制解调器等。PC/PPI 电缆可以用来借助 S7—200 CPU 的自由口功能把主机和这些设备连接起来。

PC/PPI 电缆的一端是 RS—485 端口，用来连接 PLC 主机，另一端是 RS-232 端口，用于连接计算机等设备。电缆中部有一个开关盒，上面有 4 个或 5 个 DIP 开关，用来设置波特率、传送字符数据格式和设备模式。5 个 DIP 开关与 PC/PPI 通信方式如图 11-22 所示。

（4）网络中继器　网络中继器在 Profibus 网络中，可以用来延长网络的距离，允许给网络加入设备，并且提供一个隔离不同网络段的方法。每个网络中最多有 9 个中继器，每个中继器最多可再增加 32 个设备。

（5）其他设备　除了以上设备之外，常用的还有通信处理器 CP、多机接口卡（MPI 卡）

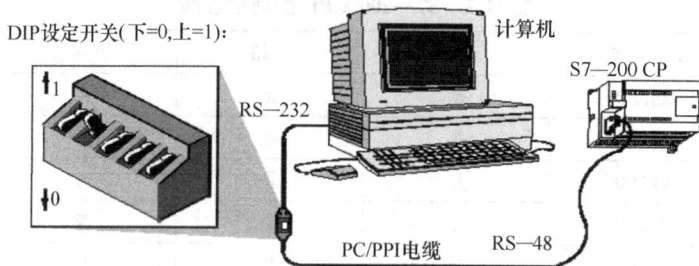

图 11-22   PPI 方式的 CPU 通信

和 EM 277 通信模块等。

11.3   S7—200 系列 PLC 自由口通信

SIMATIC S7—200 系列 PLC 有广泛的应用领域，根据不同的应用要求，PLC 有不同程度的通信功能，特别是 S7—200 的通信接口 Port 0 具有的自由口通信模式（Free Port Communication Mode），为其灵活的组网通信提供了有力支持。

自由口模式通信是指用户程序在自定义的协议下，通过端口 0 控制 PLC 主机与其他的带编程口的智能设备（如打印机、条形码阅读器、显示器等）进行通信。

自由口模式下，主机处于 RUN 方式时，用户可以用接收中断、发送中断和相关的通信指令来编写程序控制通信口的运行；当主机处于 STOP 方式时，自由口通信被终止，通信口自动切换到正常的 PPI 协议运行。

11.3.1   相关的特殊功能寄存器

1. 自由端口的初始化

用特殊功能寄存器中的 SMB 30 和 SMB 130 的各个位设置自由口模式，并配置自由口的通信参数，如通信协议、波特率、奇偶校验和有效数据位等。

SMB 30 控制和设置通信端口 0，如果 PLC 主机上有通信端口 1，则用 SMB 130 来进行控制和设置。SMB 30 和 SMB 130 的对应数据位功能相同，每位的含义如下：

P	P	D	B	B	B	M	M

（1）PP 位：奇偶选择   00 和 10 表示无奇偶校验；01 表示奇校验；11 表示偶校验。

（2）D 位：有效位数   0 表示每个字符有效数据位为 8 位；1 表示每个字符有效数据位为 7 位。

（3）BBB 位：自由口波特率   000 表示 38400bit/s；001 表示 19200bit/s；010 表示 9600 bit/s；011 表示 4800bit/s；100 表示 2400bit/s；101 表示 1200bit/s；110 表示 600bit/s；111 表示 300bit/s。

（4）MM 位：协议选择   00 表示点到点接口 PPI 协议从站模式；01 表示自由口协议；10 表示点到点接口 PPI 协议主站模式；11 表示保留（默认设置为 PPI 从站模式）。

2. 特殊标志位及中断事件

（1）特殊标志位   SM 4.5 和 SM 4.6 分别表示口 0 和口 1 处于发送空闲状态。

（2）中断事件　字符接收中断：中断事件 8（端口 0）和 25（端口 1）；发送完成中断：中断事件 9（端口 0）和 26（端口 1）；接收完成中断：中断事件 23（端口 0）和 24（端口 1）。

3. 特殊存储器字节

接收信息时用到一系列特殊功能存储器。端口 0 用 SMB 86 到 SMB 94；端口 1 用 SMB 186 到 SMB 194。各字节的功能描述见表 11-3。

表 11-3　特殊寄存器功能

端口 0	端口 1	说　　明
SMB 86	SMB 186	接收信息状态字节
SMB 87	SMB 187	接收信息控制字节
SMB 88	SMB 188	信息字符的开始
SMB 89	SMB 189	信息字符的结束
SMB 90	SMB 190	空闲时间段毫秒设定，空闲后收到的第一个字符是新信息的首字符
SMB 92	SMB 192	中间字符定时器段毫秒设定，超过这一时间则终止接收信息
SMB 94	SMB 194	要接收的最大字符数

（1）状态字节　状态字节 SMB 86 和 SMB 186 的位数据含义如下：

N	R	E	0	0	T	C	P

N = 1 表示用户通过禁止命令结束接收信息操作。

R = 1 表示因输入参数错误或缺少起始结束条件引起的接受信息结束。

E = 1 表示接收到字符。

T = 1 表示超时，接受信息结束。

C = 1 表示字符数超长，接受信息结束。

P = 1 表示奇偶校验错误，接受信息结束。

（2）接收信息控制字节

EN	SC	EC	IL	C/M	TMR	BK	0

EN 表示接收允许。= 0，禁止接收信息；= 1，允许接收信息。

SC 表示是否使用 SMB 88 或 SMB 188 的值检测起始信息。= 0，忽略；= 1，使用。

EC 表示是否使用 SMB 89 或 SMB 189 的值检测结束信息。= 0 忽略；= 1 使用。

IL 表示是否使用 SMB 90 或 SMB 190 的值检测空闲信息。= 0 忽略；= 1 使用。

C/M 表示定时器定时性质．= 0，内部字符定时器；= 1，信息定时器。

TMR 表示是否使用 SMB 92 或 SMB 192 的值终止接收。= 0，忽略；= 1，使用。

BK 表示是否使用中断条件来检测起始信息。= 0，忽略；= 1，使用。通过对接收控制字节各个位的设置，可以实现多种形式的自由口接收通信。

11.3.2　自由口发送接收指令

自由口发送接收指令的指令格式见表 11-4。

表 11-4　自由口发送接收指令的指令格式

LAB	STL	功　能　描　述
XMT EN　ENO ????–TBL ????–PORT	XMT　TABLE, PORT	发送指令 XMT，输入使能端有效时，激活发送的数据缓冲区（TABLE）中的数据。通过通信端口 PORT 将缓冲区（TABLE）的数据发送出去
RCV EN　ENO ???–TBL ???–PORT	RCV　TABLE, PORT	接收指令 RCV，输入使能端有效时，激活初始化或结束接受信息服务。通过指定端口（PORT）接受从远程设备上传送来的数据，并放到缓冲区（TABLE）

自由口发送接收指令说明。

（1）XMT、RCV 指令只有在 CPU 处于 RUN 模式时，才允许进行自由端口通信。

（2）操作数类型　TABLE：VB, IB, QB, MB, SMB, *VD, *AC, SB

　　　　　　　　　PORT：0, 1

（3）数据缓冲区 TABLE 的第一个数据指明了要发送/接收的字节数，从第二个数据开始是要发送/接收的内容。

（4）XMT 指令可以发送一个或多个字符，最多有 255 个字符缓冲区。通过向 SMB 30（端口 0）或 SMB 130（端口 1）的协议选择区置 1，可以允许自由端口模式。当处于自由端口模式，不能与可编程设备通信。当 CPU 处于 STOP 模式时，自由端口模式被禁止。通信端口恢复正常 PPI 模式，此时可以与可编程设备通信。

（5）RCV 指令可以接受一个或多个字符，最多有 255 个字符。在接收任务完成后产生中断事件 23（对端口 0）或事件 24（对端口 1）。如果有一个中断服务程序连接到接收完成事件上，则可实现相应的操作。

11.3.3　应用举例

1. 控制要求

在自由口通信模式下，实现一台本地 PLC（CPU 224）与一台远程 PLC（CPU 224）之间的数据通信。本地 PLC 接收远程 PLC 20 个字节数据，接收完成后，信息再发回对方。

2. 硬件要求

两台 CPU 224；网络连接器 2 个，其中一个带编程口；网络线两根（其中一根 PPI 电缆）。

3. 参数设置

CPU 224 通信口设置为自由口通信模式。通信协议为：波特率为 9600，无奇偶校验，每字符 8 位。接收和发送用一个数据缓冲区，首地址为 VB100。

4. 程序

主程序如图 11-23 所示。实现的功能是初始化通信口为自由口模式，建立数据缓冲区，建立中断联系，并允许全局中断。

中断程序 INT-0，当接收完成后，启动发送命令，将信息发回对方。梯形图如图 11-24

所示。

中断程序 INT-1，当发送对方的信息结束时，显示任务完成，通信结束。梯形图如图 11-25 所示。

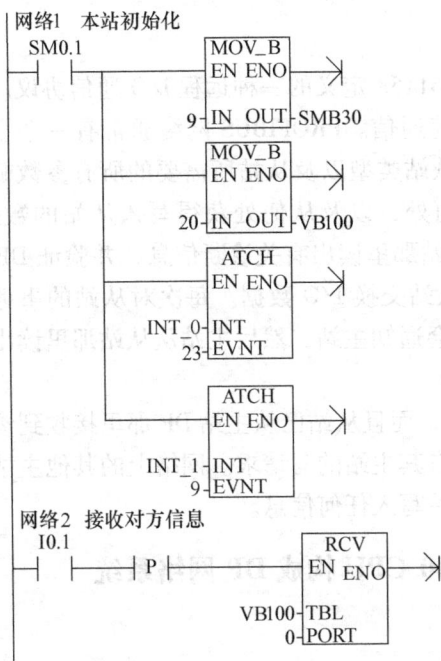

图 11-23　自由口通信主程序

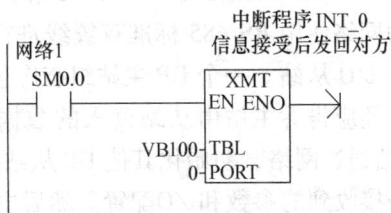

图 11-24　自由口通信中断服务 0

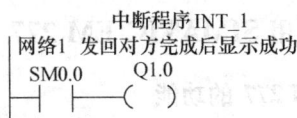

图 11-25　自由口通信中断服务 1

11.4　S7 系列 PLC 的 PROFIBUS-DP 通信

在传统的自动化工厂里，现场环境安装的自动化设备，如传感器、调节器、变送器、执行电器等，通过信号电缆与 PLC 相连。由于现场设备分布较广，使得电缆用量和铺设费用都大大增加，不仅在技术改造和系统扩展时缺乏灵活性，而且还给日常维护带来很大的困难。如果采用开放标准的现场总线系统将分散的设备部件连接起来，将会很好地改变这种情况。

PROFIBUS 是目前最成功的现场总线之一。它依靠生产厂家开放式的现场总线，使各种自动化设备均可通过同样的接口交换信息，因此得到了广泛的应用。PROFIBUS 已成为德国国家标准 DIN19245 和欧洲标准 EN50170。

SIMATIC S7 通过 PROFIBUS 现场总线构成的系统是一个很好的工厂自动化（FA）解决方案。

11.4.1　PROFIBUS 组成

PROFIBUS 协议定义了各种数据设备连接的串行现场总线技术各功能特性，这些数据设备可以从底层（如传感器、执行电器）到中间层（如车间）广泛分布。PROFIBUS 连接的系统由主站和从站组成。主站能控制总线，当主站得到总线控制权时可以主动发送信息。从站为简单的外围设备，典型的从站为传感器、执行电器、变送器等。他们没有总线控制权，仅对接收到的信息给予回答。协议支持一个网络上的 127 个地址(0 到 126)，网络上最多有 32 个主站。为了通信，网络上的所有设备必须具有不同的地址。

11.4.2 PROFIBUS-DP 的标准通信协议

PROFIBUS-DP 是欧洲 EN50170 和国际标准 IEC61158 定义的一种远程 I/O 通信协议。该协议的网络使用 RS-485 标准双绞线进行远距离高速通信。PROFIBUS 网络通常有一个主站和几个 I/O 从站。一个 DP 主站组态应包含地址、从站类型以及从站所需要的所有参数赋值信息，还应告诉主站由从站读入的数据应放置在何处，以及从何处获得写入从站的数据。DP 主站通过网络，初始化其他 DP 从站。主站从从站那里读出有关诊断信息，并验证 DP 从站已经接收到的参数和I/O配置。然后主站开始与从站交换 I/O 数据。每次对从站的事务处理为写输出和读输入。如果有一个例外事件，从站会通知主站，然后主站从从站那里读出诊断信息。

一旦 DP 主机已将参数和 I/O 配置写入到 DP 站，而且从站已从主站 DP 那里接收到参数和配置，则主站就拥有那个从站。从站只能接收来自其主站的写请求。网络上的其他主站可以读取该主站的输入和输出。但是它们不能向该从站写入任何信息。

11.4.3 用 SIMATIC EM 277 模块将 S7—200 CPU 构成 DP 网络系统

1. EM 277 的功能

EM 277 是过程现场总线 PROFIBUS 的分布式外围设备，以及远程 I/O 设备。该设备上有一个 DP 端口，其电气特性属于 RS-458，遵循 PROFIBUS-DP 协议和 MPI 协议。通过该端口，可将 S7—200 CPU 连接到 PROFIBUS-DP 网络上。

作为 PROFIBUS-DP 网络的扩展从站模块，这个端口可运行于 9600 波特和 12M 波特之间的任何 PROFIBUS 波特率。

作为 DP 从站，EM 277 模块接收从主站来的多种不同 I/O 配置，向从站发送和接收不同数量的数据。这种特性使用户能修改所传输的数据量，以满足实际应用的需要。

EM 277 PROFIBUS-DP 模块的 DP 端口可连接到网络上的 DP 主站上，但仍能作为一个 MPI 从站与同一网络上如 SIMATIC 编程器或 S7—300/S7—400 等其他主站进行通信。图 11-26 是利用 EM277 PROFIBUS-DP 模块组成的一个典型 PROFIBUS 网络。

图示中 CPU 315-2 是 DP 主

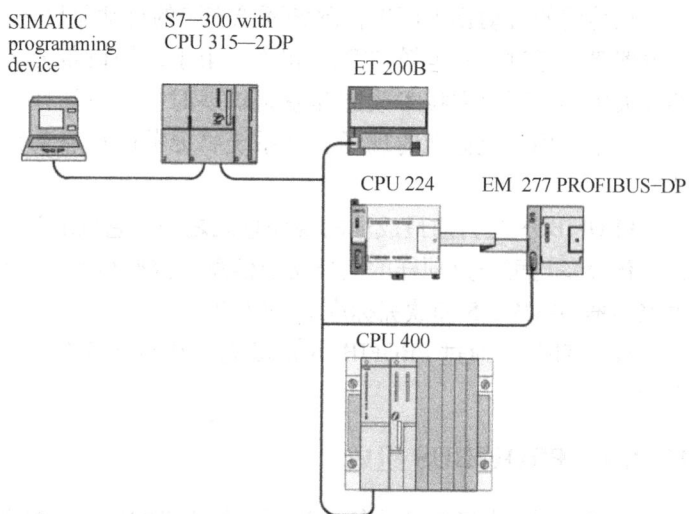

图 11-26 EM 277 PROFIBUS-DP 模块和 CPU 224 组成的 PROFIBUS 网络

站，并且已通过一个带有 STEP 7 编程软件的 SIMATIC 编程器进行组态。CPU 224 是 CPU 315-2 所拥有的一个 DP 从站，ET 200I/O 模块也是 CPU 315-2 的从站。S7—400 CPU 连接到 PROFI- BUS 网络，并且借助于 S7—400 CPU 用户程序中的 XGET 指令，可以从 CPU 224 读取数据。

2. 相关的特殊功能寄存器

SMB 200 至 SMB 299 提供有关从站模块的状态信息。若它是 I/O 链中的第一个智能模块，EM 277 的状态从 SMB 200 至 SMB 249 获得。如果 DP 尚未建立与主站的通信，那么这些 SM 存储单元显示缺省值。当主站已将参数和 I/O 组态写入到模块后，这些 SM 存储单元显示 DP 主站的组态集。有关 SMB 200 至 SMB 299 专用存储器单元的详细内容见表 11-5。

表 11-5　SMB 200 至 SMB 299 的专用存储器字节

DP 是第一个智能模块	DP 是第二个智能模块	说　　明
SMB 200 至 SMB 215	SMB 200 至 SMB 215	模块名(16ASCII) "EM 277 PROFIBUS-DP"
SMB 216 至 SMB 219	SMB 266 至 SMB 269	S/W 版本号(4 ASCII 字符)
SMW 220	SMW 270	错误代码 0000H　　　　　无错误 0001H　　　　　无用户电源 0002H ~ FFFFH　保留
SMW 222	SMW 272	DP 从模块的站地址，由地址开关(0 ~ 99 十进制)设定
SMW 223	SMW 273	保留
SMW 224	SMW 274	DP 标准协议状态字节 MSB　　　　　　　　　　　　LSB 　0　0　0　0　0　0　S1　S0 S1 S0　DP 标准状态字节描述 0　0　上电后，DP 通信未初始化 0　1　组态/参数化错误 1　0　处于数据交换状态 1　1　退出数据交换状态
SMW 225	SMW 275	DP 标准协议-从站的主站地址(0 至 125)
SMW 226	SMW 276	DP 标准协议-输出缓冲区的 V 存储器地址，作为从 VB0 开始的输出缓冲区的偏移量
SMW 228	SMW 278	DP 标准协议-输出数据的字节数
SMW 229	SMW 279	DP 标准协议-输入数据的字节数
SMW 230 至 SMB 249	SMW 280 至 SMB 299	保留-电源接通时清除

11.4.4　DP 通信的应用实例

某通信网络结构由 CPU 224 和 EM 277 PROFIBUS-DP 模块构成，通信程序中 DP 缓冲区的地址由 SMW 226 确定。DP 缓冲区的大小由 SMW 228 和 SMW 229 确定。程序驻留在 DP 从站的 CPU 里。使用这些信息以复制 DP 输出缓冲器中的数据到 CPU 224 的过程映像输出寄存器。同时，在 CPU 224 的过程映像输入寄存器中的数据可被复制到 V 存储器的输入缓冲区。

DP 从站的组态信息如下：

SMW 220　DP 模块出错状态

SMB 224　DP 状态

SMB 225　主站地址

SMW 226　V 存储器中输出的偏移

SMB 228　输出数据的字节数

SMB 229　输入数据的字节数

VD 1000　输出数据的指针

VD 1004　输入数据的指针

DP 从站实现数据通信实例程序如图 11-27 所示。

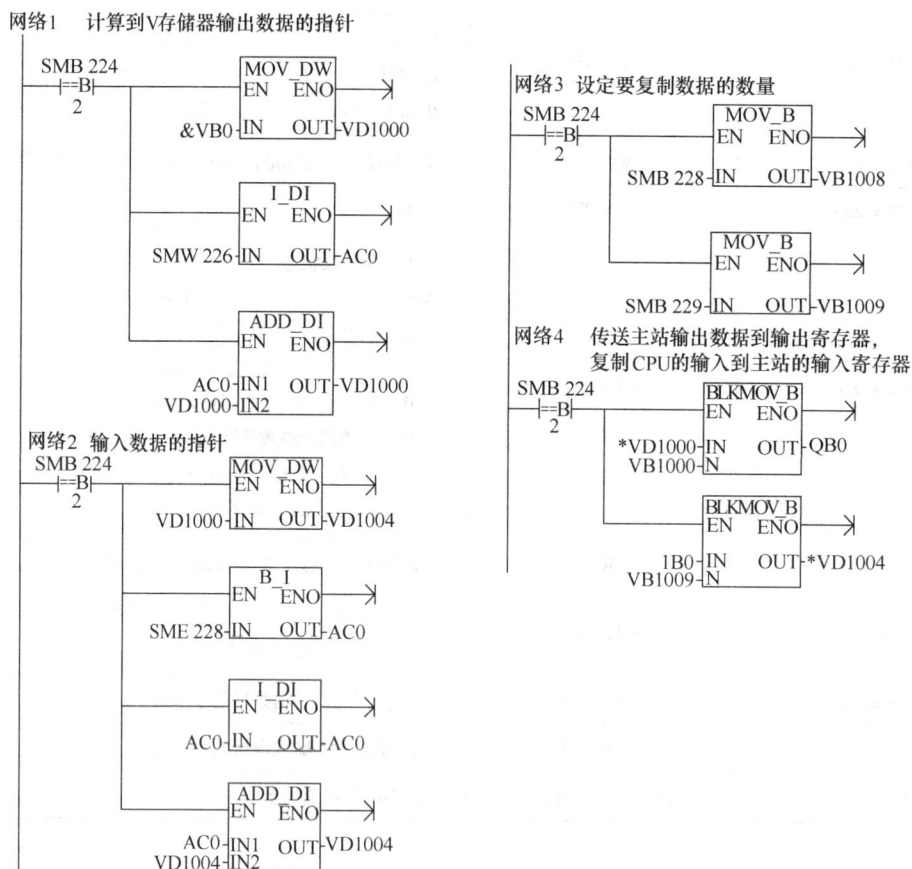

图 11-27　DP 从站实现数据通信实例程序

习　题

11-1　数据通信方式有哪两种？它们分别有什么特点？

11-2　串行通信方式包含哪两种传输方式？

11-3　可编程控制器采用什么方式通信？其特点是什么？

11-4　西门子公司的 S7—200 CPU 支持的通信协议主要有哪些？各有什么特点？

11-5　如何进行以下通信设置，要求：从站设备地址为 4，主站地址为 0，用 PC/PPI 电缆连接到本计算机的 COM2 串行口，传送速率为 9600bit/s，传送字符格式为默认值。

第 12 章 实 验 指 导

可编程序控制器的实验遵照循序渐进的原则，由浅入深地分为上机练习实验、简单的 PLC 应用练习实验和 PLC 控制系统设计的综合实验等部分。

PLC 实验方法有两种，一种是用 PLC 实验装置进行实验和应用程序的开发，另一种是用普通 PLC 外加若干导线进行简易的开发和实验。PLC 实验装置具有直观，使用方便的优点，通常配有各种工业控制模板，可以形象地模拟工业现场控制，尤其是导线的插拔连接形式，适用于教学的重复使用。若无 PLC 实验装置，也可直接使用 PLC 配以外部连接导线，给出必要的输入信号进行实验，并且可以利用 PLC 自身的输出指示观察 PLC 运行结果。本章以 PLC 实验装置的应用为主，研究 PLC 的实验方法。

实验一　SIMATIC 软件使用和基本指令编程练习

本节首先研究 SIMATIC 指令系统的基本操作方法，然后进行 PLC 的练习实验。本节给出了 PLC 控制系统实验要求的例程序、参考电路等 PLC 练习实验所需的资料，可以通过程序输入、调试、运行，逐步掌握 PLC 实验的基本方法。

1. 实验目的

（1）练习使用 S7—200 编程软件，了解 PLC 实验装置的组成。

（2）掌握用户程序的输入和编辑方法。

（3）熟悉基本指令的应用。

（4）熟悉语句表指令的应用及其与梯形图程序转换。

2. 实验内容

（1）输入图 12-1 所示的梯形图，并转换成对应的语句表指令（也可结合教材第 7 章习题练习）。

（2）为梯形图 12-1 中网络 1 注释，并用符号表为 I0.0、I0.1、Q0.0 添加符号名（符号名可任意设定）。

（3）练习程序的编辑、修改、复制、粘贴的方法。

（4）将图 12-1 中程序改成图 12-2，并转换成语句表程序，分析 OLD、ALD 语句用法。

（5）练习栈操作指令的使用方法。

（6）练习定时器指令及参数的输入方法。

（7）练习系统块设置的方法。

3. 实验步骤

（1）开机（打开计算机电源，但不接 PLC 电源）。

（2）进入 S7—200 编程软件。

（3）选择语言类型（SIMATIC 或 IEC）。

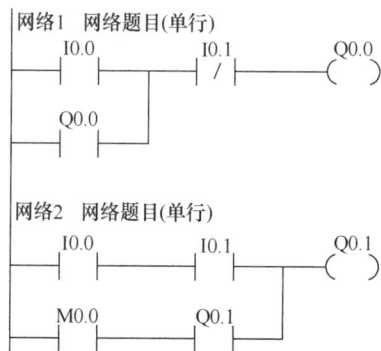

图 12-1　梯形图练习 1

（4）输入 CPU 类型。

（5）由主菜单或快捷按钮输入、编辑程序。

（6）进行编译，并观测编译结果，修改程序，直至编译成功。

4. 实验报告内容

（1）以图 12-1 为例，总结梯形图输入及修改的操作过程。

（2）写出梯形图添加注释及符号名的操作过程。

（3）总结 OLD、ALD 指令和栈操作指令的使用方法。

（4）简述系统块设置的方法。

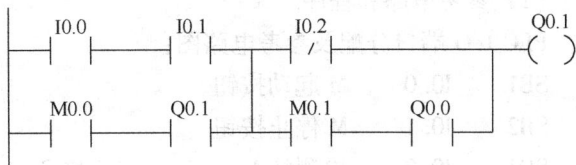

图 12-2 梯形图练习 2

实验二 正、次品分拣机

1. 实验目的

（1）加深对定时器的理解，掌握各类定时器的使用方法。

（2）理解企业车间产品的分拣原理。

2. 实验器材

（1）实验装置（含 S7—200 24 点 PLC）一台。

（2）正、次品分拣模板一块。

（3）导线若干。

3. 模拟控制板的控制要求及参考

（1）控制要求

① 用起动和停止按钮控制电动机 M 运行和停止。在电动机运行时，被检测的产品（包括正、次品）在皮带上运送，其模拟控制板如图 12-3 所示。

② 产品（包括正、次品）在皮带上运送时，S1（检测器）检测到的次品，经过 5s 传送，到达次品剔除位置时，起动电磁铁 Y 驱动剔除装置，剔除次品（电磁铁通电 0.1s），检测器 S2 检测到的次品，经过 3s 传送，起动 Y，剔除次品；正品继续向前输送。正次品分拣操作流程如图 12-4 所示。

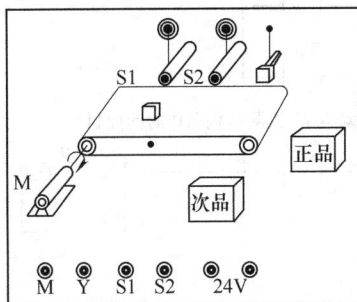

图 12-3 正、次品分拣模拟控制板

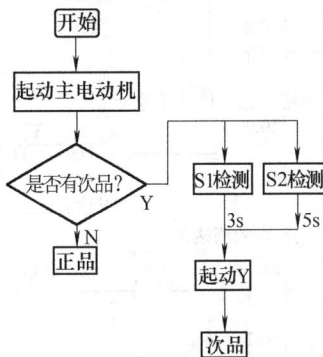

图 12-4 正、次品分拣流程图

（2）参考电路和程序

PLC I/O 端口分配及参考电路图：

SB1　　I0.0　　M 起动按钮

SB2　　I0.1　　M 停止按钮

SQ1　　I0.2　　检测站 1，　　　　　SQ2　　I0.3　　检测站 2

M　　　Q0.0　　电动机(传送带驱动)，Y　　　Q0.1　　次品剔除

4. 实验内容及要求

（1）按如图 12-5 所示参考电路图完成 PLC 电路接线(配合通用器件板开关元器件)。

（2）输入如图 12-6 所示的参考程序并编辑。

（3）编译、下载、调试应用程序。

（4）通过实验模板，显示出正确运行结果。

注意：程序上、下载时，必须给 PLC 上电，并将 CPU 置于 STOP 状态。

5. 思考练习

（1）分析各种定时器的使用方法及不同之处。

（2）总结程序输入、调试的方法和经验。

（3）试将 S1 作为产品计数的检测装置，对日产量进行统计。

（4）程序要求增加皮带传送机构不工作时，检测机构不允许工作(剔除机构不动作)，编写梯形图控制程序。

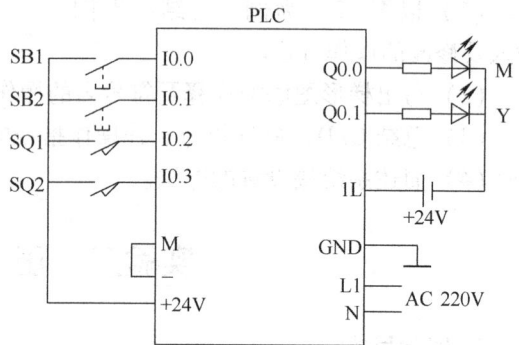

图 12-5　正次品分拣机 PLC 电气原理图

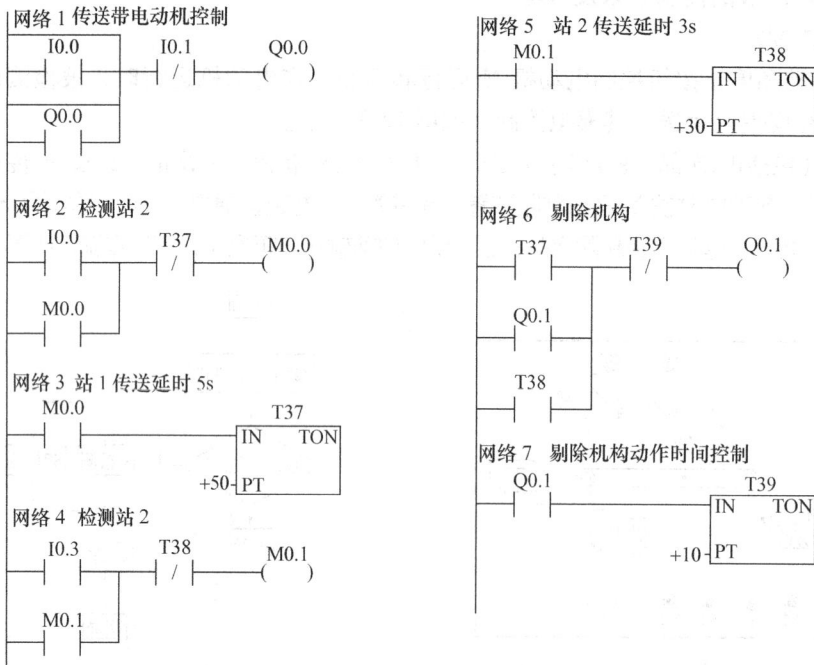

图 12-6　正次品分拣机参考程序

实验三　电动机的丫-△起动

1. 实验目的

(1) 用 PLC 控制电动机丫-△起动电路;

(2) 通过实验,提高分析、解决问题的能力。

2. 实验设备

(1) 计算机(编程器)1 台;

(2) 实验装置(含 S7—200 24 点 PLC)1 台;

(3) 电动机丫-△起动实验模板 1 块,如图 12-7 所示;

(4) 导线若干。

3. 电动机丫-△起动要求

(1) 电动机 M 能实现正、反向丫-△起动。

(2) 电气操作流程说明:

按动正向起动按钮 SB2,KM1 和 KM4 闭合(丫联结起动),经 3s 后 KM4 断开,KM3 闭合,实现正向△联结运行;按动反向起动按钮 SB3,KM2 和 KM4 闭合(丫联结起动),经 3s 后 KM4 断开,KM3 闭合,实现正向△联结运行,按停车按钮 SB1,电动机 M 停止运行。

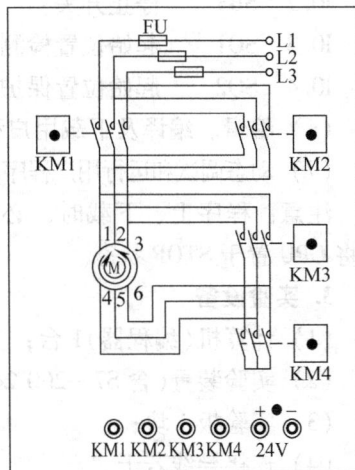

图 12-7　丫-△起动模拟控制

4. 实验内容及要求

(1) 根据电动机丫-△起动要求,设计 PLC 外部电路(配合通用器件板开关元器件);

(2) 连接 PLC 外部(输入、输出)电路,编写用户程序;

(3) 输入、编辑、编译、下载、调试用户程序;

(4) 运行用户程序,观察程序运行结果。

5. 思考练习

(1) 若电动机 M 直接由正向运行转入反向运行(不用停车按钮),程序如何改动?

(2) 结合实验过程和结果写出实验报告。

实验四　工作台自动循环控制

1. 实验目的

(1) 掌握 PLC 外部输入、输出电路的设计和导线的连接方法。

(2) 利用符号表对 POU(S7—200 的三种程序组织单位指主程序、子程序和中断程序)进行赋值。

(3) 掌握应用软件的编写方法。

(4) 掌握程序注释的方法。

2. 实验内容及要求

(1) 设计如图 12-8 所示工作台自动循环的 PLC 控制电路。

(2) 连接 PLC 外部电路(使用通用器件板开关元器件)。

(3) 输入梯形图程序。

（4）建立符号表，对 POU 赋值。

（5）为程序注释。I/O 分配、符号表及注释参考：

I0.0	SB1	正向起动按钮	I0.5	SQ3	前进位置检测
I0.1	SB2	反向起动按钮	I0.6	SQ4	前进位置保护
I0.2	SB3	停止开关	Q0.0	KM1	正转接触器
I0.3	SQ1	起始位置检测	Q0.1	KM2	反转接触器
I0.4	SQ2	起始位置保护			

（6）编辑、编译及下载用户程序；

（7）动态调试和运行用户程序，显示运行结果。

注意：程序上、下载时，必须给 PLC 上电，并将 CPU 置于 STOP 状态。

3. 实验设备

（1）计算机（编程器）1 台；

（2）实验装置（含 S7—200 24 点 CPU）1 台；

（3）实验板 1 块；

（4）连接导线若干。

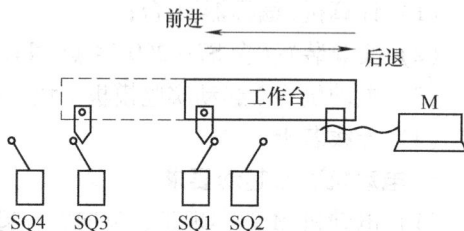

图 12-8　工作台自动循环

4. 实验内容与要求

（1）画出 PLC 外部（输入、输出）电路，并连接外部导线；

（2）首先接通个人计算机（编程器）电源，然后，接通可编程控制器（PLC）电源；

（3）编程及调试运行。

1）设计 PLC 控制工作台自动循环的梯形图程序；

2）选择 CPU 的工作方式（RUN 或 STOP）

3）输入梯形图程序；

4）建立符号表；

5）为程序添加注释；

6）程序的编译、下载；

7）程序的调试和运行。

5. 实验报告内容

（1）根据控制要求，画出程序流程框图；

（2）总结建立符号表的优点；

（3）详细记录、分析程序下载过程及运行时出现的问题。

6. 思考练习

利用工程环境的条件，按本题的要求，实现对小功率单相交流异步电动机（M）的驱动，同时增加运行指示功能，画出控制原理图。

实验五　交通灯自动控制

1. 实验目的

（1）练习定时器、计数器的基本使用方法。

（2）掌握 PLC 的编程和调试方法。

（3）对应用 PLC 解决实际问题的全过程有个初步了解。

2. 实验设备

（1）编程器 1 台(PC 机)。

（2）实验装置 1 台(含 S7—200 24 点 CPU)。

（3）交通灯实验模板一块。

（4）导线若干。

3. 控制要求及参考 交通路口红、黄、绿灯的基本控制要求如下：

路口某方向绿灯显示(另一方向亮红灯)10s 后，黄灯以占空比为 50% 的 1s 周期(0.5s 脉冲宽度)闪烁 3 次(另一方向亮红灯)，然后变为红灯(另一方向绿灯亮、黄灯闪烁)，如此循环工作。

4. 实验内容及要求

（1）按如图 12-9 所示参考电路图完成 PLC 电路接线(配合通用器件板开关元器件)。

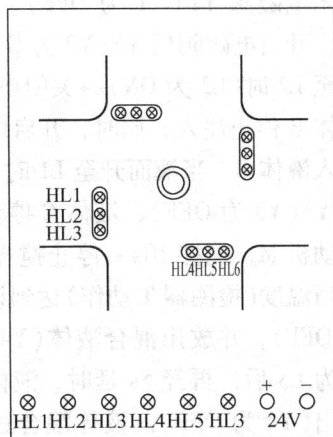

图 12-9　交通灯模拟控制板

（2）输入参考程序并编辑。

（3）编译、下载、调试应用程序。

（4）通过实验模板，显示出正确运行结果。

注意：程序上、下载时，必须给 PLC 上电，并将 CPU 置于 STOP 状态。

5. 思考练习

（1）要实现一个简单的过程控制，程序编制的思路及步骤有哪些？

（2）定时器、计数器预置值如何设定输入？如何修改？

（3）简述上机操作步骤。

（4）增设某个方向直通的功能。

实验六　多种液体自动混合控制

1. 实验目的

（1）结合多种液体自动混合系统，应用 PLC 技术对化工生产过程实施控制；

（2）学会熟练使用 PLC 解决生产实际问题。

2. 实验设备

（1）计算机(编程器)1 台；

（2）实验装置(含 S7—200 24 点 CPU)1 台；

（3）多种液体自动混合实验模板 1 块；

（4）导线若干。

3. 液体自动混合系统的控制要求

（1）液体自动混合系统的初始状态：在初始状态，容器为空，电磁阀 Y1，Y2，Y3，Y4 和搅拌机 M 以及加热元件 R 均为 OFF，液面传感器 L1，L2，L3 和温度检测 T 均为 OFF。

（2）液体混合操作过程：在如图 12-10 所示控制板上，按动起动按钮，电磁阀 Y1 闭合（Y1 为 ON），开始注入液体 A，当液面高度达到 L3 时（L3 为 ON）→关闭电磁阀 Y1（Y1 为 OFF），液体 A 停止注入，同时，开启电磁阀门 Y2（Y2 为 ON）注入液体 B，当液面升至 L2 时（L2 为 ON）→关闭电磁阀 Y2（Y2 为 OFF），液体 B 停止注入，同时，开启电磁阀 Y3（Y3 为 ON），注入液体 C，当液面升至 L1 时（L1 为 ON）→关闭电磁阀 Y3（Y3 为 OFF），液体 C 停止注入，然后开启搅拌电动机 M，搅拌 10s→停止搅拌，加热（起动电炉 R）→当温度（检测器 T 动作）达到设定值时→停止加热（R 为 OFF），并放出混合液体（Y4 为 ON），至液体高度降为 L3 后，再经 5s 延时，液体可以全部放完→停止放出（Y4 为 OFF）。液体混合过程结束。按动停止按钮，液体混合操作停止。

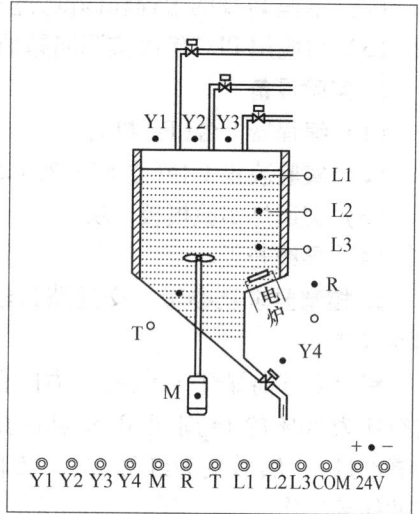

图 12-10　多种液体混合模拟控制板

4. 实验内容及要求

（1）按液体混合要求，设计 PLC 外部电路（配合使用通用器件板开关元器件）；

（2）连接 PLC 外部（输入、输出）电路，编写用户程序；

（3）输入、编辑、编译、下载、调试用户程序；

（4）运行用户程序，观察程序运行结果。

5. 思考练习

（1）分析程序运行结果。

（2）试编写出搅拌与加热同时进行的程序，要求加热与搅拌条件同时满足时顺序向下执行，观测运行结果。

（3）简述液位传感器 L1，L2，L3 的工作原理及实验时的操作方法。

（4）结合实验过程和结果写出实验报告。

实验七　水塔水位控制

1. 实验目的

（1）利用 PLC 构成水塔水位（液位）控制系统；

（2）了解自动控制的工作原理及设备在日常生活中的应用。

2. 水塔水位的控制要求

（1）初始状态：水箱没有水，液位开关 S4 断开（S4 为 OFF）。

（2）控制要求：水塔的控制板如图 12-11 所示。本装置上电后，按动起动按钮，电动阀 Y 通电（Y 为 ON）水箱开始注水，水箱水位达到 S4 高度后，液位开关 S4 闭合（S4 为 ON），水箱水位达到 S3 高度（水满）时，液位开关 S3 闭合（S3 为 ON）→注水电动阀 Y 断电（Y 为 OFF），水箱停止注水。此后，随着水塔水泵抽水过程的进行，水箱液面逐渐降低，液位开关 S3（S3 = OFF）复位，随着抽水过程的继续进行，水箱液面继续降低，当液面低于开关 S4

时，液位开关 S4 复位（S4 为 OFF）→电动阀 Y 再次通电（Y 为 ON）水箱（自动）注水，水位达到 S3 时再次停止注水。如此循环，使水箱水位保持在 S3～S4 之间。

当水箱水位高于 S4 液位，并且水塔水位低于水塔最低允许液面开关 S2 时（液位开关 S2 为 OFF）→水泵电动机 M 开始运行，向水塔抽水。当液面达到最高液位开关 S1 时→水塔电机 M 停止抽水（M 为 OFF）；循环控制使得水塔水位自动保持在 S1～S2 之间变化。

3. 实验设备

（1）计算机（编程器）1 台；

（2）实验装置（含 S7—200 24 点 CPU）1 台；

（3）水塔水位实验模板 1 块；

（4）导线若干。

4. 实验内容及要求

（1）按水塔水位的控制要求，设计 PLC 外部电路；

（2）连接 PLC 外部（输入、输出）电路，编写用户程序；

（3）输入、编辑、编译、下载、调试用户程序；

（4）运行用户程序，观察程序运行结果。

5. 思考练习

（1）联系抽水马桶与水塔水位系统，比较两者的工作原理和控制过程的异同，进一步理解水位控制系统的工作原理及控制过程。

（2）结合实验结果写出实验报告。

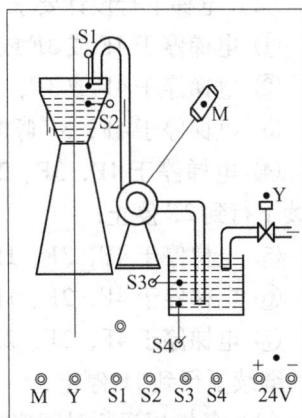

图 12-11 水塔水位模拟控制板

实验八 电梯控制

1. 实验目的

（1）掌握 PLC 的基本指令、功能指令的综合应用。

（2）掌握 PLC 与外围控制电路的实际接线方法。

（3）掌握随机逻辑程序的设计方法。

2. 实验器材

（1）编程器 1 台（PC 机）；

（2）可编程序控制实验装置 1 台；

（3）四层电梯自动控制演示板 1 块，如图 12-12 所示；

（4）导线若干。

3. 实验内容与步骤 电梯实验动作要求如下：

（1）电梯上行设计要求

① 当电梯停于 1 楼（1F）或 2F、3F 时，4 楼呼叫，则上行到 4 楼碰行程开关后停止；

② 电梯停于 1F 或 2F，3F 呼叫时，则上行，到 3F 行程开关控制停止；

③ 电梯停于 1F，2F 呼叫，则上行，到 2F 行程开关控制停止；

④ 电梯停于 1F，2F、3F 同时呼叫，电梯上行到 2F，停 5s，继续上行到 3F 停止；

⑤ 电梯停于 1F，3F、4F 同时呼叫，电梯上行到 3F，停 5s，继续上行到 4F 停止；

⑥ 电梯停于 1F, 2F、4F 同时呼叫，电梯上行到 2F, 停 5s, 继续上行到 4F 停止；

⑦ 电梯停于 1F, 2F、3F、4F 同时呼叫，电梯上行到 2F, 停 5s, 继续上行到 3F, 停 5s, 继续上行到 4F 停止；

⑧ 电梯停于 2F, 3F、4F 同时呼叫，电梯上行到 3F 停 5s, 继续上行到 4 停止。

（2）电梯下行设计要求

① 电梯停于 4F 或 3F 或 2F, 1F 呼叫，电梯下行到 1F 停止；

② 电梯停于 4F 或 3F, 2F 呼叫，电梯下行到 2F 停止；

③ 电梯停于 4F, 3F 呼叫，电梯下行到 3F 停止；

④ 电梯停于 4F, 3F、2F 同时呼叫，电梯下行到 3F, 停 5s, 继续下行到 2F 停止；

⑤ 电梯停于 4F, 3F、1F 同时呼叫，电梯下行到 3F, 停 5s, 继续下行到 1F 停止；

⑥ 电梯停于 4F, 2F、1F 同时呼叫，电梯下行到 2F, 停 5s, 继续下行到 1F 停止；

⑦ 电梯停于 4F, 3F、2F、1F 同时呼叫，电梯下行到 3F, 停 5s, 继续下午到 2F, 停 5s, 继续下行到 1F 停止；

（3）各楼层运行时间应在 15s 以内，否则认为有故障；

（4）电梯停于某一层，数码管应显示该层的楼层数；

（5）电梯上、下行时，相应的标志灯亮。

图 12-12　电梯模拟控制板

4. I/O 地址

输入、输出地址分配参考：

PLC 进入 RUN 状态，电梯系统起动工作；PLC 输出 Q0.0/Q0.1 用于上行/下行指示和提升电机(M)正/反转控制。Q0.2、Q0.3、Q0.4、Q0.5. 分别显示电梯所在的层位置 1~4。输入地址分配如图 12-13 所示。

行程开关	上行按钮	下行开关
一层: SQ1(I0.0)	一层: SB8(I0.7)	一层: SB7(I1.3)
二层: SQ2(I0.1)	二层: SB6(I0.5)	二层: SB5(I1.2)
三层: SQ3(I0.2)	三层: SB4(I0.6)	三层: SB3(I1.1)
四层: SQ4(I0.3)	四层: SB2(I0.4)	四层: SB1(I1.0)

图 12-13　电梯输入地址分配参考

5. 实验思考

（1）按照题目给出的条件要求，最少需要多少点的 PLC？

（2）分析实验结果及本实验要求存在的主要问题。

（3）根据实验结果写出实验报告。

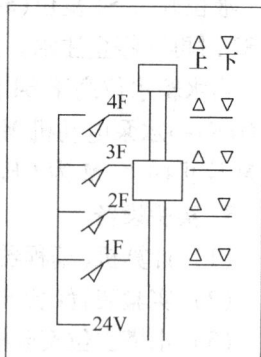

附　　录

附表 A　电气图常用图形与文字符号新旧标准对照表

编号	名　称	新　国　标		旧　国　标	
		图形符号 （GB 4728—1998~2000）	文字符号 （GB 7159—1987）	图形符号 （GB 312—1964）	文字符号 （GB 315—1964）
1	直流				
	交流				
	交直流				
2	导线的连接	或			
	导线的多 线连接	或		或	
	导线的 不连接				
3	接地一 般符号		E		
4	电阻的一 般符号		R		R
5	电容器一 般符号		C		C
	极性电容器				
6	半导体二极管		V		D

（续）

编号	名 称	新 国 标		旧 国 标	
		图形符号 （GB 4728—1998～2000）	文字符号 （GB 7159—1987）	图形符号 （GB 312—1964）	文字符号 （GB 315—1964）
7	熔断器		FU		RD
8	换向绕组			H_1 H_2	HQ
	补偿绕组			BC_1 BC_2	BCQ
	串励绕组			C_1 C_2	CQ
	并励或 他励绕组			B_1 B_2 并励	BQ
				T_1 T_2 他励	TQ
	电枢绕组				SQ
9	发电机	G	G	F	F
	直流发电机	G	GD	F	ZF
	交流发电机	G	GA	F	JF
10	发动机	M	M	D	D
	直流电动机	M	MD	D	ZD
	交流电动机	M	MA	D	JD
	三相笼型 异步电动机	M 3～	M	D	D

编号	名　称	新　国　标		旧　国　标	
		图形符号 （GB 4728—1998～2000）	文字符号 （GB 7159—1987）	图形符号 （GB 312—1964）	文字符号 （GB 315—1964）
		开　关			
11	单极开关	或		或	K
	三极开关 刀开关 组合开关		Q		
	手动三极开关 一般符号				
	二极隔离开关				
		限　位　开　关			
12	动合触点				
	动断触点		SQ		XWK
	双向机械操作				

（续）

编号	名　称	新　国　标		旧　国　标	
		图形符号 （GB 4728—1998～2000）	文字符号 （GB 7159—1987）	图形符号 （GB 312—1964）	文字符号 （GB 315—1964）
	按　钮				
13	带动合触点的按钮		SB		QA
	带动断触点的按钮				TA
	带动合和动断触点的按钮				AN
	接　触　器				
14	线圈		KM		C
	动合（常开）触点				
	动断（常闭）触点				
	继　电　器				
15	动合（常开）触点		符号同 操作元件		符号同 操作元件
	动断（常闭）触点为				
	延时闭合的动合触点		KT		SJ

（续）

编号	名　称	新　国　标		旧　国　标	
		图形符号 （GB 4728—1998～2000）	文字符号 （GB 7159—1987）	图形符号 （GB 312—1964）	文字符号 （GB 315—1964）
15	延时断开的 动合触点		KT	或	SJ
	延时闭合的 动断触点			或	
	延时断开的 动断触点			或	
	延时闭合和 延时断开的 动合触点				
	延时闭合和 延时断开的 动断触点				
	时间继电 器线圈 （一般符号）	或			
	中间继电 器线圈		KA		ZJ
	欠电压继 电器线圈	$U<$	KV	$V<$	QYJ
	过电流继 电器的线圈	$I>$	KI	$I>$	QLJ

（续）

编号	名　称	新　国　标		旧　国　标	
		图形符号 （GB 4728—1998～2000）	文字符号 （GB 7159—1987）	图形符号 （GB 312—1964）	文字符号 （GB 315—1964）
16	热继电器 热元件		FR		RJ
	热继电器的 常闭触点			或	
17	电磁铁		YA		DCT
	电磁吸盘		YH		DX
	接插器件		X		CZ
	照明灯		EL		ZD
	信号灯		HL		XD
	电抗器	或	L		DK
	限　定　符　号				
18		——接触器功能 ——位置开关功能		——隔离开关功能 ——负荷开关功能	

（续）

编号	名　称	新　国　标		旧　国　标	
		图形符号 （GB 4728—1998～2000）	文字符号 （GB 7159—1987）	图形符号 （GB 312—1964）	文字符号 （GB 315—1964）
		操作件和操作方法			
19		——一般情况下手动操作 ——旋转操作 ——推动操作			

附录 B　S7—200 系列 PLC 操作数寻址范围

表 B-1　S7—200 PLC 操作数寻址范围

数据类型	寻　址　范　围
BYTE	IB, QB, MB, SMB, VB, SB, LB, AC, 常数, *VD, *AC, *LD
INT/WORD	IW, QW, MW, SW, SMW, T, C, VW, AIW, LW, AC, 常数, *VD, *AC, *LD
DINT	ID, QD, MD, SMD, VD, SD, LD, HC, AC, 常数, *VD, *AC, *LD
REAL	ID, QD, MD, SMD, VD, SD, LD, AC, 常数, *VD, *AC, *LD

注：输出（OUT）操作数寻址范围不含常数项，*VD 间接寻址。

附录 C　S7—200 系列 PLC 特殊标志存储器 SM

表 C-1　S7—200 PLC 特殊标志存储器 SM

SM 位	描　述
SM0.0	该位始终为 1
SM0.1	该位在首次扫描时为 1，用途之一是调用初始化子程序
SM0.2	若保持数据丢失，则该位在一个扫描周期中为 1。该位可用作错误存储器位，或用来调用特殊启动顺序功能。
SM0.3	开机后进入 RUN 方式，该位将 ON 一个扫描周期。该位可用作在启动操作之前给设备提供一个预热时间
SM0.4	该位提供了一个时钟脉冲，30s 为 1，30s 为 0，周期为 1min。它提供了一个简单易用的延时，或 1min 的时钟脉冲
SM0.5	该位提供了一个时钟脉冲，0.5s 为 1，0.5s 为 0，周期为 1s。它提供了一个简单易用的延时，或 1s 的时钟脉冲

（续）

SM 位	描　述
SM0.6	该位为扫描时钟，本次扫描置1，下次扫描置0。可用作扫描计数器的输入
SM0.7	该位指示 CPU 工作方式开关的位置(0 为 TERM 位置,1 为 RUN 位置)。当开关在 RUN 位置时，用该位可使自由端口通信方式有效，那么当切换至 TERM 位置时，同编程设备的正常通讯也会有效
SM1.0	当执行某些指令，其结果为0时，将该位置1
SM1.1	当执行某些指令，其结果溢出，或查出非法数值时，将该位置1
SM1.2	当执行数学运算，其结果为负数时，将该位置1
SM1.3	试图除以零时，将该位置1
SM1.4	当执行 ATT(Add to Table)指令时，试图超出表范围时，将该位置1
SM1.5	当执行 LIFO 或 FIFO 指令时，试图从空表中读数时，将该位置1
SM1.6	当试图把一个非 BCD 数转换为二进制数时，将该位置1
SM1.7	当 ASCII 码不能转换为有效的十六进制数时，将该位置1
SMB2	在自由端口通信方式下，该字符存储从口0或口1接受到的每一个字符
SM3.0	口0或口1的奇偶校验错(0 = 无错,1 = 有错)
SM3.1-SM3.7	保留
SM4.0	当通信中断队列溢出时，将该位置1
SM4.1	当输入中断队列溢出时，将该位置1
SM4.2	当定时中断队列溢出时，将该位置1
SM4.3	在运行时刻，发现编程问题时，将该位置1
SM4.4	该位指示全局中断允许位，当允许中断时，将该位置1
SM4.5	当(口0)发送空闲时，将该位置1
SM4.6	当(口1)发送空闲时，将该位置1
SM4.7	当发生强置时，将该位置1
SM5.0	当有 I/O 错误时，将该位置1
SM5.1	当 I/O 总线上连接了过多的数字量 I/O 点时，将该位置1
SM5.2	当 I/O 总线上连接了过多的模拟量 I/O 点时，将该位置1
SM5.3	当 I/O 总线上连接了过多的智能 I/O 模块时，将该位置1
SM5.4-SM5.6	保留
SM5.7	当 DP 标准总线出现错误时，将该位置1

注：其他特殊存储器标志位可参见 S7—200 系统手册。

参 考 文 献

[1] 余雷声. 电气控制与 PLC 应用[M]. 北京：机械工业出版社，2000.

[2] 常晓玲. 电气控制系统与可编程控制器[M]. 北京：机械工业出版社，2004.

[3] 许翏，王淑英. 电气控制与 PLC 应用[M]. 3 版. 北京：机械工业出版社，2005.

[4] 张运波. 工厂电气控制技术[M]. 北京：高等教育出版社，2001.

[5] 姚永刚，田效伍，芦家成，等. 机电传动与控制技术[M]. 北京：中国轻工业出版社，2005.

[6] 孙平. 可编程控制器原理及应用[M]. 北京：高等教育出版社，2003.

[7] 黄净. 电气控制系统与可编程控制器[M]. 北京：机械工业出版社，2004.

[8] 常文平. 电气控制与 PLC 原理及应用[M]. 西安：西安电子科技大学出版社，2006.

[9] 郁汉琪. 电气控制与可编程序控制器应用技术[M]. 南京：东南大学出版社，2003.

[10] 吴晓君，扬向明. 电气控制与可编程控制器应用[M]. 北京：中国建材工业出版社，2004.

[11] 廖常初. S7—300/400 PLC 应用技术[M]. 北京：机械工业出版社，2005.

参考文献

[1]
[2]
[3]
[4]
[5]
[6]
[7]
[8]
[9]